Theodor von Frimmel
Beethoven Studien II
Bausteine zu einer Lebensgeschichte des Meisters

SEVERUS

Frimmel, Theodor von: Beethoven Studien II
Bausteine zu einer Lebensgeschichte des Meisters
Hamburg, SEVERUS Verlag 2013.
Nachdruck der Originalausgabe, München 1906.

ISBN: 978-3-86347-557-4
Druck: SEVERUS Verlag, Hamburg, 2013

Bibliografische Information der Deutschen Nationalbibliothek:
Die Deutsche Nationalbibliothek verzeichnet diese Publikation in der Deutschen Nationalbibliografie; detaillierte bibliografische Daten sind im Internet über http://dnb.d-nb.de abrufbar.

© **SEVERUS Verlag**
http://www.severus-verlag.de, Hamburg 2013
Printed in Germany
Alle Rechte vorbehalten.

Der SEVERUS Verlag übernimmt keine juristische Verantwortung oder irgendeine Haftung für evtl. fehlerhafte Angaben und deren Folgen.

SEVERUS

Inhalt

	Seite
Vorwort	VII
Beethovens Kopisten	1
Beziehungen zu Baron Johann Baptist Pasqualati	21
Besuche Beethovens in Pressburg	31
Unveröffentlichte Urkunden aus dem Jahre 1814	39
Carl Friedrich Hirsch	53
Beethoven und der französische Geiger Alex. Boucher	71
Ein ungedruckter Brief Zmeskalls an Beethoven	83
Der kleine Franz Liszt	91
Beethoven und sein Neffe in Blöchlingers Erziehungsanstalt	107
Ein unveröffentlichter Brief Hans Georg Nägelis an Beethoven	121
Ein loses Blatt von Beethovens Hand	135
Beethovens letzter Landaufenthalt	143
Beethovens Nachlass	169
Der Klavierspieler Beethoven	201
Verzeichnis der Personennamen	272

Vorwort.

Wir wissen es alle: es gibt heute kein grosses zusammenfassendes Werk über Beethoven. Ein Überblick über das Schaffen des Künstlers wird dem Musiker durch die Gesamtausgabe der Werke Beethovens ermöglicht. Brauchbare Verzeichnisse sind vorhanden. Eine Unzahl kleiner Biographien von sehr ungleichem Wert kann zusammengesucht werden. Aber eine breit angelegte Vereinigung von Lebensgeschichte und Kunstgeschichte mangelt. Thayers Werk blieb ja unvollendet. Ebenso fehlt eine kritische Ausgabe aller Beethovenbriefe. Die Sache sollte einmal ordentlich gemacht werden. Die Anfänge zweier verschiedener Ausgaben, die jetzt hastig auf den Markt geworfen werden, versprechen nicht viel. Beethovens Briefe harren noch einer wahrhaft wissenschaftlichen Veröffentlichung. Auch um die Konversationshefte steht es ungefähr ebenso. In der Erkenntnis des Beethovenschen Lebens gibt es noch viele Lücken. Viel einzelnes ist noch zu klären. — Das ist nun die Lage der Dinge, die ich vorfinde und die mich gewiss dazu berechtigt, Reihen von Einzelstudien zu veröffentlichen. Man mag die Sonde versenken, wo man will, überall findet man wunde Stellen in der Forschung, und es wäre schwierig zu sagen, wo die Wissenschaft gerade jetzt einsetzen müsse. Einige meinen, bei den technischen Analysen der Werke. Andere deuten mit überlegener Gebärde auf die biographische Forschung. Phantasten wollen noch sehr viel anderes, wie denn einer gar eine Erklärung der Bildnisse aus den Werken verlangt hat. „Risum teneatis amici!" — So werden mir Einsichtige gerne zugestehen, dass heute eigentlich geradeswegs jedes Flickchen Neuigkeit über Beethoven der Forschung erwünscht sein kann. Eine bunte Musterkarte stösst da auf kein Bedenken. Denn die Wissenschaft gewährt heute für die Auswahl noch einen weiten Spielraum. Bei alledem habe ich es versucht, wenigstens die Reihenfolge der Studien nicht rein vom Zufall abhängen zu lassen. Zunächst sollte eine Arbeit gegeben werden, die uns die äussere Erscheinung Beethovens vorführt. Das ist im ersten Band geschehen.[1]) Darauf möchte ich eine Anzahl Aufsätze folgen lassen, die sich mit Beethovens Kreisen und mit Einzelheiten aus seinem Leben beschäftigen. Ein Teil dieser Aufsätze wird in dem vorliegenden Bande veröffentlicht, und einige weitere beabsichtigte Bände sollen Fortsetzungen bringen, um dann auf Beethovens Werke überzugehen. Einige der mitgeteilten Aufsätze sind als Skizzen oder Studien schon früher gedruckt worden. Nun sind sie vervollständigt und in manchen Fällen sprachlich geglättet und verfeinert worden. Auf das Thema des jungen Liszt konnte ich leicht verfallen, da ungefähr zwei Jahrzehnte verstrichen waren, seit Liszt die Augen für immer geschlossen hat (er ist am 31. Juli 1886 verschieden), und da für mich der Eindruck unvergesslich ist, den ich vom Vortrag des Beethovenschen

---

[1]) Hier ergreife ich die Gelegenheit, für die reichliche liebenswürdige Anerkennung wärmstens zu danken, die dem ersten Bande von der Tagespresse und den Fachblättern zuteil geworden ist. Die Aufmunterung bei der immerhin umfangreichen Arbeit, die noch von mir zu leisten ist, wirkte wahrhaft erquickend. — Der Verlagshandlung habe ich für die Herstellung eines Registers zu danken. — Ergänzungen und Verbesserungen der zwei ersten Bände sollen im dritten Band zusammengestellt werden.

Es-dur-Konzertes durch Liszt empfangen habe. Die Studie über Beethovens letzten Landaufenthalt ist durch Zeitungsartikel angeregt worden, die im Frühling des laufenden Jahres erschienen sind. Anderes, wie z. B. die Urkunden aus dem Jahre 1814 und die mitgeteilten Briefe an Beethoven, lag seit lange halb fertig bereit. Nun wurde es hervorgesucht und ausgearbeitet. Die Reihenfolge ist im wesentlichen durch die Zeiten bestimmt, auf welche die gebotenen Mitteilungen Bezug nehmen.

Hatte der erste Band ein wenig unter der damals gedrückten Stimmung des Autors zu leiden gehabt, so ist ein Teil des neuen Bandes unter freundlicheren Auspizien entstanden. Möge auch ein freundlicherer Ton daraus dem Leser entgegenklingen.

W i e n , Anfang November 1906.

Der Verfasser.

Beethovens Kopisten

Wie sind die berühmten Werke des grossen Tondichters entstanden? Wir haben genug Anhaltspunkte dafür, anzunehmen, dass der Meister nur selten alla prima komponierte, wie es bei den kleinen sechs Variationen vom Jahre 1795 und der Sonate für Klavier und Horn am 17. und 18. April 1800 der Fall war; vielmehr wissen wir, dass er sonst kaum eine namhafte Komposition hinschrieb, ohne vorher einzelnes zu Papier zu bringen. Häufig ward am Hauptmotiv gebosselt, geformt bis es die nötige Schärfe, Kraft oder auch die gewünschte Weichheit erhielt. Den weiteren Motiven ging es nicht anders. Beethoven verfuhr da, wie ein bildender Künstler, der Studien und Skizzen macht, bevor er an die Ausführung schreitet. Auch das Geschriebene überging er noch oft genug, und ab und zu wurden ganze Takte hinzugefügt. Beethovens Zeitgenossen: Ries, Schindler haben uns hierüber vieles überliefert. Als die besten Zeugen für die Entstehungsgeschichte mancher Beethovenscher Werke stehen aber die Notierungsbücher und die von ihm selbst durchgesehenen Abschriften vor uns, die uns tiefe Blicke in die geistige Werkstätte des Meisters gestatten. Man weiss es, wie viel Wertvolles Gustav Nottebohm aus jenen Heften zutage gefördert hat. Ganz klar ist es, dass Beethoven zwar die grossen Massen seiner Werke leicht und frei im Kopf formte, dass ihm aber die Niederschrift mancher Einzelheiten viele Mühe machte. Dabei ging es nicht immer ohne Heulen und Brummen ab. Der

Takt wurde geschlagen, gestampft. War dann eine Komposition vollendet, so wurde sie meist einem K o p i s t e n überantwortet, der oft einfach nur die Vorlage abzuschreiben, oder aus einer Partitur die Stimmen auszusetzen hatte. Der Meister wollte, das versteht sich von selbst, alles genau so kopiert haben, wie er es vorgeschrieben hatte. Das war aber bei Beethovens wüster Schrift gewiss nicht immer ganz leicht. Zelter meinte, Beethoven schriebe wie mit dem Besenstiel, und tatsächlich gibt es in den Notenhandschriften Beethovens Stellen, aus denen man mehr erraten muss, was der Meister wollte, als dass man es mit voller Sicherheit lesen könnte. In seiner Jugendzeit war Beethovens Schrift nicht so rauh und flüchtig, wie später.[1] Mit seiner Musik und mit deren Vortrag nahm er es aber zeitlebens sehr genau und das bis ins kleinste. So schreibt er z. B. 1825 an Karl Holz in Angelegenheit einer Abschrift des A-Moll-Quartettes ganz bestimmt, dass er Punkte . . . und , , , über den Noten unterschieden haben wollte. Es ist ihm ganz ernst um die Sache. Aus den Randbemerkungen, die der Komponist so häufig in die Abschriften hinsetzte, wenn er sie durchsah, entnimmt man auch, was für Kosenamen und Schmeicheleien den Kopisten oft an den Kopf geworfen wurden. In einer revidierten Abschrift von „Meeresstille und glückliche Fahrt" bedenkt er sie mit dem Anruf: „O ihr Talken".[2] Einmal war die Unterstimme zu der Stelle „Es teilt sich die Welle . . ." um eine Oktav zu hoch geschrieben. Beethoven begleitet seine Korrektur mit der freundlichen Bemerkung: „O ihr luftiges Gesindel." Im Mai 1825 schliesst er den erwähnten Brief an

---

[1] Über die Wandlungen der Handschrift Beethovens soll eine gesonderte Studie Auskunft geben.

[2] Hierzu „Allgemeine deutsche Musik-Zeitung" vom 1. Juni 1883 und Em. Kastner, „Musikalische Chronik" I. S. 67 f.

Holz mit der Mitteilung ab: „... ich habe nicht weniger als heute den ganzen Vormittag mit der Korrektur der 2 Stücke zugebracht und bin ganz heiser von Fluchen und Stampfen" (!) Hier sagt er es selbst, dass die Korrekturen nicht immer lautlos vor sich gingen.

Viel früher, als Beethoven mit bescheidenem Namen und noch bescheideneren Mitteln vom Rhein her an die Donau gezogen kam, wird er gewöhnlich seine Kompositionen noch eigenhändig ins Reine geschrieben haben. Immerhin liest man in Beethovens Notizbuch von etwa 1792 auf 1793 den Posten: „Copist 58 X".[1]) Dann aber, als er anfing, erst als staunenerregender Klavierspieler, später als Schöpfer kühner, eigenartiger Kammermusik und eben solcher Orchesterwerke berühmt und berühmter zu werden, bedurfte er stets des einen oder anderen Kopisten. Im Autograph der 1801 ausgegebenen Sonate für Klavier und Violine Op. 24 schrieb Beethoven „NB Der Copist, der die 3 und 6 hier hinein gemacht, war ein Esel."[2]) Gewiss ist es ziemlich aussichtslos, heute noch feststellen zu wollen, wie die Abschreiber alle geheissen haben. Ab und zu kopierte R i e s etwas für den Meister,[3]) was übrigens gewiss nur ausnahmsweise geschah. In einem Briefchen Beethovens an Ries, etwa aus dem Jahre 1804 ist davon die Rede, dass ein Kopist krank und der andere mit wichtigen Sachen beschäftigt war. Ries möchte deshalb das Kopieren eines Andante übernehmen. Gewöhnlich also arbeiteten damals Berufskopisten für den Meister.

In einem Briefchen, das um 1805 zu fallen scheint

---

[1]) Nach dem Original, das 1892 in Wien ausgestellt war. (X bedeutet Kreuzer.)

[2]) Vgl. Thayer, „Thematisches Verzeichnis" S. 43. Eine Kopistenstelle, die mit Op. 29 zusammenhängt, wird in anderem Zusammenhang besprochen.

[3]) Vgl. Wegeler und Ries, „Biographische Notizen über Beethoven" S. 82.

und mit der Kopiatur der Eroica, oder des Fidelio zusammenhängen dürfte,[1]) schreibt Beethoven dem Kopisten: „Die Theaterdirekzion **muss sie schlechterdings bezahlen, nicht ich.** — Es tut mir leid, Ihnen nicht helfen zu können, **sie müssen aber nun ihr recht suchen**, anders weis ich Ihnen nicht zu raten — Ihr ergebenster Diener Beethoven." Nach der Überlieferung ist das Blättchen, das Herr R. B. in Wien besass, an einen **Kopisten Gebauer** gerichtet, einen Namensvetter oder Verwandten des bekannten Kapellmeisters Franz Xaver **Gebauer**, des Anregers der „Concerts sprirituels". Vielleicht ist der nur in wenigen Nachrichten genannte Wiener Musiker Gottfried Gebauer der Adressat des Briefchens. Es wäre derselbe, der in einem der kleinen Schreiben an den Sänger Sebastian Meier Erwähnung findet. Wieder handelt es sich um die Zeit der ersten Fidelioaufführung. „... das Quartett vom 3. Akt ist nun ganz richtig; was mit rothem Bleistift gemacht ist, muss der Copist gleich mit Dinte ausmalen, sonst verlöscht es!", so befiehlt Beethoven in einem Briefchen. In einem weiteren Briefe, der wieder auf Fidelio Bezug nimmt, schreibt der Meister: „Der **Gebauer** soll mir diesen Abend gegen 6 Uhr seinen geheimen Secretär schicken wegen dem Duett u. a. m."[2]) Gottfried Gebauer kommt 1823 im Zieglerschen Adressbuch von Wien als Mitglied der fürstlich Liechtensteinschen Kapelle, Stadt Herrengasse 264 vor u. z. als Oboist. In

---

[1]) Die Eroica wurde öffentlich zuerst aufgeführt in der Clementschen Akademie, vom 7. April 1805 im Theater an der Wien. Fidelio ging am 20. November 1805 zum erstenmal in Szene. — Das kleine Schriftstück wurde mir durch die Freundlichkeit Em. Kastners bekannt. Siehe auch Montagsrevue 7. Januar 1901.

[2]) Nohl, „Neue Briefe Beethovens" S. 7ff., wo das Blättchen richtig in die Zeit der ersten Fideliobearbeitung versetzt wird. Nohl äussert auch mit Recht Zweifel, dass hier der bekannte Kapellmeister Gebauer gemeint sei.

Hanslicks Geschichte des Wiener Konzertwesens wird ohne Vornamen ein Wiener Flötist und Czakanbläser Gebauer genannt, der um 1810 tätig war.

1808 bittet Beethoven „seinen lieben guten Gleichenstein, ein Manuskript dem Kopisten morgen zu übergeben — es ist, wie du siehst wegen der Sinfonie — übrigens falls er nicht fertig ist, morgen mit dem Quartett, so nimmst du's weg und gibst es sodann in's Industrie-Komptoir". Es handelte sich um die vierte Symphonie und die Quartette Op. 59.[1])

Wer der erwähnte Kopist war, ist nicht bekannt. Aber es scheint, dass Beethoven in den Jahren bis gegen 1811 oder 1812 einen bestimmten Notenschreiber bevorzugte. Denn am 8. Mai 1812 schrieb er an Varenna nach Graz, dass er (augenblicklich) keinen eigenen Kopisten habe, **wie er sonst einen gehabt**.[2]) In einem undatierten, vielleicht 1811 fallenden Briefe an Zmeskall heisst es: „Ich bin gesonnen, einen Menschen, der Noten kopirt und der sich angetragen, in Dienste zu nehmen; dieser hat noch seine Eltern in Wien und dieses könnte manches Gute zur Folge haben, doch wünsche ich über die Bedingungen mit Ihnen darüber zu sprechen".

1814 schrieben zwei bisher noch unbenannt gebliebene Kopisten eilends an der Kantate: Der glorreiche Augenblick.[3])

Aus einer späteren Zeit weiss man sicher, dass ein gewisser **Schlemmer** jahrelang der Hauptkopist des Meisters gewesen. Schlemmer hat es also ohne Zweifel gut verstanden, mit dem wunderlichen Menschen Beetho-

---

[1]) Nach Nohl, „Neue Briefe Beethovens" S. 24, wo der Brief etwas besser wiedergegeben ist, als bei Thayer III. S. 29. Vgl. auch Nohl in der „Neuen Zeitschrift für Musik" 1879, S. 480.

[2]) „Ich habe keinen eigenen Kopisten, der mir wie sonst immer schreibt... nun muss ich also immer zu fremden Kopisten meine Zuflucht nehmen" (Thayer, Beethovens Leben III. S. 198.)

[3]) Vgl. Tomaschek in der „Libussa" von 1846.

ven auszukommen und dessen flüchtige Handschrift zu entziffern. Breuning wollte wissen, dass Schlemmer 30 Jahre lang für Beethoven gearbeitet hätte. Er deutet zwar an, dass er die Nachricht von seiner Mutter hatte, doch ist die Angabe von 30 Jahren vielleicht trotzdem um vieles übertrieben. Auf alle Fälle mag beachtet werden, was Breuning über Schlemmer mitteilt.[1])

„Beethovens Copist durch 30 Jahre war Schlemmer. Es war das Copiren seiner Manuscripte eine schwierige Arbeit, und nur wenige konnten ihr gerecht werden. Schlemmer wohnte am Graben, unweit des Kohlmarktes in dem Hintertrakte eines Hauses. Er hatte geschulte Unterarbeiter, und namentlich unter diesen einen langjährigen, welcher im Fischhofe (dann Galvagnihofe) am Hohen Markte, wie meine Mutter mir erzählte, in einem düsteren Nagelschmiedgewölbe unter dem Durchgangstore seine Copien gemacht haben soll."

Briefe Beethovens an diesen Schlemmer scheinen sich zwar nicht erhalten zu haben — nur durch eine Verwechslung mit einem anderen Schlemmer, der später Kostherr des Neffen Beethovens war, ist ein Brief Beethovens an den Kopisten Schlemmer irrtümlicherweise in die Literatur gekommen[2]) — doch wird unser Kopist in den bunten Episteln des Meisters oft genug erwähnt, so schon im Jahre 1811 in einem Schreiben an den Erzherzog Rudolf, den Beethoven bekanntlich in der Komposition unterrichtete. Auch im Jahre 1819 in einem

---

[1]) „Aus dem Schwarzspanierhause" S. 49. Schlemmer starb 1823. Er müsste nach Breunings Angabe also schon 1793 für Beethoven gearbeitet haben.

[2]) Dieser Brief war 1890 aus dem Besitz Karl Meinerts (damals) in Dessau ausgestellt und zwar in Bonn im Beethovenhaus. Der Irrtum mit dem angeblichen Kopisten kehrt auch wieder in der „Sonntagsbeilage" zur Vossischen Zeitung No. 347 vom 28. Juli 1889 und bei Kalischer, „Neue Briefe Beethovens", sowie in anderen Schriften.

Briefchen an denselben Erzherzog, das Köchel veröffentlicht hat, wird Schlemmer genannt.[1]) Die Reinschrift der vierzig vom Erzherzog komponierten Variationen wird „durch den Kopisten Schlemmer" übersendet. Übrigens konnte sich Beethoven 1819 keinen ständigen Kopisten halten (Brief an Ries 19. April 1819).

Wie schon angedeutet, scheint Schlemmer mit Genauigkeit, Verständnis und Umsicht gearbeitet zu haben, sonst hätte ihn Beethoven nicht jahrelang beschäftigt, sonst hätte er ihm nicht eine so heikle Arbeit anvertraut, wie die Korrektur der schon gestochenen A-Dur-Symphonie. Ein nicht datiertes Schreiben Beethovens,[2]) das man ins Jahr 1816 setzen muss, betrifft doch diese Symphonie, deren Stich durch zahlreiche Fehler entstellt war. „In die schon fertigen Exemplare müssen die Fehler mit Tusch verbessert werden, wozu Schlemmer zu brauchen". So schreibt Beethoven über den Fall, der ihn begreiflicherweise „sehr verdriesslich" machte. Er hatte die Korrektur nicht genügend überwachen können. Dies erhellte aus dem ganzen Inhalt des Briefes.

Von einer gewissen vertrauensvollen Zufriedenheit mit Schlemmers Leistungen legt auch eine Briefstelle Zeugnis ab, die in einem Schreiben vom Juli 1823 an Erzherzog Rudolf vorkommt: „Ich liess daher endlich S c h l e m m e r selbe [Variationen] übersehen und sie dürften, obwohl nicht zierlich aussehen, doch korrekt sein". 1823 hat Schlemmer übrigens in seiner Arbeits-

---

[1]) 1818 oder 1819 fällt eine Kalendereintragung Schindlers „Schlemmer hat erhalten 25". — Von geringerem Belang sind die Erwähnungen im Konversationsheft No. 34, das in der Zeit von 1820 bis 1822 benutzt wurde: „Papier Schlemmer" und „Schlemmer fragen, wo seine Messer geschliffen werden" (vgl. „Die Musik" 1905/6).

[2]) Mitgeteilt bei A. W. Thayer, „Beethovens Leben" III. S. 497 f.

kraft nachgelassen. Es lag am schwindenden Augenlicht, am Nachlassen der Lebenskräfte. „Mein alter Kopist sieht nicht mehr und der jüngere muss erst abgerichtet werden".[1]) Das liest man in einem Briefe Beethovens vom 20. März 1823 an Peters nach Leipzig. Man kann es nur auf den alten Schlemmer und seinen Nachfolger beziehen. Im Juli desselben Jahres braucht Schlemmer einen Vorschuss von 70 fl. In jenem Sommer schreibt Beethoven auch an Schindler: „Schlemmern ist, was vom Kyrie fehlt, abzujagen. Die Nachschrift zeigen sie ihm und hiermit satis. Mit solchen Hauptl(umpenker)ls nichts weiter". Die Beschimpfung braucht nicht gerade gegen Schlemmer gerichtet zu sein, betrifft aber augenscheinlich die damaligen Kopisten des Meisters. Das Übergangsstadium vom alten Schlemmer zu neuen, noch nicht eingearbeiteten Schreibkräften scheint den stürmischen Tonsetzer nervös gemacht zu haben. Er wirft mit Verbalinjurien um sich. Im selben Sommer 1823, wieder aus Hetzendorf wird an Schindler geschrieben „Sie können auch morgen den Schurken von Kopisten überraschen von dem ich mir nichts gutes verspreche, Seit heut 8 Tage hat er die Variationen". Es ist nicht sicher, wer dieser „Schurke" war. Möglicherweise ist der Kopist Rampel gemeint, von dem wir noch hören werden. Rampel hatte in jenem Sommer an Beethovenschen Variationen zu schreiben. Nur ist es zweifelhaft, ob ihm die ganze Arbeit, oder nur ein Teil übertragen war, da Beethoven sehr drängte und vermutlich zwei bis drei Kopisten an diesen Variationen arbeiten liess. Höchstwahrscheinlich sind es die 33 Variationen über einen Walzer von Diabelli, die als Op. 120 veröffentlicht wurden. Rampel hatte, wenigstens zu Be-

---

[1]) Vgl. zu diesen und den folgenden Stellen Nohl, „Briefe Beethovens No. 252, 258, 266, 269, 272, 326, überdies Kalischer, „Neue Beethovenbriefe".

ginn dieser Arbeit, nur die ersten zwölf Variationen zugewiesen erhalten. Davon handelt eine Briefstelle, die weiter unten mitgeteilt wird.

Auf Schlemmer ist der „Schurke" nicht zu beziehen. Wusste doch Beethoven, dass es mit dem Manne gesundheitlich abwärts ging. Im Juli 1823 schreibt er z. B. an Schindler „Schlemmer ist zum sterben schlecht, gehn sie doch hin, vielleicht spricht er von der Rechnung, aufgeschrieben sind 165 fl; ich glaube aber, dass noch 25 fl mehr sind".[1]

Schlemmer starb, wie aus dem Zusammenhang erhellt, im Sommer des Jahres 1823. Beethoven hat den Verlust Schlemmers gewiss recht unangenehm empfunden. „Da die Partitur korrekt gestochen werden muss, so muss ich noch mehrere mal selbe übersehen, denn es fehlt mir ein geschickter Kopist. [Der,] den ich hatte ist schon anderthalb Jahr im Grab, auf ihn konnte ich mich verlassen." So heisst es in einem Schreiben an Schott vom 17. Dezember 1824 (mitgeteilt von L. Nohl). Noch deutlicher spricht sich Beethovens Unzufriedenheit mit dem Wechsel der Dinge in einem Briefe vom 9. April 1825 aus: „Hier haben Sie ein Beispiel von den elenden Kopisten, welche ich seit Schlemmers Tode habe. Beinahe auf keine Note kann man sich verlassen." (Mitgeteilt von F. Ries, S. 161.) Wie mögen wohl die „elenden" Nachfolger Schlemmers geheissen haben? Einige Kopisten aus der Zeit nach Schlemmers Tode sind uns bekannt, zunächst Gläser.[2] Der Kopist dieses Na-

---

[1]) Kalischer, „Neue Beethovenbriefe" S. 125. — Die letzte Erwähnung von Aufträgen für Schlemmer dürfte sich in einem Briefchen aus Baden vom Sommer 1823 finden (Kalischer a. a. O. S. 127.)

[2]) Dieser Kopist Peter Gläser war der Vater des Komponisten Franz Gläser. Als der Sohn 1822 am Theater in der Josefstadt Kapellmeister wurde (neben J. Drechsler), rief er seinen Vater aus Deutsch-Böhmen nach Wien, um ihm Notenkopiaturen zu ver-

mens wird übrigens von Beethoven mit einer gewissen Aufmerksamkeit behandelt. Dies entnimmt man sowohl aus einem Briefchen Beethovens an Gläser, das sich im historischen Museum der Stadt Wien befindet und in der „Neuen Zeitschrift für Musik" veröffentlicht wurde, als auch aus einem längeren B r i e f e, der im Wiener Fremdenblatt vom 25. März 1892 zum erstenmal gedruckt worden ist und weiter unten mit Anmerkungen versehen nochmals mitgeteilt wird. In dem Briefchen aus dem historischen Museum handelt es sich um Abschriften aus Beethovens grosser Messe; das zweite Schreiben, dessen Autograph sich bei einem Wiener Beethoven-Verehrer befand und vor mehreren Jahren (im März 1900) bei der Fr. Cohenschen Autographenversteigerung in Bonn wieder zum Vorschein kam, bezieht sich auf die „Neunte" und berührt viele Punkte, die für unsere Leser von Interesse sein dürften. Ich lasse deshalb das ganze Schreiben hier folgen:

„mein lieber H. gläser!

Ich habe sie gebeten, dass geschrieben werden soll, wie es steht, wie sind aber d i e w o r t e gegen meinen willen, als wenn es mit Fleiss geschähe, geschrieben, ich dringe daher noch einmal darauf, dass man sich auf das Genaueste dran halte, wie die worte unter d i e N o t e n gesetzt sind, Es ist nicht gleich-

---

schaffen. Peter Gläser war durch Bauspekulation in ungünstige Verhältnisse geraten und nahm den Antrag an. Er zog mit seiner Familie nach Wien, wo er in der Josefstädterstrasse (damals Kaiserstrasse) im Haus zum Weinstock wohnte. Die Mutter und die älteste Tochter besorgten die Hauswirtschaft, die übrigen Kinder, vier Töchter und ein Sohn, mussten sich wie der Vater mit Notenkopiatur beschäftigen. (Nach handschriftlichen Aufzeichnungen über die Familie Gläser von J. Brixner in Wien. Ich verdanke diese Aufschreibungen der Güte Herrn A. Kottenbachs in Wien.)

gültig dass, wo die Vokalen gedehnt¹) werden, gleich dabei die consonanten gesetzt werden. wie ich schon gezeigt und gesagt und durch S(chindler) habe noch sagen lassen. bey der partitur bitte ich mir aus, dass es gschrieben wird, wie es steht, was die worte anbelangt wo Sa — — — nft, müssen die²) Consonanten erst nach der Endigung der Dehnung geschrieben werden. Es steht deutlich genug da, und sie sehen, dass schon³) da immer corrigirt worden in der abgeschriebenen partitur damit es so, wie ich es einmal nach Grundsäzen für gut halte [geschrieben] werde, 2 Vokalen wie ei etc. werden auch bey Endigung mit⁴) Consonanten nebeneinander gesetzt die consonanten dürfen aber nicht eher folgen, sowohl bey einem als 2 Konsonanten, als bis die Dehnung vollendet ist —

lassen sie nur gefälligst fortschreiben, die Partitur habe ich nicht nötig, denn ich habe die meinige, wonach Schlemmer und andere, die nicht mit . .⁵) zu Vergleichen sind, sowohl partituren als auch [Stimmen] ausgeschrieben haben — ich überschicke⁶) ihnen auch das 2te Stück, damit die Coda ebenfalls beygefügt werde, sie ist nicht geändert worden, nur durch vergessenheit ist Sie nicht gleich beachtet worden, übrigens halte ich es hierin mit den grossen Männern Haidn Mozart Cherubini welche sich nie gescheut haben, etwas aus zu streichen abzuzürzen⁷) oder zu ver-

---

¹) Nach gedehnt steht „und" durchstrichen.
²) Auf das Wort „Vokale" geschrieben.
³) „schon" verkratzt.
⁴) „Endigung mit" ist über der Zeile nachgetragen und mittels krummen Striches herabgezogen.
⁵) Folgt eine Kürzung, die vermutlich als Ihnen aufzulösen ist.
⁶) In „überschicke" ist „über" nachträglich zwischen ich und schicke auf der Zeile eingeschoben.
⁷) Es heisst im Original wirklich abzürzen statt abkürzen.

längeren etc. — sapienti pauca.¹) ich bitte innigst mir nicht noch eine 3te 4te Arbeit Zu verursachen, sie sehn aus den Beygefügten Stimmen, dass ich einmal durchaus von dieser meiner schreibart in rücksicht der G e d e h n t e n V o k a l e nicht abgehe und abgehen kann, da ich Viel Zu sehr von der richtigkeit derselben überzeugt bin. —

ihr
Ergebenster
Diener
Beethoven."

Die Erwähnung der Textworte und der Coda stösst uns die Nase sofort auf die neunte Symphonie, was unser Interesse jedenfalls wachruft und den Brief ins Jahr 1824 ungefähr verweist. Auch die Stelle mit Haydn, Mozart, Cherubini fesselt unsere Aufmerksamkeit. Der Name Haydn ist verschrieben, was zu beachten ist, da Beethoven einen ähnlichen Fehler, von einem andern begangen, einmal sehr scharf tadelte. Von seiner Wertschätzung Cherubinis sind wir schon aus anderen Quellen unterrichtet (durch Seyfried und durch Grillparzer, der über diese Frage mit Otto Jahn gesprochen hat).

Zur Wortabteilung, die Beethoven so sehr verteidigt und die in Bezug auf Gesang auch die vernünftigste wäre, wollen wir uns auch an eine Äusserung Beethovens gegen Moscheles erinnern. Als die beiden genannten 1814 gemeinsam ein Arrangement von Moscheles durchsahen, bemerkte Beethoven im Duett: Namenlose Freude den Text: „Ret-terin des Gat-ten". Das strich er durch und schrieb statt dessen „Re-tterin des Ga-tten". Denn auf t könne man nicht singen.²)

---

¹) „pauca" ganz unsicher. Es kann auch „punc(tum)" gemeint sein. „Sat", was man erwarten würde, heisst es nicht.

²) Nach einem Tagebuch, das in dem Buch „Aus Moscheles Leben" benützt ist.

Unser Brief, betrachten wir ihn in Bezug auf Beethovens Verhältnis zum Kopisten, lässt immerhin neben Bemängelungen auch eine gewisse Zufriedenheit mit Gläsers Leistungen erkennen. Aus einem Briefchen an einen anderen Kopisten, an R a m p e l, spricht sogar Vertraulichkeit und Zuneigung. Rampel kopierte in den Jahren 1823, noch gleichzeitig mit Schlemmer, sowie 1824, 1825 und 1826 für Beethoven. Ob er schon 1816 für den Meister beschäftigt war, ist fraglich.[1])

Am 1. Juli 1823 schrieb Beethoven aus Hetzendorf an Schindler: „Ich bitte sie gefälligst wegen Rampel nachzusehen, oder mir, (das Manuscript) wenn sie es schon haben, mit heraus zu schicken. Diabelli wird auch schon fertig sein, so können sie es auch mit schicken — Schlemmer geben Sie gefälligst die posaunen auf schönem papier, da sie leichter zu schreiben." (NB. Hier scheint Beethoven auf Schlemmers abnehmende Kräfte Rücksicht genommen zu haben). In demselben Briefe folgt dann auch die Stelle vom Vorschuss für Schlemmer. „Soeben kommt Schlemmer und begehrt wieder Geld. Nun hat er 70 Gulden voraus".[2])

In demselben Frühsommer schreibt der Meister an Schindler aus Hetzendorf „hier folgt für Rampel erstens das thema der Var(iationen), welche(s) mir auf ein abgesondertes einzelnes Blatt zu schreiben — alsodann hat er noch [das] übrige bis zur Var. 13 oder bis Ende Var. 12 zu schreiben, und somit Beschluss" — dann folgt die

---

[1]) Ein undatiertes Briefchen an Pasqualati mit einer Erwähnung des Quartetts in f-moll nennt auch Rampel. Kalischer, „Neue Beethovenbriefe" S. 42 f.

[2]) Der Brief ist höchst lückenhaft bei Nohl, besser in der Sonntagsbeilage zur Vossischen Zeitung vom 28. Juli 1889 mitgeteilt. In einem Briefe Beethovens aus Baden vom 14. September 1824 wird eine Quittung Rampels erwähnt (Nohl No. 312). 1826 erhielt Rampel einmal 10 Gulden. (Hierzu eine der folgenden Studien.)

Stelle: „Schlemmer ist, was vom Kyrie fehlt, abzujagen . . ."

Der Kopist Rampel wird wieder genannt in jenem interessanten, schon oben erwähnten Briefe Beethovens an Karl Holz, der in Gassners Zeitschrift für Deutschlands Musikvereine 1845 zuerst gedruckt worden ist.[1]) Er fällt 1825 und handelt vom A-Moll-Qartett Op. 132. Beethoven beschwört den Freund: „Um Gottes willen bitte ich Rampel einzuprägen, dass er alles schreibt, wie es steht; sehen sie nur jetzt das von mir Corrigirte an, so werden sie alles finden, was sie ihm zu sagen haben." Nun folgt die Stelle, die sich auf . . und , , bezieht. Dann heisst es wieder: „Die ⎯⎯ stehen manchmahl später nach den Noten mit Absicht, z. B. — Die Bindungen gerade so wie sie jetzt stehen! es ist nicht gleichgültig ob so oder so ! im adagio viel mehr so

Merkts euch von höhern Ortes . . ." In der Einleitung zur Veröffentlichung teilte Holz des besonderen mit, dass Rampel die Stimmen des Quartetts herauszuschreiben hatte.

Hier und da scheint Rampel auch in die zerfahrene Häuslichkeit des „Generalissimus" hilfreich eingegriffen zu haben, da er demselben eine Magd zubringt. Das Briefchen an Rampel, das eben erwähnt wurde, erhielt dieser vermutlich durch den „Generaladjutanten" Haslinger, weshalb schon die Adresse scherzhaft gehalten sein durfte: „Für den H. Rampel, Kopisten am Donau-

---

[1]) Band IV No. 24. Später aber mangelhaft wieder bei Nohl, „Briefe Beethovens" No. 361.

strom[1]) lautet sie. Derlei Spässe waren im Steiner-Haslingerschen Musikladen gang und gäbe, wo sich Beethoven „Generalissimus" nannte und Haslingern als „Generaladjutanten" in Anspruch nahm. Das kleine Schreiben selbst (es ist wiederholt abgedruckt) fährt in demselben Tone wie die Adresse fort. „Bestes ramperl komm' nur morgen früh, geh aber zum Teufel mit deinem gnädigen Herrn. Gott allein kann nur gnädig geheissen werden. — Die Magd habe ich schon aufgenommen, flösse ihr nur Ehrlichkeit und Anhänglichkeit an mich wie auch Ordnung und Pünktlichkeit in ihren kleinen Diensten ein. — dein ergebener Beethoven."

Auf einem losen Blatte aus einem Notierbuch zum Quartett Op. 127 (im Besitz der Gesellschaft der Musikfreunde in Wien, komponiert 1824) steht oben mit Tinte geschrieben: „der Herr braucht nicht mehr zu kommen, da ich ihn als schreiber nicht brauchen kann, und seine Narrheit vollends alles vereitelt".[2]) Das bezieht sich gewiss nicht auf Rampel. Denn wenngleich Rampel möglicherweise auch mit einbegriffen war, als Beethoven in seinem Briefe an Schott gegen die „elenden Kopisten" loszog, so scheint es doch zwischen beiden zu keinerlei heftigem Zwist gekommen zu sein. Noch 1826 arbeitete Rampel für Beethoven. Ein ernstliches Zerwürfnis gab es aber mit dem Kopisten, den wir noch zu nennen

---

[1]) Nach einer alten Angabe (hierzu mein Buch: „Neue Beethoveniana") war Rampels Wohnung nahe der Donaulände gelegen, d. h. in der Nähe des Donaukanals. Dazu passt es, wenn Beethoven an Holz schreibt: „bei der Hitze ist es wohl am besten, wenn sie in das bewusste Wirtshaus in die Rossau kommen, gerade der Strasse gegenüber, wo Rampel wohnt". Rossau ist die bekannte Wiener Vorstadt, die sich am rechten Ufer des Donaukanals befindet. Kalischer a. a. O. S. 86 liest „Rossen (?)".

[2]) Nach dem Original auf: „vereitelt" folgt noch die Strichverbindung, die Beethoven neben seine Unterschrift zu setzen pflegte, das Manupropria.

haben. Ferdinand Wolanek hiess der Unglückliche, den wir wohl mit dem „Stockböhmen" identifizieren dürfen, auf den Beethoven in einem Briefe aus dem Jahre 1825 losdrischt, weil er in der Abschrift der grossen Messe Konfusionen gemacht hatte. Wolanek hatte es offenbar gewagt, den Meister verbessern zu wollen. Die Zurechtweisung von seiten Beethovens ist sicher etwas heftig ausgefallen. Wolanek rächte sich dafür an dem Komponisten durch das Zurücksenden der aufgetragenen Arbeit in Begleitung eines spitzig gehaltenen Briefes, in welchem es unter anderem heisst: „Was ferners das sonstige misshellige Betragen gegen mich betrifft, so kann ich belächelnd selbes nur als eine angenommene Gemüthsaufwallung ansehen ... Tröstend ist mir die feste Ueberzeugung, dass dem Mozart und Haydn, jenen gefeyerten Künstlern, bey Ihnen, in der Eigenschaft als Kopisten, ein mir gleiches Schicksal zugetheilt würde ..." Beethoven durchstrich dieses Schreiben kreuzweise und liess einen ganzen Hagel von Grobheiten darauf herniedergehen, die an verschiedenen Stellen hingewühlt wurden: „Dummer, eingebildeter, eselhafter Kerl" — „Mit einem solchen Lumpenkerl, der einem das Geld abstiehlt, wird man noch Komplimente machen, statt dessen zieht man ihn bey seinen eselhaften Ohren." — „Schreibsudler! Dummer Kerl!" — „Korrigiren Sie Ihre durch Unwissenheit, Uebermuth, Eigendünkel und Dummheit gemachten Fehler, dies schickt sich besser, als mich belehren zu wollen ..." — „Denn das ist gerade, als wenn die Sau die Minerva lehren wollte. Beethoven." Dazu noch des Meisters Bemerkungen am Rande: „Es war schon gestern und noch früher beschlossen, sie nicht mehr für mich schreiben zu machen", ferner „Mozart und Haydn erzeigen sie die Ehre, ihrer nicht zu erwähnen".

Das Original dieses furchtbaren Donnerwetters befand sich ehedem im Besitz des Malers Amerling, war später bei Dr. Julius Ritz, danach in der Sammlung Karl Meinert. Es ist wiederholt abgedruckt worden.

Im Herbst 1826 während des Aufenthaltes in Gneixendorf scheint Beethoven keinen passenden Kopisten gefunden zu haben. Er schrieb die Stimmen zum zweiten Finale des Quartetts op. 130 eigenhändig.

Ich denke, dass es zu einem vollständigen Bilde von Beethovens Wesen auch gehört, sein Betragen den Kopisten gegenüber einzutragen. Auch auf die Entstehung seiner Werke fällt manches freilich unsichere und schwankende Streiflicht, wenn wir nach dieser Richtung hin forschen. Und eines erhellt klärlich aus dem Studium dieser kleinen Kopistengeschichten, **dass Beethoven mit höchster, oft zur Leidenschaft gesteigerter Sorgfalt bedacht war, seine Werke so vollkommen zu gestalten, als es nur immer möglich war.**

Beziehungen zu Baron Johann Baptist Pasqualati

Ein freundliches Stück Alt-Wien hat sich bis heute auf der Mölkerbastei erhalten. Blickt man vom Liebenbergdenkmal am Franzensring gegen die Stadt zu, so gewahrt man auf dem Restchen Bastei, das dort noch aufrecht steht, ein stattliches Wohnhaus, das die Ecke nach der Schreyvogelgasse bildet. Vier Stockwerke hoch ragt es auf. Über dem Eingang ein Wappen, das Wappen der Freiherrn von Pasqualati. Für die Lebensgeschichte Beethovens hat dieses Haus eine gewisse Bedeutung, und einer der Besitzer des Hauses bewährte sich jahrzehntelang als aufopfernder Freund des berühmten Tonkünstlers. Baron Johann von Pasqualati zu Osterburg, war dieser Freund, der offenbar mit Ruhe die Schrullen des stürmischen, oft unüberlegt handelnden Künstlers ertrug oder abwehrte und es wie wenige verstand, mit dem unsteten, zerstreuten Komponisten auf gutem Fuss zu bleiben. Pasqualati war sicher keine kleinliche Natur. Er bleibt der alte Verehrer des Meisters, auch wenn ihm dieser in den Widmungsinschriften unaufmerksamerweise den Namen verstümmelt. So schreibt Beethoven auf die Stimmen zur dritten Leonorenouvertüre, die im Juli 1810 erschienen waren: „Seinem Freunde Baron Pascolati [sic!] vom Verfasser"[1]) Genau in derselben Weise verballhornt er den Namen 1811 bei der Übersendung der Orchesterstimmen zur Eg-

---

[1]) Vgl. „Deutsche Kunst- und Musikzeitung" (herausgegeben von Robitschek) XIX. 1892, No. 2.

montouvertüre. Noch aus dem Jahre 1814 ist eine handschriftliche Widmung mit der Schreibweise: Pascolati bekannt. Gegen 1815 kommt Beethoven dann auf die richtigen Buchstaben, was man aus Briefen entnehmen kann. Davon später. Als Beispiel einer Dedikation mit dem regelrecht geschriebenen Namen liegt eine solche vor in der Widmungsinschrift von 1816 auf der: Schlacht bei Vittoria. Da schreibt er: „Seinem verehrten Freunde Baron v. P a s q u a l a t i vom Verfasser".[1])

Die Beziehungen Beethovens zu Baron Pasqualati begannen jedenfalls damit, dass Beethoven eine Wohnung im Hause des Barons mietete. Ries erzählt davon. 1804, nach einem Streit mit Stephan von Breuning gab Beethoven seine frühere Wohnung auf.[2]) Er beauftragte den Schüler Ries „ein Logis auf der Bastei zu suchen. Ich wählte nun auf der Mölker Bastei im Pasquillatischen Hause eine Wohnung im vierten Stocke, wo eine sehr schöne Aussicht war . . ." „Er zog aus letzterer mehrmals aus, kam aber immer wieder dahin zurück, so dass, wie ich später hörte, der Baron Pasquillati gutmütig genug, wenn Beethoven auszog, sagte: Das Logis wird nicht vermietet; Beethoven kömmt schon wieder."[3])

---

[1]) Diese Widmungen, mit Ausnahme der von 1814, sind mir 1892 durch die Freundlichkeit Herrn A. Kottenbachs in Wien bekannt geworden, der mir dankenswerterweise auch mehrere Kompositionen von Pasqualati zum Geschenk machte. Es sind „six valses pour le pianoforte composées et dediées à Mademoiselle Charlotte d'Odelga" (Wien, S. A. Steiner & Cie.) und eine Polonaise pour le pianoforte par J. B. P." (Ebenda), überdies „Ouvertüre zu dem Trauerspiele Faust, componiert von J. R. v. Seyfried, für das Pianoforte zu vier Händen von J. Pasqualati".

[2]) Hierzu meine Arbeit „Beethovens Wohnungen in Wien", die im 3. Bande der Beethovenstudien erscheinen soll.

[3]) Biographische Notizen über L. v. Beethoven S. 112 f., auch S. 37. Vgl. auch meine Biographie Beethovens im Verlag der „Harmonie" 2. Aufl. S. 53.

Riés nennt den Mann: Pasquillati. Beethoven mag verbessert haben: Pascolati. Zum Nachschlagen in den Wiener Auskunftsbüchern[1]) hatten weder er noch Ries die nötige Zeit, und wenn der Baron irgendwelche Urkunde im Interesse Beethovens unterzeichnete, wird der ungeduldige Meister die Unterschrift wohl nicht buchstabenweise überprüft haben. Beharrlich nennt er lange Jahre hindurch auch in seinen Briefen das Haus das „Pascolatische".[2]) Erst zu Beginn von 1815 begegnet man der Schreibung: Pasqualati.[3])

Baron Johann von Pasqualati war Grosshändler und hatte auf dem Kohlmarkt (No. 300 oder 301) eine Wechselstube.[4]) Die Familie war überaus kunstsinnig. Man hatte (wahrscheinlich schon damals, als Beethoven im Hause verkehrte) kostbare Bilder an den Wänden und Stiche in den Mappen. Wiederholt ist Baron Johann

---

[1]) Der Name steht richtig im vollständigen Auskunftsbuch von 1804 (S. 22). Wieder richtig im Kalender des bürgerlichen Handelsstandes in Wien für 1811 und im Redlschen Kalender für fünf Religionen von 1815, ganz abgesehen von späteren Nachschlagebüchern, die für die Frage der Beethovenschen Schreibweise nicht von Belang sind.

[2]) Z. B. im Februar 1811 im Briefe an Bettina (Faksimile bei Marx-Behnke) und in Briefen an Castelli und Neffzern aus dem Jahre 1813, wohl nicht 1815 (Frimmel, „Neue Beethoveniana" S. 91, 95). Die undatierten Briefe an den Grafen Fr. Brunsvick, in denen der Name Pasqualatis vorkommt, können nicht mit einbezogen werden, da die Abdrucke bei Nohl und Thayer nicht genau sind. Ich habe zwar die Originale in der Hand gehabt, hatte aber nicht Gelegenheit, sie genau zu kopieren.

[3]) Ein Brief an Kanka in Prag vom „14ten Jenner 1815" (das Datum ist ganz sicher leserlich im Original) heisst es: Pasqualati, so auch in einem anderen Schreiben vom 11. Januar 1815, das bei Nohl und Thayer gedruckt ist, und in anderen Briefen aus demselben Jahre.

[4]) Im Kalender des bürgerlichen Handelsstandes in Wien für 1811 steht No. 300, in Redls Kalender für fünf Religionen von 1815 wird No. 301 angegeben.

Baptist porträtiert worden.[1]) Man liebte und trieb Musik.[2]) Baron Johann Baptist und dessen jüngerer Bruder Joseph werden als Pianofortespieler angeführt. Baron Johann komponierte selbst, wenngleich ohne grosse entscheidende Begabung. Als reicher Dilettant gehört er schon 1812 zu den ersten fünfzig Repräsentanten der Gesellschaft der Musikfreunde, unter deren Gründern er auch aufgezählt wird.[3])

Anfangs mag Beethoven den Baron Johann als Dilettanten gering geschätzt haben, der um etwa sieben Jahre

---

[1]) Ein kleines Pastellbild vom 6. April 1806 und ein lebensgrosses Ölbild sind bei Frau Pasquala Schmidt in Lainz bei Wien erhalten. Als Graf Lamberg seine Galerie bildete, kaufte er ein Bild vom Baron Pasqualati (vgl. meine „Geschichte der Wiener Gemäldesammlungen" IV. Kapitel S. 28). Mehrere Bilder aus Pasqualatischem Besitz finden sich im Wiener Versteigerungskatalog Gsell verzeichnet. Eins, ein Teniers, kam auf der Wiener Auktion Sedelmeyer von 1869 vor. 1886 wurde bei einem Domenechino: Ruhe auf der Flucht die Pasqualatische Sammlung als Herkunft genannt im Versteigerungskatalog der Sammlungen Artaria, Politzer und Sterne. Nach L. Soullié „Les ventes de tableaux ... au 19. siècle" wurden am 14. und 15. März 1867 in Paris alte Gemälde aus Baron Pasqualatischem Besitz versteigert. Wie ich durch Frau Charlotte Schwarz in Wien erfuhr, war es nicht die ganze Sammlung. Ein Teil davon war durch Erbschaft an Frau v. Perin, ein anderer an Baronin Sterneck gelangt.

[2]) Einige Kompositionen wurden oben erwähnt. Das Arrangement des Seyfriedschen Faust dürfte von Baron Joseph herrühren. Seyfried widmete seinerseits dem „Freyherrn Joseph von Pasqualati und Osterberg" seine Ausgabe von J. G. Albrechtsbergers sämtlichen Schriften. In Anton Ziegler, „Adressbuch von Tonkünstlern", Wien heisst es: „Pasqualati, Herr Joh. Frhr. v. (Pianof.), w(ohnt) in der Stadt, Mölkerbastey No. 1166". Überdies wird Baron Joseph von Pasqualati ebenfalls als Klavierspieler und in demselben Hause — es ist das Pasqualatische — wohnend erwähnt.

[3]) Vgl. C. F. Pohl, „Die Gesellschaft der Musikfreunde", Wien 1871 S. 4 f.

jünger war als Beethoven.¹) Nicht einmal der Name wird beachtet. Dann lernt er ihn als geschickten Geschäftsmann kennen. Er erfährt das opferwillige Entgegenkommen in bezug auf die Wohnung, in der sich der Meister recht heimisch fühlte.²) Der Baron wird in die Privatangelegenheiten und Familienverhältnisse Beethovens eingeweiht und scheint sich von den unerquicklichen Aussichten nicht haben abschrecken zu lassen. Denn er unterzeichnet 1813 eine „Erklärung" Karls van Beethoven in Angelgenheit der Vormundschaft über Beethovens Neffen.³) Eifrig nimmt er sich um Beethovens Rechte an in der leidigen Geschichte mit dem Jahresgehalt, das dem Meister von Erzherzog Rudolf und den Fürsten Kinsky und Lobkowitz ausgesetzt worden war. Eine Reihe von Briefen zu dieser Angelegenheit ist bekannt. Der Komponist erteilte dem Baron schliesslich die Vollmacht, das Jahrgeld aus der fürstlich Kinskyschen Kasse beheben zu dürfen (Thayer III 329, 478 ff., 485 f.). Ebenso steht der Baron auf Beethovens Seite im Rechtsstreit mit dem Mechaniker Mälzel.⁴)

¹) Baron Joh. Baptist Pasqualati ist nach C. v. Wurzbachs biographischem Lexikon 1777 geboren. Als Todesjahr wurde mir von Frau P. Schmidt ungefähr 1830 genannt. Herr Ministerialrat Maximilian Edler von L e b e r, ein Verwandter der nunmehr ausgestorbenen Pasqualatis, gab mir genau den 30. April 1830 als Sterbetag an. Baron Johann Baptist war der Sohn des Leibarztes der Kaiserin Maria Theresia, Jos. Benedikt Baron Pasqualati. Dieser hat das Haus auf der Mölkerbastei bauen lassen.

²) Breuning wollte gehört haben, dass der Komponist daran war, sich aus der Wohnung ein Fenster durch die südliche Mauer brechen zu lassen („Aus dem Schwarzspanierhause" S. 22).

³) Hierzu Thayer, „Beethoven" III. 231.

⁴) Auf einem Dokument vom 20. Oktober 1814, das sich auf den Mälzelstreit bezieht, ist der Baron unterzeichnet als: „Joh. Frhr. v. Pasqualati K.K. priv. Grosshändler". (Nach dem Original in der Berliner Königl. Bibliothek.) Vgl. auch Thayer, „Beethoven" III. 231 und 468.

Wir haben schon erfahren, dass Beethoven einige Kompositionen mit Widmungsinschriften an den Baron gelangen liess. Ja sogar eine ganze Komposition wurde dem freiherrlichen Musikfreunde, beziehungsweise dem Andenken seiner Frau gewidmet. Nachdem im August 1811 Pasqualatis zweite Gemahlin Eleonore gestorben war,[1]) komponierte Beethoven den Elegischen Gesang: Sanft, wie du lebtest. Als das Werk 1814 ins Reine abgeschrieben war, setzte Beethoven folgende Widmung auf die zweite Seite: „an die verklärte gemahlin meines verehrten Freundes Pascolati. Von Seinem Freunde Ludwig van Beethoven."[2]) Eine andere Widmung mit richtiger Schreibung des Namens Pasqualati steht auf der gestochenen Ausgabe, die 1826 erschienen ist. Diese Dedikation lautet: „Seinem geehrten Freunde Johann Freiherrn von Pasqualati zu Osterberg & & gewidmet."[3])

Noch andere Beweise einer jahrelangen Verbindung lassen sich beibringen.

Als Wellingtons Sieg oder die Schlacht bei Vittoria gegen Ende 1813 wiederholt wurde, erhielt man die Eintrittskarten „im Comptoir des Freiherrn von Pasqualati" am Kohlmarkt.[4])

---

[1]) Nach C. v. Wurzbach, biograph. Lexikon des österr. Kaiserstaates", und nach der freundlichen Mitteilung des Herrn Ministerialrates M. v. Leber wäre die Dame am 5. August gestorben. Nottebohm gibt den 23. August an.

[2]) Hierzu die Kataloge von Thayer u. Nottebohm sowie den Katalog No. 164 des Antiquariats List & Francke in Leipzig von 1884, No. 2268. Vgl. auch Lenz, „Beethoven" V. S. 131 f., und E. Kastner, „Musikalische Chronik" I. S. 70.

[3]) Nach der Originalausgabe, die als „118tes Werk" bei „Tobias Haslinger, Musikverleger am Graben, im Hause der ersten oesterr. Sparkasse No. 572" mit der No. 4735 erschienen ist. Der Textdichter wird nicht genannt. Ich vermutete eine Zeitlang, dass Castelli den Text gedichtet habe.

[4]) Die Karten für Logen und Sperrsitze zur Benefiz-Vorstellung des Fidelio am 18. Juni 1814 musste man sich dann

Vorübergehend tauchte im Autographenhandel ein Schreiben Beethovens an Pasqualati auf, das der Zeit von 1815 auf 1816 angehören dürfte. Beethoven bittet, ihm sein Quartett aus F minor" zu senden. (L. Liepmannssohns Autographenversteigerung XXXIV vom Mai 1904).

Von einem Kanon: „Glück zum neuen Jahr", der schon 1816 gedruckt worden ist, weiss man durch eine Abschrift Diabellis, dass er dem Baron Pasqualati gewidmet ist. Ich habe die Abschrift in der Handschriftensammlung Alexander Posonyis in Wien gesehen und notiert, dass folgender Vermerk darauf gestanden hat: „Canon, am ersten Tage des Jahres 1815 bey Bar. v. Pasqualati geschrieben und ihm gewidmet von Lud. van Beethoven." Die Urschrift scheint verschollen zu sein.

1815 zog Beethoven aus Pasqualatis Haus hinweg. Die Beziehungen lockerten sich offenbar für einige Zeit. Aber der treue Freund meldete sich alsbald wieder, als er erfuhr, dass der Meister krank danieder liege. Er sandte dem Dulder mehrmals Champagner und Kompott sowie passende Speisen. Mehrere Billette mit Beethovens Dankesausdrücken sind veröffentlicht worden. Man kann nicht daran zweifeln, dass Baron Pasqualati dem Meister ein anhänglicher, wahrhaft ergebener Freund gewesen.

---

wieder in Beethovens Wohnung auf der Mölkerbastei holen (Thayer, „Chronologisches Verzeichnis" S. 66, und Thayer, „Beethoven" III, S. 264).

Besuche Beethovens in Pressburg. —
Heinrich Marschner
bei Beethoven in Wien

Wegeler und Ries teilen in den biographischen Notizen über Ludwig van Beethoven folgendes mit: „Beethoven hat fast gar nicht gereiset. In seinen jüngeren Jahren, gegen Ende des Jahrhunderts, war er einmal in Pressburg und Pesth und einmal in Berlin." Dies ist die einzige Erwähnung von einem Besuche des Künstlers in P r e s s b u r g, die ich in den Quellenschriften habe finden können. Vor einigen Jahren ist etwas neues zu dieser dürftigen Angabe hinzugekommen, und zwar eine Mitteilung des bekannten kenntnisreichen Pressburger Stadtarchivars Herrn Johann Batka. Im September 1899 wurde nämlich ein „Festblatt" gedruckt „zum Empfange des deutsch - österreichisch - ungarischen Verbandes für Binnenschiffahrt" in Pressburg. Zahlreiche Autoren haben darin glücklich zusammengewirkt, ein Bild von Pressburg in der Vergangenheit und Gegenwart zu entwerfen. Batka hat mehrere Artikel beigesteuert, u. a. das Hauptstück „Culturgeschichtliches aus Pressburg" (S. 7 ff.), in welchem von einem B e s u c h e B e e t h o v e n s b e i H e i n r i c h K l e i n in Pressburg mit wenigen Worten gesprochen wird. Eine Quelle für diese Angabe war im Festblatte nicht genannt. Doch hatte Batka die Freundlichkeit, meine forschende Frage in befriedigender Weise brieflich zu beantworten. Aus dem Briefe des genannten Gelehrten (vom Oktober 1900) greife ich folgendes heraus, das in allem Wesentlichen wortgetreu mitgeteilt wird: Was den hiesigen Besuch Beethovens betrifft, so ist die Kunde davon in meiner (nämlich Batkas) Kindheit — ich stehe im 55. Jahre — zu mir gedrungen. Ein alter Kontrabassist, Sebastiani, der unter Beethoven einstmals in Wien die C-moll-Symphonie gespielt hat und dann hierher an das Pressburger Theaterorchester gekommen ist, hat von diesem Besuche Beethovens erzählt. — Um eine Ueberlieferung handelt es sich also, die noch um 1850, demnach etwa dreissig Jahre nach Beethovens Tode, in Pressburg lebendig war. Diese Tradition ist keineswegs abzuweisen, da sie gänzlich unverdächtig ist und Angaben bietet, die von einer Person aus dem Kreise Beethovens (Sebastiani) erzählt wurden. Der Gewährsmann Sebastiani gehörte aber, was in unserem Falle noch schwerer wiegt, auch dem Kreise Heinrich Kleins an. Denn von Klein ist jedenfalls die Erzählung über Beethovens Besuch ausgegangen. Klein ist nach Batkas Mitteilung hochbetagt 1831 gestorben. Danach hat Sebastiani die Überlieferung von Beethovens Besuch bei Klein festgehalten, und um die Mitte des 19. Jahrhunderts hat sie der Knabe Batka (der Sohn des Organisten Joh. Bapt. Batka) übernommen. Ich finde keinerlei Anlass zu Misstrauen und verknüpfe daher ohne weiteres die Pressburger Überlieferung mit dem, was man sonst über Beethovens Reisen nach Ungarn weiss. Wegelers Andeutung ist schon vorgebracht worden. Überdies ist aus Beethovens Lebensgeschichte bekannt, dass der junge Meister schon 1793 in Eisenstadt war. Vielleicht hat er damals die Gelegenheit benützt, die Hauptstadt Ungarns, das war ja Pressburg, zu besuchen. Im Sommer 1806 war Beethoven zu Besuch bei der gräflich Brunsvikschen Familie in Marton Vaszar. Der Weg dahin führte ihn geradezu über Pressburg. Möglicherweise war Beethoven auch 1809 bei Brunsviks in Ungarn. Im Spätsommer 1807 begegnen wir dem Wiener Meister wieder in Eisenstadt. An Besuchen Beethovens in Ungarn, die entweder wahrscheinlich sind oder ohne Zweifel feststehen, ist also kein Mangel. Vermutlich war Beethoven mehrere Male in Pressburg. Sei es, dass ihn der Ruf Heinrich Kleins anzog, der dort ein hochangesehener Musiker war, sei es, dass er durch einen Freund mit Klein bekannt gemacht wurde, jedenfalls spricht eine beachtenswerte Tradition von einem Besuche Beethovens bei Klein. Nicht undenkbar ist es, dass der Pressburger Joh. Nep. H u m m e l eine vermittelnde Rolle übernommen hatte. Batka weiss zu erzählen, dass Hummel und Klein „auf sehr gutem Fusse" gestanden haben.

Eine Nachwirkung persönlicher Beziehungen zwischen Beethoven und Klein dürfte darin zu erblicken sein, dass der junge H e i n r i c h M a r s c h n e r im Herbst 1815 sich bei Beethoven vorstellte und diesem wiederholt Besuche abstattete. Wie der Zusammenhang auch sei, Klein wird in einer Erzählung mitgenannt, die von den Besuchen Marschners bei Beethoven in Wien handelt. Die Marschner-Biographie von M. E. Wittmann (No. 3677 der Reclamschen „Universalbibliothek") teilt (leider ohne Angabe der Quelle)[1]) mit, dass der junge Marschner im Herbst 1815, durch Schicht, Wendt und den Grafen Th. Amadée empfohlen, bei Beethoven Zutritt erhalten habe. Zunächst holte sich Marschner eine „bittere Enttäuschung". Kaum ein Wort war aus dem tauben, weltabgeschiedenen Beethoven herauszubekommen. Flüchtig sah er ein paar von Marschner mitgebrachte Manuskripte nach und konzentrierte sein ganzes Urteil in einem, wie es schien, nicht ganz unzufriedenen Hm! — Dann reichte er dem ganz eingeschüchterten jüngeren Kollegen in Apoll die Hand mit den Worten:

---

[1]) Auf Befragen teilte mir Wittmann vor kurzem freundlichst mit, dass das Manuskript mit den Quellennotizen leider vernichtet ist. Die Marschnerbiographie sei vor etwa zehn Jahren geschrieben worden. Wittmann schreibt mir auch, dass er das Quellenmaterial „nur nach sorgfältiger Prüfung verwertet" hat.

„Hab' nicht viel Zeit — nicht zu oft kommen — dann aber wieder etwas bringen!" — Marschner war ganz niedergeschmettert und wollte sofort Wien wieder verlassen. In dieser Stimmung fanden ihn der Graf Amadée und Professor K l e i n aus Pressburg. Nur mit Mühe konnten sie aus dem jungen Künstler herausbringen, was eigentlich passiert war. Dann klärten sie ihn über Beethovens unwirsche Art auf. „Spätere Besuche — die der kluge Marschner so einrichtete, dass er dem grossen Meister nie zur Last fiel — waren denn auch von viel besserem Erfolge begleitet, und Beethoven liess es an Rat und Ermunterung nicht fehlen." Für die Einzelheiten der Erzählung von der Begegnung Marschners mit Beethoven kann ich nicht einstehen. Dass Marschner 1815 oder 1816 in Wien mit Beethoven bekannt geworden, ist jedoch nicht zu bezweifeln. Gustav Schillings „Encyclopädie der gesamten musikalischen Wissenschaften oder Universal-Lexikon der Tonkunst" weiss allerdings nichts von einer Bekanntschaft mit Beethoven, doch erzählt das Werk im Band IV (von 1837) von Marschners Aufenthalt in W i e n. „Auf einem Ausfluge nach Carlsbad 1815, wo er (Marschner) sich nach bereits mehreren öffentlichen Versuchen in Leipzig selbst, als Pianofortevirtuos mit Beifall hören liess, lernte er den ungarischen Grafen Amadée, einen grossen Musikliebhaber kennen, der ihn aufmunterte und auch ansehnlich unterstützte, nach W i e n zu gehen. 1816 kam er in Wien an, nicht um sich hören zu lassen, sondern um zu hören und zu lernen."

Ungefähr 18 Jahre nach dem Erscheinen des Marschnerartikels im Schillingschen Universallexikon kam der 5. Band der „Biographie universelle des musiciens" von E. Fétis heraus (1863). Fétis, in Belgien lebend, mag von Marschner selbst, der lange im nahe gelegenen Hannover tätig war, manche Nachrichten und Winke erhalten haben.

Von 1831—1859 war Heinrich Marschner Hofkapellmeister in Hannover, wo er am 14. Dezember 1861 starb. Fétis gibt bestimmte Mitteilungen von Marschners Beziehungen zu Beethoven. Er erzählt von einem Konzert Marschners in Karlsbad, das 1815 abgehalten, dem jungen Musiker die Bekanntschaft mehrerer ausgezeichneter österreichischer und ungarischer Musikfreunde verschafft hat. Graf Thadeus Amadée förderte Marschner ganz besonders. Dann sagt Fétis „Les relations qu'il eut à cette époque avec B e e t h o v e n, Kozeluch et le professeur K l e i n d e P r e s s b u r g, lui fûrent d'une grande utilité. D'après les conseils de Beethoven Marschner composa un grand nombre de motets, de sonates, de symphonies etc. afin d'acquerir plus d'habilité dans l'art d'ecrir." Seither haben auch einige Handbücher und die Musiklexika von H. Mendel und A. Reissmann, von Jul. Schuberth, von Dr. Hugo Riemann den Verkehr Marschners mit Beethoven angedeutet. Der Zeitpunkt, wann Marschner zuerst mit Beethoven zusammengetroffen ist, lässt sich heute nicht mit Sicherheit angeben. Eine gewisse Wahrscheinlichkeit spricht dafür, dass es bald nach dem Karlsbader Konzert von 1815 gewesen. Wittmann, der die ausführliche Quelle zur Verfügung hatte, spricht vom Herbst 1815.

Einige Zeilen seien noch dem B a r o n, nicht Grafen, A m a d e gewidmet, der uns in der Reihe dieser Studien noch einmal begegnen wird. Baron Thaddäus (Jos., Joh. Bapt.) A m a d e (auch Amadee genannt) ist am 11. Januar 1782 getauft u. z. im Krönungsdome zu Pressburg. Stadtarchivar J o h. B a t k a stellte mir gütigst dieses genaue Datum zur Verfügung sowie die folgenden Angaben, die zum Teil der Taufmatrikel zum Teil den magyarischen Lexika entnommen sind. Thaddäus war der Sohn des Baron Franz Amade und der Baronin Josepha, einer geborenen Gräfin Nyáry. Als Pate steht der Fürst Primas Graf Joseph Batthyanyi verzeichnet. Th. Amade war ein musikalisches Wunderkind und spielte als solches vor dem Wiener Hofe. Später guter Improvisator, so gut, dass er mit J. N. Hummel in Wettbewerb treten konnte. Einige seiner Kompositionen hatten hübschen Erfolg. Seine grösste Freude und sein Verdienst war es, das Genie des kleinen Franz Lizt erkannt zu haben. Lizt selbst hat Herrn Archivar Batka erzählt, dass Amade (mit Apponyi, Szapary, Viczay und Esterhazy) zu jenen Magnaten gehört hat, die für die Ausbildung des jungen Liszt ein Stipendium boten. In Wien, wo Th. Amade später lebte, wurde er k. k. Kämmerer, wirklicher Geheimer Rat und Hofmusikgraf. 1840 wird er als Ehrenmitglied des Kirchenmusikvereins am Dome St. Martin zu Pressburg verzeichnet. Amade starb zu Wien am 17. Mai 1845 als der letzte seines Stammes.

Unveröffentlichte Urkunden aus dem Jahre 1814

Eine Stelle in den Tagebuchaufzeichnungen des Kurländers Dr. Carl von Bursy ist bisher nicht recht klar gewesen. Auch eine Bemerkung Beethovens in einem Gespräch mit Tomaschek vom 24. November 1814 und ein Passus in einem Briefe Beethovens an Erzherzog Rudolf aus dem Dezember 1814 haben noch keinen genügenden Kommentar gefunden. Dr. Bursy erzählte von der Gelegenheitskomposition Beethovens für den Wiener Kongress. Er meint selbtsverständlich die Kantate: Der glorreiche Augenblick mit A. Weissenbachs Text. „Nach vielen Kabalen gab er (Beethoven) eine Akademie im Redouten-Saale . . ." teilt Dr. Bursy mit, der dann Ausfälle auf einige Persönlichkeiten macht. „Dass der General-Intendant der Kaiserlichen Schauspiele, Graf Palfi bei dieser Gelegenheit einen tüchtigen Wischer bekommen, freute ihn (Beethoven) sehr. Diesem will er besonders nicht wohl."[1])

Tomascheks Mitteilung, auf die angespielt wurde, bezieht sich auf dieselbe Akademieangelegenheit. Bei seinem Abschiedsbesuch vor der Abreise von Wien fand Tomaschek den berühmten Kunstgenossen Beethoven in seiner Wohnung, emsig, hastig mit den Vorbereitungen für seine Akademie beschäftigt. Umlauf half dabei. Zwei Kopisten arbeiteten über Hals und Kopf. Es war am 24. November 1814. Tomaschek hat das Zwiegespräch zwischen ihm und Beethoven aufgezeichnet:

---
[1]) Vgl. L. Nohl, „Beethoven, Liszt, Wagner" (1874) S. 105, und Thayer, „Beethoven" III. (1879) S. 393.

Tomaschek sagte zu Beethoven: Ich las eben die Ankündigung, dass Sie ihre Akademie aufgehoben haben. Beethovens Antwort: „Es war alles falsch copiert. Ich sollte an dem Tage der Aufführung die Probe halten; habe daher die Akademie aufgeschoben." Tomaschek: Es gibt wohl nichts Ärgerlicheres und Gemeineres, als die Vorbereitungen zu einer Akademie. Beethoven: Da haben Sie wohl recht; man kommt vor lauter Dummheiten gar nicht vorwärts. Und was man für Geld auslegen muss! Es ist unverantwortlich, wie man jetzt mit der Kunst verfährt. — I c h m u s s e i n D r i t t h e i l a n d i e T h e a t e r d i r e c t i o n u n d e i n F ü n f t h e i l a n d a s Z u c h t h a u s e n t r i c h t e n. Pfui Teufel! — — Bis die Geschichten aus sind, werde ich dann nachfragen, ob die Tonkunst eine freie Kunst sey oder nicht?[1])

Die Briefstelle, die hierher gehört, lautet: „Nach dieser Akademie für die Armen kommt eine im Theater, gleichfalls zum besten des impressario in angustia, w e i l m a n s o v i e l r e c h t l i c h e s c h a m e m p f u n d e n h a t, m i r d a s D r i t t h e i l u n d d i e H ä l f t e n a c h zulassen..."[2])

Der Zusammenhang dieser Stellen ergibt sich aus einer Beachtung der bekannten Ereignisse im Wiener Musikleben von 1814[3]) und aus den Urkunden, die weiter unten abgedruckt werden.

---

[1]) Vgl. „Libussa", Prag 1846. Ohne Quellenangabe wieder benützt bei Nohl, „Beethoven nach den Schilderungen seiner Zeitgenossen". Besser bei A. W. Thayer III. S. 310 ff. und in Nohls Beethovenbiographie II. Bd. S. 441 f. und 578 ff.

[2]) L. v. Köchel, „Dreiundachtzig Originalbriefe Ludwig van Beethovens an den Erzherzog Rudolf" (1865) S. 30 f., und Thayer, „Beethoven" III. S. 319. — Selbstverständlich meint Beethoven: Impresario und danach: in angustiis.

[3]) Hierzu Hanslick, „Geschichte des Wiener Konzertwesens" (S. 173 f. und 274), die bei L. Nohl, „Beethoven" II. S. 577 an-

Beethoven hatte für den 20. November 1814 eine Akademie im Redoutensaale angekündigt. Sie musste zunächst auf den 22. November verschoben werden, dann wieder auf den 27., fand aber erst am 29. November statt.¹) Die Bedingungen, unter denen ihm vom Grafen Ferdinand Pálffy²) der Saal überlassen worden war, ent-

---

gedeuteten Quellen, meinen „Beethoven" (Berlin, Verlag der Harmonie), 2. Aufl. S. 54 f., und Thayer III. 318 ff.

¹) Über die Ankündigung und die Verschiebungen der Akademie unterrichten uns Notizen in der Wiener Zeitung vom Freitag, den 18. November und vom 27. November 1814. Die Notiz vom 18. lautet: „Eingetretene Umstände verhindern die von Hrn. v. Beethoven für Sonntag den 20. d. angekündigte musikalische Akademie, welche daher auf Dienstag d. 22. verlegt ist". In der Wiener Zeitung vom 27. November (1814) steht dann: Herrn v. Beethovens musikalische Akademie" — „die auf heute Sonntags angesagte Akademie des Herrn Ludwig v. Beethoven ist auf hohes Begehren, auf Dienstag den 29. Nov. verschoben worden" (diese Ankündigung ist bei Thayer unrichtig abgedruckt). — Dass die Akademie am 29. November wirklich abgehalten wurde mit Aufführung der Schlacht bei Vittoria und der Kantate „Der glorreiche Augenblick" ist allbekannt nach dem lobenden Artikel in der Wiener Zeitung vom 30. November und nach anderen Quellen. Der Artikel beginnt: „Gestern um Mittagszeit hat Herr Ludwig v. Beethoven ..."

²) Ferdinand Graf Pálffy von Erdöd ist am 1. Februar 1774 zu Wien geboren. Er starb am 4. Februar 1840. Im Juli 1814 war er k. k. Hoftheaterdirektor geworden. (Hierzu „Der Wanderer" vom 23. und 25. Juli 1814.) Sein Brustbild (auf Stein gezeichnet von Lanzedelly) wurde als Titelbild beigegeben dem „Adressen-Buch von Tonkünstlern und Dilettanten" von Anton Ziegler (Wien, 1823). Dieses Adressenbuch ist gewidmet „Seiner Excellenz ... Ferdinand Grafen Pálffy von Erdöd, Erbherrn auf Bibersburg, Malatzka... Eigenthümer des k. k. privil. Theaters an der Wien und des lithographischen Instituts". Graf. F. Pálffy, der hier nicht des besonderen charakterisiert werden soll — das haben De la Garde und andere schon geleistet —, hatte eine Zeitlang im Wiener Kunstleben Einfluss. Er wurde deshalb auch berücksichtigt in der Wiener grossen Ausstellung für Musik und Theaterwesen von 1892. Die Literatur über den Wiener Kongress weiss manches von ihm

sprachen keineswegs der bescheidenen Lage des unbemittelten Komponisten. Er sollte einen bedeutenden Teil der Einnahmen, ein Drittel, abliefern. Überdies verschärfte Pálffy, davon erfahren wir noch, die Massregel nach dem Verschieben der Akademie. Danach sollte B. die H ä l f t e abliefern. Das wurde rasch ruchbar, hat in sehr hohen Kreisen, vermutlich auf Veranlassung des Erzherzogs Rudolf Missfallen erregt und eine Bewegung zugunsten Beethovens ausgelöst. Das Missfallen wurde ohne viele Zögern dem Grafen Pálffy kundgegeben. Dadurch wird der „tüchtige Wischer" verständlich, von dem uns Dr. Bursy Nachricht gegeben hat. Ohne Zweifel wurde die ungewöhnlich harte Abgabe dem Komponisten erlassen. Darauf bezieht sich die Stelle im Brief an den Erzherzog Rudolf. Auch das Gespräch mit Tomaschek spielt auf die Pálffysche Massregel an.

Nun aber die Urkunden: Es sind deren zwei, die ich vor Jahren in überprüfter Abschrift vom damaligen Hof- und Staatsarchivar Professor Dr. Carl Schrauf erhalten habe. Alfred Ritter von Arneth und Schrauf hatten auf meine Bitten in dankenswerter Weise gründliche Nachforschungen nach Beethoven in allen Wiener Hofämtern und deren Archiven veranlasst. Herr Registraturs-Vorstand C. Kuhn im Obersthofmeisteramte fand im I n d e x aus dem Jahre 1813 ein Ansuchen des Virtuosen L. v. Beethoven zu seinem im Redoutensaale stattfindenden Konzerte Mobilien, Draperien und dergl. darzuleihen (der A k t s e l b s t wurde nicht

---

und seinem Verwandten, dem Grafen Franz Pálffy, zu erzählen. Zu seiner Leitung der Hoftheater vgl. auch „Feyerlichkeiten bei der Rückkehr Sr. Maj. des Kaisers von Österreich nach Wien im Jahre 1814" (Wien 1816) S. 56, 96, 158 und die neuere Literatur über die Wiener Theater. In neuester Zeit Sauer, „Goethe und Österreich". — Ferdinand Pálffys Kunstsammlung wurde (nach einer Notiz Königs) am 23. Januar 1821 in Wien versteigert. Hierzu auch „Repertorium für Kunstwissenschaft" XIII. S. 145.

mehr vorgefunden) ferner aus dem Jahre 1814 eine Rüge für Grafen Pálffy (Hofdeatherdirektor) wegen Inanspruchnahme der Hälfte der Einnahme von dem Van-Beethovenschen Konzerte. Das Konzept dieser Rüge von Mosels Hand ist noch vorhanden und wird sogleich mitgeteilt.

Neben den schon angedeuteten Auskünften erhielt ich durch Schraufs Güte auch die Abschrift des Entschuldigungsschreibens, das Pálffy an den damaligen Obersthofmeister Fürsten Ferd. Trauttmanndorf gerichtet hat, nachdem ihm die erwähnte Rüge erteilt worden war. Ein Schreiben Pálffys, das der Rüge vorhergegangen sein muss und das darin erwähnt wird, hat sich nicht mehr erhalten.[1])

Das Konzept der Rüge lautet folgendermassen:

An Sr. des k. k. wirkl. geh. Raths, Kämmerers und Hoftheaterdirectors, Herrn Grafen Ferd. von Pálffy Excellenz.

dt: 27. Nov. 1814.

Auf den Wunsch Ihrer kaiserl. Hoheit, der Frau Grossfürstin von Russland, Erbprinzessin zu Sachsen-Weimar, Höchstwelche verhindert gewesen wären, das auf heute angekündigt gewesene Concert des van Beethoven zu besuchen, hat derselbe es auf künftigen Dienstag den 29. dieses verlegt.

Nach einem eingesehenen Schreiben Euer Excellenz vom gestrigen Datum, finden Sie dieses Aufschubes wegen von dem Concertgeber statt des Anfangs geforderten Drittheils der Einnahme, die Hälfte zu verlangen.

---

[1]) Eine Urkunde aus der Zeit nach Beethovens Tode bezieht sich lediglich auf das Requiem in der Augustinerkirche. Diese Sache berührt uns zunächst gar nicht.

Wenn bey einer Gelegenheit, bey welcher es sich um die Beförderung der Kunst handelt, die Forderung eines Drittheiles von einer aller Wahrscheinlichkeit nach sehr ergiebigen Einnahme schon Jedermann in Verwunderung setzen muss, würde die weitere, ohne irgend einen hinreichenden Grund so sehr erhöhte Forderung ganz sicher einen noch weit ungünstigeren Eindruck (und eine, dem Ansehen der k. k. Hoftheaterdirektion nachtheilige Meinung über deren Kunstsinn)[1] hervorbringen.

Obschon ich nun in dieser Hinsicht keinen Einfluss auf den vorliegenden Gegenstand zu nehmen habe; glaube ich in der Erwägung, dass es hier nicht nur um die Unterstützung eines ausgezeichneten Künstlers, auf dessen Besitz Wien stolz sein darf, zu thun ist, sondern höhere Rücksichten eintretten, indem der Aufschub auf Verlangen obgedacht Ihrer kaiserl. Hoheit eingetretten, und selbst von Ihrer May. der Kaiserin gewunschen worden ist, Eure Excellenz bemerken zu sollen, dass eine so sehr überspannte Forderung allerhöchsten Orts nicht anders als missfällig aufgenommen werden könnte, und es daher um so mehr bey der ersten Bedingung verbleiben dürfte, als diese schon der Aufnahme der Kunst überhaupt ungünstig, und für den Concertgeber lästig genug ist, auch vormals bey derley Gelegenheiten nie so grosse Beträge gefordert worden sind.

Mosel.

Das Konzept muss nach dem Amtsgange an den damaligen Obersthofmeister Fürsten F. Trauttmansdorf gelangt sein; dann wurde es kopiert, signiert und an Pálffy gesendet. Das geschah ziemlich rasch. Schon

---

[1] Die eingeschaltete Stelle ist an der Seite nachgetragen und dann durchstrichen.

am 29. November antwortete Pálffy. Seine Antwort ist erhalten und das in Pálffys eigener Schrift. Die Antwort folgt hier nach der Abschrift, die mir Schrauf zur Verfügung gestellt hat. Dieser Akt oder Brief ist an den Obersthofmeister gerichtet:

„Dass ich mich entschlossen habe, die k. k. HoftheaterPachtung neuerdings und zwar mit einer so grossen Schuldenlast zu übernehmen, geschah theils um den in verschiedenen Zeiten an mich gestellten Verlangen Sr. May. des Kaisers Folge zu leisten, zu gleicher Zeit aber auch weil ich in der Hoftheater-Direkzion Ressourcen sah, die Niemand vor mir benutzte. — Grosse musikalische Meisterwerke in den Redouten Säälen von denen ganz vereinigten Opern und OrchesterPersonale in den MittagsStunden von Zeit zu Zeit ausführen zu lassen, ist eine dieser Ressourcen, von der ich mir grossen Erfolg, dem Publikum aber hohen Kunstgenuss versprach.

Seit mehreren Monaten hatte ich den Vorsatz, besonders um den anwesenden Fremden ausgezeichnete Musiken hören zu lassen, den Judas Machabäus, und Timotheus zu geben; dass ich die Redouten Sääle durch sehr lange Zeit nicht benüzen konnte, ist Euer Fürstlichen Gnaden am bessten bekannt, sowie die vielen Hindernisse, die ich zu beseitigen habe; nun endlich hätten dazu Produkzionen möglich gemacht werden können, und bloss desshalb weil ich glaubte den Anwesenden Höchsten Herrschaften durch das Meistertück Beethovens einen anziehenden Genuss zu verschaffen, und unter einem dem mir sehr werthen Künstler besonders nüzlich zu werden, trug ich ihm durch Professor Weissenbach an, die Kantate und die Schlacht von Vittoria gegen dem mehremale zu geben, dass er und die Direkzion jedesmal den halben Ertrag theilen sollten. — Ich machte diesen Vorschlag umso lieber, als jede andere Musik ganz zum Vortheil der Direkzion gewesen wäre.

Beethoven war damit zufrieden, ich befahl alsogleich sein Werk einzustudieren, nun ward es seit mehreren Wochen immer verändert und hinausgeschoben; —Weigl, Treitschke, Maier etc alle klagen unaufhörlich, dass deshalb weder die neue Oper von Weigl, noch andere Opern probieret werden können, dass der Schaden unendlich sey etc. — Ich bestand daher um so mehr auf den halben Ertrag jeder Vorstellung nicht aber auf den dritten Theil, wie er es in einem nachträglichen Brief verlangt hat. —

Da aber nun in meinen Schreiben, von der letzten Verzögerung Erwähnung gemacht wurde, dazu durch die Frau Grossfürstin Marie k. Hoheit veranlasst wurde — stehe ich von ganzem Herzen alsogleich davon ab, und bey der Gewissheit, wenn die Theuerung und die übrigen Umstände so wie jetzt bleiben, bis zum nächsten Sommer ein für mich unerschwingliches déficit zu haben, lasse ich mir alles gefallen; — so haben wenigstens andere gute Menschen, Vortheil davon! —

Verzeihen Euer Fürstlichen Gnaden die Weitläufigkeit; ich hielt es aber für meine Pflicht Sie ganz in Kenntniss zu setzen und bitte mir auch die schlechte Schrift — der Eile wegen bey so vielerlei unangenehmen Gegenständen, die jeden Tag vorkommen, — zu gute zu halten.

Wien, den 29. November 1814.

F. v. Pálffy m. p."

Nach dem Vermerk auf dem Akte wurde diese Antwort noch am 29. November dem Obersthofmeister vorgelegt.

Die ganze Angelegenheit noch weiter zu verfolgen, wäre mehr die Sache des Juristen, als die des Kunstgelehrten, des Musikhistorikers. Ich will höchstens auf den scheinbaren Widerspruch aufmerksam machen, dass Pálffy in seinem Antwortschreiben ausdrücklich sagt, Beethoven sei auf Pálffys Veranlassung durch Weissenbach zur Aufführung der Kantate im Redoutensaale aufgefordert worden, und dass Beethoven schon am 21. September 1814 in einem Brief an den Grafen Moritz Lichnowsky aus Baden geschrieben hatte: „ich komme bald in die Stadt, wo wir alles überlegen wollen wegen einer grossen Akademie — mit dem Hof ist nichts anzufangen, ich habe mich angetragen — allein, allein jedoch Silentium!" (dazu Noten). Reimt sich das wohl zusammen? Ich denke: ja. Beethoven kann an eine grosse Akademie gedacht haben, ohne gerade Weissenbachs Kantate sofort darin aufführen zu lasen, und Pálffy kann später gerade auf die Gelegenheitskomposition mit all ihren Anspielungen auf die neuesten Ereignisse grossen Wert gelegt haben. Auch ist zu bedenken, dass die Kantate am 21. September gewiss noch nicht fertig war, da Beethoven am 10. Oktober noch daran skizzierte. Man wird übrigens annehmen dürfen, dass Beethoven am 21. September Weissenbachs Text schon in der Hand hatte.[1]) Pálffy hat sich gewiss eine gute Einnahme von der Aufführung der Kantate versprochen. Wie es um die Veranlassung zur Aufführung des Fidelio zur Zeit der Pálffyschen Leitung im Hoftheater am 26. September 1814 getsanden hat, wissen wir nicht. Vermuten lässt sich, dass Pálffy auch in diesem Fall nach dem seit Ende 1813 weit berühmten Namen Beethoven griff, einfach um Geld zu machen.[2]) Die Gesinnung

---
[1]) Zur Chronologie dieser Kantate vgl. besonders Nottebohms „Beethoveniana", desselben „Thematisches Verzeichnis der Werke Beethovens" (bei op. 136) und Tomaschek in der „Libussa" von 1846. Einige Bemerkungen zu Weissenbach auch in der folgenden Studie.

[2]) Thayer III. S. 304 scheint bei Pálffy edlere Beweggründe vorauszusetzen.

Pálffys dem Komponisten gegenüber bleibt vorläufig noch ein wenig unklar. Beethoven war, sicher nicht ohne jeden Anlass, ein Gegner Pálffys. Ich bringe den Lesern in Erinnerung, dass der Meister seiner Abneigung gegen den Grafen wiederholt recht deutlich Audruck verliehen hat. Der Künstler muss einmal vom Grafen empfindlich beleidigt worden sein, und da denkt wohl die Mehrzahl der Beethovenfreunde an die Mitteilung über Beethovens Klavierspiel und dessen Störung durch das laute Sprechen des Grafen „P . . . ." (Wegeler und Ries: Biographische Notizen S. 92). Der Graf P . . . . war kaum ein anderer als Pálffy. Der Name wird in Wien fast überall P a l f i gesprochen, so dass Ries recht wohl um einen Punkt zu wenig anmerken konnte. Auch Bursy schreibt den Namen mit einem f. Schon L. Nohl dachte bei der Geschichte an Pálffy.[1]) Freilich muss es nicht gerade Graf Ferdinand gewesen sein. Sicher aber war es der genannte Graf, mit dem Beethoven 1811 einen Zwist hatte, als der Plan vorlag, „Les ruines de Babylon" als Oper zu komponieren.[2]) Dass dann 1813 Beethoven im Theater an der Wien überlaut sich über Pálffy (und Lobkowitz) abfällig geäussert hat, ist durch Spohrs Selbstbiographie beglaubigt.[3])

1814 scheint der heftigste Zusammenstoss erfolgt zu sein. Aus einem Konversationsheft, das 1824 oder 1825 benutzt wurde, läst sich entnehmen, dass Beethoven aus Anlass der Akademien von 1814 dem Grafen seine Meinung gröblich ins Gesicht gesagt hat. Der Neffe schreibt auf: „Bernard hat mir heut erzählt, wie du bei der Gelegenheit als Pálfy das 3tel der Einnahme be-

---

[1]) Beethovenbiographie Bd. II.
[2]) Thayer III. S. 172f.
[3]) Hierzu auch Nohl, Beethovenbiographie II. S. 506, und derselbe, „Beethoven nach den Schilderungen seiner Zeitgenossen" S. 88.

gehrte, sagtest: Sie sind mir eine erbärmliche Excellenz".[1])

Es hat keinen Zweck, den richtenden Herrgott spielen zu wollen. Ich nehme Beethoven nicht in Schutz, will es auch gar nicht besser verstehen, was er statt der Grobheit hätte sagen oder tun sollen. Doch seien die Umstände in rein menschlichem Sinne erwogen, um einigermassen zu begreifen, wie sehr der Komponist, nicht nur Pálffy allein, gegen Ende des Jahres 1814 überreizt sein musste. Die Zeiten waren unruhig genug. Die beschleunigten Vorbereitungen für die Akademie bei dunkler Novemberwitterung,[2]) das dreimalige Verschieben der Aufführung und nun noch die unerwartet von Pálffy diktierte Geldstrafe, das alles konnte den ohnedies leicht erregbaren, jähzornigen Meister sehr wohl zu einer undiplomatischen Äusserung treiben. Er musste übrigens gern oder ungern rasch den Mund aufmachen, sonst wäre die Akademie eben unter den drückenden Bedingungen abgehalten worden, die Pálffy nach der zweiten Verschiebung diktiert hatte.

Spätere Zwistigkeiten zwischen Beethoven und Pálffy könnten uns für heute nur dadurch interessieren, dass sie auf eine dauernde Spannung hinweisen. Unvereinbare Naturen, diese beiden.

---

[1]) Nohl, Beethovenbiographie III. S. 920. Dort auch eine andere Aufschreibung aus den Konversationsheften: „Das an der Wien muss so bleiben, wie es ist, weil Sie den Grafen eine erbärmliche Excellenz geheissen — es ist ein crimen laesae excellentiae".

[2]) Man vgl. die Witterungsberichte aus jenen Tagen. Am 26. November war das Barometer stark gesunken. Die Depression dauerte bis zum 28. November.

Carl Friedrich Hirsch

Im Jahre 1880 war es, als ich zur Sommerszeit meine Schritte nach Oberdöbling, dem bekannten Orte in Wiens nächster Umgebung lenkte. Es galt, den alten Carl Friedrich Hirsch zu besuchen, von dem die Sage ging, er sei Beethovens Schüler in der Komposition gewesen. Der Komponist Franz Krinninger hatte mir von der Sache erzählt. Nun wollte ich mich überzeugen, was etwa an dem Gerücht auf richten Angaben beruhe. Man weiss es, wie ungern Beethoven überhaupt Unterricht erteilte, zumal in theoretischen Dingen, und wird also das Misstrauen verstehen, das ich den Angaben von jener Schülerschaft entgegenbrachte. Jedenfalls aber erschien mir die Frage der Untersuchung wert.

Eigentlich können nur Ferdinand Ries und Erzherzog Rudolf darauf Anspruch machen, richtige Schüler Beethovens gewesen zu sein, unter den Berufmusikern sogar nur Ries allein. Ganz vorübergehend waren gewiss die Unterweisungen, die der kleine Förster (Forster) 1802 erhalten hat.[1]) In den meisten Fällen scheint es beim Durchsehen vorgelegter Kompositionen und bei mündlichen Bemerkungen geblieben zu sein. Wie war es nun bei C. F. Hirsch? Dieses zu ergründen, stellte ich mich bei dem alten Herrn vor. Ich ward freundlich aufgenommen und begann mit einleitenden Anfragen, die auf die Zeiten Beethovens Bezug nahmen. Hirsch erschien trotz

---

[1]) Hierzu Thayer II. S. 200. Biographie des Vaters E. A. Förster, der 1823 in Wien gestorben ist, steht im Jahrgang VI der „Sammelbände der internationalen Musikgesellschaft" (1905).

seines hohen Alters (er ist 1801 geboren) noch frisch an Körper und Geist. Er trug seine hohe Gestalt noch ziemlich aufrecht und blickte mit ungeschwächtem Auge und heiterem Sinn in die Welt. Seine Handschrift war fest und sicher. Aus seinem Wesen, sowie aus dem freundlichen Bilde, das andere mir von dem ehrenwerten Manne entworfen hatten, konnte ich entnehmen, dass ich es n i c h t mit jemandem zu tun hätte, der eine Verbindung mit dem grossen Tonmeister erfunden hat, um sich selbst zu einem Namen zu verhelfen, sondern mit jemandem, der aus seinen tatsächlichen Beziehungen zu dem berühmten älteren Zeitgenossen eigentlich nichts Rechtes zu machen wusste, so sehr er sie auch zu schätzen verstand. Konnte ich mich also vor absichtlicher Entstellung der Wahrheit einigermassen gesichert halten, so blieb meine Aufmerksamkeit hauptsächlich darauf gerichtet, die Gedächtnisfehler in den Angaben des alten Herrn als solche zu erkennen. Die Mitteilungen desselben, die in mancher Beziehung, so z. B. in den Zeitangaben, zu allgemein und etwas unsicher waren, mussten ferner mit bekannten Tatsachen aus Beethovens Leben in Einklang gebracht und nach Möglichkeit einem bestimmten Zeitabschnitt zugewiesen werden.

Zunächst war es mir wichtig zu erfahren, auf welche Weise Hirsch überhaupt mit Beethoven in Berührung gekommen ist. Er sei ein Enkel J. G. Albrechtsbergers, so erzählte der gefällige alte Herr, indem er auf ein lebensgrosses Brustbild des berühmten Theoretikers wies, das uns gegenüber an der Wand hing. Die jüngste von Albrechtsbergers Töchtern, Anna, war Hirschens Mutter. Den Vater, Franz Thomas Hirsch, bezeichnete er als vielseitig gebildeten Mann. Er sei absolvierter Jurist, Theolog, geprüfter Ingenieur, guter Zeichner und in den graphischen Künsten bewandert gewesen. Vater Hirsch war überdies Kartograph und Professor der Kalligraphie an der Wiener Universität. („Schriftsteller im genannten Fache" steht 1821 bei Böckh.) Einige achtbare Proben seiner zeichnenden Tätigkeit wurden mir vorgezeigt. Ausserdem war er von forstwirtschaftlicher Bildung und Beamter an der „Staats-Credit- und Zentralbuchhaltung".[1])

Im Jahre 1817 nun wohnte die Familie Hirsch in der Renngasse und der Vater ging oft zum Abendessen in das nahegelegene Gasthaus „zum römischen Kaiser," welches noch bis in die neueste Zeit wenig verändert, unter gleichem Titel bestand (Renngasse No. 1). Dort wurde dem Vater Hirsch von den Kellnern ein Mann als interessante Persönlichkeit gezeigt, der meist allein an einem Tische des „Extrazimmers" sass und durch mancherlei Unarten während des Essens auffiel; namentlich die erfolgreiche Bohrarbeit in der Nase war den Nahesitzenden kein appetitreizender Anblick. Der auffallende interessante Mann war B e e t h o v e n.

Er soll damals, so berichtete Hirsch, in dem Hause „zum römischen Kaiser" im zweiten oder dritten Stockwerke gewohnt haben. Durch die Fenster seiner Wohnung blickte man in die Renngasse. Mit dieser Wohnung bringt Hirsch seine Beziehungen zu Beethoven in Zusammenhang. Über den Beginn derselben lauteten die Angaben bestimmt dahin, dass der junge Friedrich den grossen Tonkünstler im Gebäude des genannten Hotels zur W i n t e r s zeit kennen gelernt hat.

Seinen Verkehr mit dem Meister versetzt er ungefähr in die Zeit vom November 1816 bis zum April 1817, was noch genauer zu erörtern ist.

Als Schwiegersohn Albrechtsbergers, des Theore-

---

[1]) Vgl. Böckh, „Wiens lebende Schriftsteller" (1821) S. 23 und 287. 1821 (und 1823) wird als Adresse angegeben: „In der Riemerstrasse No. 794". — Überdies J. Pezzl, „Beschreibung von Wien" 6. Aufl. S. 292, und Ad. Bäuerle, Theaterzeitung 1823 S. 316.

tikers, der ehedem Beethoven unterrichtet hatte, wagte es Vater Hirsch, sich dem berühmten einsamen Gaste zu nähern und dieser, angeregt durch Hirschs abwechslungsreiche und anziehende Gespräche, welche, wie es Beethoven liebte, alle möglichen Wissensgebiete berührten, fand Gefallen an seinem neuen Tischgenossen.

Der junge Friedrich hatte schon in seiner Kindheit ausgesprochenes Talent für Musik gezeigt. Ein günstiger Augenblick wurde vom Vater benützt, um Beethoven von dem Talente des Söhnchens zu erzählen; Beethoven fängt an sich für dieses zu interessieren und fordert Hirsch auf, seinen „Jungen" ihm vorzustellen, er wolle ihm musikalische Anleitungen und zwar im Generalbasse erteilen. Begreiflicherweise wurde nicht lange gezaudert und bald durfte der junge Hirsch den Lehren des grossen Meisters lauschen. Der Unterricht, zwei bis dreimal wöchentlich gegeben, umfasste ungefähr das, was wir heute H a r m o n i e l e h r e nennen. Noch viele Jahre nachher erinnerte sich der „Schüler Beethovens" an viele Einzelheiten, die der Mitteilung wert sind. So erinnerte er sich, dass Beethoven bei der Besprechung der verminderten Septimenakkorde (der „Dissonanz") längere Zeit verweilt habe. Er hatte ihm u. a. auch einmal ungefähr folgendes gesagt: „Lieber Junge, die überraschenden Wirkungen, welche viele nur dem Naturgenie der Komponisten zuschreiben, erzielt man oft ganz leicht durch richtige Anwendung und Auflösung dieser Akkorde;" hierauf habe er dem „Jungen" die vielen Auflösungsarten eines und desselben verminderten Septakkordes, je nach der Tonart, auf welchen man ihn bezieht, demonstriert. Dazu deutete der alte Hirsch auf dem Klavier ungefähr folgende Auflösungen an, die er mit ruhiger Überlegung vorbrachte.

 (oder es-moll),

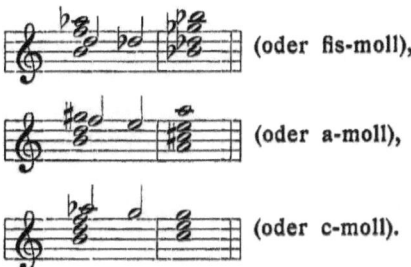

(oder fis-moll),

(oder a-moll),

(oder c-moll).

Manches sei Schablone in der Musik, was dem Unkundigen als Genie erscheine. Es muss bemerkt werden, dass hier eben das Genie selbst sprach und zwar beim Unterricht, das Genie, dem wieder manches als Schablone erscheinen mag, was ihm doch eigentlich der Genius eingegeben hat; übrigens bezieht sich das Wort „Schablone" wohl überhaupt auf das Formen in der Musik und sollte wohl dem Anfänger den Wert sauberer Form andeuten.

Um etwas sicherer zu gehen, als bei gewöhnlicher mündlicher Mitteilung, namentlich in bezug auf die Zeit des Unterrichtes, stellte ich an Hirsch eine Reihe von Fragen, die er mir schriftlich beantworten sollte. Eben hatte er ein Chorwerk mit Harmoniebegleitung nach einem Text von Capilleri komponiert. Damit hatte er den Kopf voll. Trotzdem ging er, wenn auch mit Eile, so doch nicht ohne Aufmerksamkeit auf die Beethovenangelegenheit ein. Zunächst entschuldigte er sich, dass sein Gedächtnis nicht ausreiche, alle Fragen zu beantworten. Behufs der Beurteilung Beethovenscher Bildnisse kam er zu mir in die Wohnung.

Des Zeitpunktes, wann der Unterricht begonnen hatte, erinnerte sich Hirsch anfänglich nicht mehr ganz genau. Wie oben erwähnt wurde, gab er aber winterliche Jahreszeit dafür bestimmt an. Nachträglich schrieb er mir noch folgendes: „Mein Unterricht durch Beethoven wurde, wie ich mich nun genau erinnern kann, anfangs April 1817 durch das Ableben eines theuern Freundes Beethovens abgebrochen, zumal dieser Todfall denselben in einen desperaten Zustand derart versetzte, dass von einem Weiterlernen keine Möglichkeit mehr vorhanden war und er auch zu der Zeit meistens düstere Liedercompositionen, z. B. ‚Rasch tritt der Tod heran' (richtig: Rasch tritt der Tod den Menschen an), ‚Gott helfe, Du siehst mich von der ganzen Menschheit verlassen', ‚O hartes Geschick' etc. etc. in der Arbeit hatte." In einer Nachschrift wird diese Erinnerung als ungenau bezeichnet. Hierauf begab sich Beethoven nach der Erinnerung Hirschens, „bald auf's Land zur Erheiterung. Ich glaube nach Baden." Mündlich erzählte unser Gewährsmann auch, dass Beethoven zur Zeit jenes Unterrichtes an einer Symphonie, an der IX., komponiert hätte.

Ich füge hinzu: Die Komposition „Rasch tritt der Tod den Menschen an" (Gesang der barmherzigen Brüder aus Schillers Wilhelm Tell — 4. Aufzug, letzte Szene) für zwei Tenöre und einen Bass, wurde am 3. Mai 1817 in Alois Fuchs' Stammbuch geschrieben mit der Bemerkung zum Schluss: „Zur Erinnerung an den schnellen und unerhofften Tod unseres Krumpholz"[1]) Wenzel Krumpholz starb am 2. Mai 1817. **Die Aussage von Hirsch stimmt demnach bis auf die Verwechslung von Mai und April mit den**

---

[1]) Hierzu Thayers und Nottebohms Kataloge. Krumpholz gehörte zu den alten Freunden Beethovens in Wien. Schon in der ersten Zeit von Beethovens Aufenthalt in Wien hatte er sich an Beethoven angeschlossen, als Bewunderer seiner Kompositionen. Auch scheint Krumpholz dem jüngeren Kunstgenossen bei Lichnowsky nützlich gewesen zu sein (Czernys Mitteilungen — vgl. Jahresbericht des Wiener Conservatoriums von 1870). Krumpholz hat Beethoven eine Zeitlang im Violinspiel unterrichtet, wie uns Ries überliefert hat (Biographische Notizen). Noch weiteres über Wenzel Krumpholz bei Thayer II. S. 48f.

nachgewiesenen Tatsachen aus jener Zeit überein. Die anderen Textanführungen bleiben unklar. Sie klingen an Klopstock und Chr. Aug. Tiedge an, auch an die Stimmung Florestans im Fidelio. Beethoven beschäftigte sich damals mit Tiedges „Urania". Was die Erwähnung der IX. Symphonie anbelangt, so passt sie gut in den Zusammenhang. Man weiss durch Nottebohm,[1]) dass sie in der Zeit von 1816 auf 1817 begonnen wurde. In jene Zeit ist also wohl auch der Unterricht, der mehrere Monate dauerte, zu setzen. Die Lehrstunden, welche Beethoven ohne Aussicht auf Honorar nur „aus Pietät" für Albrechtsberger[2]) erteilte, wurden später nicht wieder aufgenommen, da Vater Hirsch für seinen Sohn die weniger geniale, aber mehr sichere Beamtenlaufbahn in der Stiftungsbuchhaltung bestimmt hatte. Der junge Hirsch trat dort am 14. Juli 1818 seinen Dienst an. Bald auch war die Familie Hirsch von der Renngasse weg auf den Salzgries (oder in die Riemerstrasse) gezogen; Beethoven hatte Heiligenstadt und Nussdorf, hierauf den Bezirk Landstrasse zu Wohnorten gewählt, und so ward die Verbindung mit demselben nicht mehr erneuert. C. Fr. Hirsch sah ihn seit seinem Unterrichte selten und nur flüchtig wieder.

Was die Äusserlichkeiten des Unterrichtes anbelangt, so wurde mir mitgeteilt, dass der damals schon sehr schwerhörige Beethoven (Hirsch sagte: man musste damals schon sehr laut mit ihm sprechen) seinem Schüler

---

[1]) Zweite Beethoveniana S. 159, 328 f., 353.

[2]) Es ist der Erwähnung wert, dass Hirsch mehrmals davon sprach und mir auch davon schrieb, wie Beethoven den alten Albrechtsberger († 1809) einen „Musik-Pedanten" nannte. Dagegen hatte man auch die Meinung Albrechtsbergers über Beethoven in der Familie bewahrt, welche dahin ging, Beethoven sei ein „exaltierter musikalischer Freigeist".

genau auf die Hände gesehen habe und über etwa getane Fehlgriffe in lebhaften Zorn geraten sei, wobei er sehr rot im Gesichte wurde und ihm die Adern (Venen) an Schläfe und Stirn mächtig anschwollen; auch kneipte er in Unwillen oder Ungeduld den Kunstnovizen ganz tüchtig, ja er biss ihn einmal sogar in die Schulter. Er sei also sehr streng während der Lektion gewesen, und die geschilderte Leidenschaftlichkeit sei besonders bei „falschen Quinten und Octaven" hervorgebrochen, dabei soll Beethoven wiederholt in grösstem Grimme herausgepresst haben: „Was thun sie denn?!" Nach dem Unterrichte sei er dagegen wieder sehr „charmant" gewesen.

Ausser diesen, den Unterricht Beethovens betreffenden Angaben verdanken wir Hirschens Freundlichkeit noch interessante Details über Beethovens Häuslichkeit (wie Hirsch meinte „im römischen Kaiser") und über sein Äusseres.

Hirsch bestätigte die auch sonst bekannten Angaben über den kräftigen Körperbau des musikalischen Titanen; ebenso die gesunde Röte auf dem Gesichte desselben; Hirsch machte mich aufmerksam, dass die Augenbrauen sehr dicht gewesen seien und die Stirne niedrig. Die Nase sei gross und breit gewesen, besonders die Nasenlöcher (tüchtig „bearbeitet"). Das sehr dichte buschige dunkle Haar war schon grau „melirt" und stand aufwärts aus dem Gesichte. Die Hände seien „grob und dick" gewesen, die Finger kurz, die „Adern" (Venen) am Handrücken dick, die Nägel kurz geschnitten. Auch über andere Äusserlichkeiten schrieb mir Hirsch: „Im Hause war Beethoven beim Arbeiten in einem geblümten Zeugschlafrock, ausser Hause in einem dunkelgrünen oder braunen Rock und grauen oder schwarzen Hosen zu treffen." Als Bedeckung diente dem verehrten Haupte eine Art niedrigen Zylinderhutes oder in der wärmeren Jahreszeit ein brauner oder schmutziggelber Strohhut. „Der grosse Beethoven," so schrieb mir Hirsch, „war in seinem ganzen Wesen, wie man sagt, sehr schlampert" (unordentlich). „Im Zimmer die grösste Unordnung, Noten, Schriften, Bücher, theils am" (auf dem) „Schreibtische theils auch auf dem Boden liegend." Hin und wieder beim Notenlesen benützte der Meister B r i l l e n , nicht aber trug er sie beständig.[1]) Als K l a v i e r e, die Hirsch bei Beethoven benützte, nannte Hirsch: „Anfangs ein 5-octaviges Kirschbaumernes altes zweisaitiges, dann später ein 6-octaviges von Mahagoniholz, in verstimmtestem Zustande."

Im Laufe meiner kurzen Bekanntsachft mit Hirsch kamen auch noch andere Dinge zur Sprache, die Beethoven angingen. So wurden mir die Häuser in Heiligenstadt bezeichnet, von denen Hirsch seit lange wusste, dass sie ehemals von Beethoven bewohnt worden sind. Es waren das Schlögelsche Haus am Pfarrplatze und die frühere No. 37, jetzige No. 8 in der Grinzingerstrasse.[2]) Vieles erzählte mir Hirsch auch von seinen eigenen Schicksalen, von der bedeutenden Rolle, die er als Dekorateur und Arrangeur bei grossen Musikfesten des alten Strauss gespielt hatte. Hirsch verstand es besonders, diese Feste durch Hunderte, ja Tausende von Lämpchen („Lamperln") geschickt und glanzvoll zu beleuchten. Davon hat er die Benennung „Lamperl-Hirsch" erhalten. Von seiner eigenen M u s i k spielte er mir einiges vor, anderes zeigte er mir in Noten. Einmal kam er auch auf M o z a r t zu sprechen, wobei er besonders hervorhob, dass seine (Hirschens) Mutter dem Leichenbegängnisse Morzarts beigewohnt habe. Sie hat noch

---

[1]) Zu diesen beschreibenden Angaben vgl. „Beethovenstudien" Bd. 1.

[2]) Vgl. hierzu meinen Artikel in Kastners „Wiener musikalische Zeitung" 1887 No. 27 und 28 und die Studie, „Beethovens Wohnungen in Wien".

lange genug gewusst, wo (innerhalb des St. Marxer Friedhofes) die Grabstätte des grossen Tonkünstlers gelegen ist. Lange hat es gedauert, bis Mozart auch nur eine Art Grabmonument erhalten hat. Den bestimmten Erinnerungen von Hirschens Mutter zufolge steht es auf dem richtigen Fleck. Einschlägige Mitteilungen zeigte mir Hirsch in der „Wiener Zeitung" von 1859 (6. Dezember).[1])

Dies wären die Erinnerungen des alten Hirsch, wie ich sie zum Teil in seiner Gegenwart zu Papier brachte, zum Teil aus brieflichen Mitteilungen ergänzte. Das meiste davon wurde noch 1880 in der „Neuen Zeitschrift für Musik" veröffentlicht. Hirsch anerkannte die Angaben brieflich als richtig. Mit anderer Einführung nahm ich Hirschens Erinnerungen in mein Buch „Neue Beethoveniana" auf. Die vorliegende Studie fügt einige vorher übersehene Stellen hinzu und gibt die Anführungen aus den brieflichen Mitteilungen genauer, als sie in den früheren Veröffentlichungen vorkommen. Der Kritik ist nun weit grösserer Raum gegönnt, als in dem Aufsatze von 1880, der den greisen Mann nicht aufregen durfte. Eine Einwendung, die ich Hirschen wegen der Wohnung Beethovens im „römischen Kaiser" machen musste, wies er damit zurück, dass er eben mitgeteilt habe, was ihm im Gedächtnis geblieben sei, ohne sich darum zu kümmern, wie die Angaben etwa zu dem passen, was über Beethoven geschrieben worden ist. Hirsch war in der Beethovenliteratur nicht bewandert, was uns seine Angaben um so wertvoller macht. Beethovens Musik, mit Ausnahme der letzten Werke, war ihm übrigens wohl bekannt.

Ich komme auf den Widerspruch zurück, den ich

---

[1]) Mit Hirsch selbst befassten sich mehrere andere Zeitungsartikel. Vgl. hierzu Kastners „Wiener musikalische Zeitung" (Chronik 1886/87, S. 52f. Anmerkung).

gegen die Angabe von Beethovens Wohnung im „römischen Kaiser" erheben musste. Die Feststellung von Hirschens Eintritt in die Beamtenlaufbahn und die Erwähnung vom Tode eines Freundes von Beethoven (Wenzel Krumpholz) haben als Zeit des Unterrichtes mit grösster Wahrscheinlichkeit den Herbst 1816 und die ersten Monate von 1817 ergeben.

Nun bezeichnen aber alte Quellen als damaliges Wohnhaus des Meisters die No. 1055 und 1056 in der Seilerstätte, die zusammen ein Haus bildeten. Wie sind diese Angaben zu vereinigen, die doch beide einen hohen Grad von Verlässlichkeit beanspruchen dürfen? Das Nachsuchen in den alten Anmeldebögen lässt uns hier gänzlich im Stich.[1]) Wir müssen einen anderen Ausweg suchen, indem wir die auseinandergehenden Nachrichten in verschiedener Weise kombinieren. Dabei ergeben sich mehrere Möglichkeiten: Beethoven kann die Wohnung in der Seilerstätte gemietet und trotzdem beim „römischen Kaiser" gewohnt haben. Er war ja bekanntlich mit den Zuständen in der erstgenannten Wohnung unzufrieden und ist vielleicht für einige Monate (bis zur wärmeren Jahreszeit, die ihn regelmässig auf dem Lande sah) in ein Hôtel gezogen, wo er der lästigen Sorge um Kost und Bedienung enthoben war. Der Gasthof „zum

---

[1]) Meine Nachforschungen beim Wiener Magistrat, wo mir mit grosser Bereitwilligkeit sämtliche vorhandene „Aufnahmsbögen" für das Haus „zum römischen Kaiser" ausgehoben wurden, und welche den Zweck hatten, Beethovens damaligen Aufenthalt dokumentarisch nachzuweisen, waren fruchtlos, weil für die Zeit, in welcher Beethoven das Hotel bewohnt haben soll, kein Aufnahmsbogen erhalten ist. Auch das Durchsuchen der Aufnahmsbögen, welche die anderen Wohnungen betreffen, die damals für Beethoven in Frage kommen konnten (die im gräflich Lambertischen Hause in No. 1055 und 1056 der Seilerstätte und auf der Landstrasse No. 268), gab ein negatives Resultat. Weiteres über die Frage in der Studie „Beethovens Wohnungen in Wien".

römischen Kaiser" musste Beethoven durch Schuppanzighs Quartette genauer bekannt geworden sein und durch die Aufführung des Oratoriums „Christus am Ölberge", die 1815 dort abgehalten worden war u. z. unter des Künstlers eigener Leitung.[1]) 1814 nahm er dort nicht selten sein Mittagessen ein, gelegentlich in Gesellschaft Dr. Al. Weissenbachs oder Dr. Bartolinis.[2]) Vielleicht wurde dieses Gasthaus gerade um jene Zeit von Beethoven so sehr bevorzugt, dass er dort auch Wohnung nahm. Diese Möglichkeit wird dadurch gestützt, dass sich Hirsch dunkel daran erinnern wollte, Beethoven sei von seiten des Hôtels bedient worden. Wer der junge Mann gewesen sei, den er öfter bei ihm gefunden hat, wusste er nicht anzugeben. Vermutlich war es der Neffe Karl.

Ein zweiter Ausweg wird uns dadurch eröffnet, dass wir die Erinnerungen des fast Achtzigjährigen nicht als zuverlässig betrachten. An die Elemente, aus denen sich seine Erzählung zusammensetzte, dürfen wir allerdings nicht tasten; die Richtigkeit ihrer Zusammenstellung aber kann in Zweifel gezogen werden. Als sicher betrachte ich, dass überhaupt ein Unterricht statgefunden hat, dass er mit dem Hotel „zum römischen Kaiser" in einem nahen Zusammenhange steht und dass endlich der junge Hirsch tatsächlich Beethovens Wohnung kennen gelernt hat. Aus diesen Elementen bildete sich im Laufe der ungefähr

---

[1]) Seit ca. 1813 gab auch die „Reunion" dort ihre Konzerte. Vgl. Hanslick, „Geschichte des Konzertwesens in Wien" S. 142, 203, 271. Von Virtuosenkonzerten fand damals dort statt z. B. das des Klarinettisten Hermstedt am 1. Dezember 1814 (Wiener Zeitung). Zur Aufführung des Oratoriums Thayer III. S. 328.

[2]) Hierzu Thayer III. S. 282 und 305. Zur Ankunft Weissenbachs in Wien vgl. „Wanderer" vom 25. September 1814 (S. 1080). Unter den Ankünften in Wien wird auch die Weissenbachs mit folgenden Worten erwähnt: „Der Professor A. Weissenbach aus Salzburg war schon einige Tage früher hier angekommen".

63 Jahre, die seither verstrichen waren, die Angabe, die oben mitgeteilt worden, dass nämlich Hirsch seinen Unterricht in Beethovens Wohnung im Hotel zum „römischen Kaiser" erhalten habe. Und dennoch lassen sich die sicheren Elemente noch in ganz anderer Weise verflechten und zwar auch so, dass das Ergebnis mit der verbürgten Wohnung in der Seilerstätte in Einklang zu bringen ist.[1]) Ich gebe hier allsogleich diejenige Zusammenstellung der Umstände, die ich für die wahrscheinlichste halte, indem ich an mancherlei anderen Möglichkeiten vorübergehe.

Man kann annehmen, dass der junge Friedrich dem Meister im „Extrazimmer" des Hôtels vorgestellt wurde. Um nicht viele Zeit zu verlieren, begab sich dann Beethoven mit dem „Jungen" hinauf in den Musiksaal oder eine benachbarte Räumlichkeit, wo ein Klavier und Musikalien vorhanden sein mochten, und begann allsogleich den Unterricht. Dort mag auch in der Folge manchmal der Schüler seine Unterweisung empfangen haben. Ohne Zweifel aber hat ihn Beethoven auch zu sich in die Wohnung nach der Seilerstätte kommen lassen, wenn es ihm seine Zeiteinteilung so bequemer erscheinen liess. Dort hat nun der junge Hirsch die Häuslichkeit des Komponisten kennen gelernt. Hinterher haben sich im Gedächtnis die verschiedenen Erinnerungen, die Hirsch (meines Wissens) vor 1880 niemals zu Papier gebracht hatte, in einer Weise vereinigt, die nicht mehr genau den Tatsachen entsprach. Wer kennt nicht die üblen Streiche, die das Gedächtnis im Laufe weniger Tage dem Gewissenhaftesten schon gespielt hat, und wie lang ist doch eine Zeit von 63 Jahren für ein menschliches Gehirn!

---

[1]) Vgl. hierzu auch meinen Artikel „Die Beethoven-Literatur der letzten Jahre" in Kastners „Wiener musikalische Zeitung" von 1886 (Dezember).

Vielleicht habe ich diese Angelegenheit zu weit ausgesponnen, die manchem gleichgültig erscheinen wird. Sie bietet aber einiges psychologische Interesse und konnte auch deshalb nicht übergangen werden, weil sie den Schauplatz eines freundlichen Beginnens des Menschen Beethoven betrifft, der sich von einer schönen Seite sehen lässt.

Nahmen den Meister nicht grosse Pläne gänzlich gefangen, so war er den feineren Regungen des Gemütes sehr wohl zugänglich. So nahm er denn in jener Periode seines Lebens, die ebenso reich an Briefen und Billetten als arm an grossartigem künstlerischen Schaffen war, völlig uneigennützig den Unterricht eines noch ungeschulten Musikers auf sich, dessen Wissbegierde ihn um manche gute Tagesstunde gebracht haben mag. Nicht allzu häufig hat man Gelegenheit, diese Seite von Beethovens Wesen kennen zu lernen.

Hirsch wusste erst spät die Gunst zu schätzen, die ihm das Schicksal durch den kurzen Unterricht bei Beethoven gewährt hatte. Von einer ernsten Künstlerlaufbahn hat er sich durch Familienverhältnisse ablenken lassen. Nur halb im Spiel komponierte er Tanzmusik im Stile der Lannerschen und älteren Straussschen. Erst nachdem er im Jahre 1858 als „K. K. Hofbuchhaltungs-Rechnungs-Official" seine Pension genommen, lebte er ganz der Musik. Hirsch hat zwar recht sauber und mit wirklichem Talent komponiert; er hat aber trotz seiner Erfolge auf dem angedeuteten Gebiete niemals auf der Höhe der Situation gestanden. Seit seiner Jugend ist er ohne ausschlaggebende Fortschritte geblieben. Was er in seinen letzten Tagen geschaffen hat, gehört dem Stile nach in eine längst vergangene Zeit. Hirsch starb im November 1881. (Das „Illustrierte Wiener Extrablatt" vom 8. November jenes Jahres brachte sein Bildnis und einen warm gehaltenen Nachruf.) „Schüler

Beethovens" liess er sich gern nennen. Im eigentlichen Sinne des Wortes ist er freilich niemals Schüler Beethovens geworden. Grosse Originale bilden keine Schule. Dass er aber bei Beethoven Unterricht genossen hat, bleibt eine Tatsache, die es verdient, in Beethovens Lebensgeschichte Erwähnung zu finden.

Beethoven und der französische Geiger
Alexander Boucher

Im Laufe der jüngsten Lustren sind mehrere neue Nachrichten veröffentlicht worden, die sich auf den Violinspieler A l e x a n d r e J e a n B o u c h e r beziehen und auf seinen Besuch bei Beethoven im Jahre 1822. Einiges davon konnte andeutungsweise schon für die erste Auflage meines Beethoven (S. 65) benutzt werden. Anderes kam seither hinzu.

Ich fasse nun die bisher bekannt gewordenen Mitteilungen zusammen, denen ich eine, von der neueren Literatur unbeachtet gebliebene etwas pomphafte Ankündigung von dem Eintreffen Bouchers in Wien voranschicke:

„Der Sammler" vom 16. März 1822 meldet: „Herr Alexander B o u c h e r, Musikdirektor weiland Seiner Majestät des Königs Carl IV. von Spanien, Virtuos auf der Violine und Madame Boucher, erste Fortepiano- und Harfenspielerin am genannten Hofe, sind in Wien angekommen und werden nächstens Concert geben. Die äusserst günstige Aufnahme, welche dieses Künstlerpaar zu Berlin in 17 Concerten fand, berechtigt zu bedeutenden Erwartungen."

Bouchers Konzerte in Wien wurden teils im landständischen Saale teils im Theater an der Wien abgehalten und erregten vielleicht mehr verblüfftes Staunen, als Bewunderung bei den Musikern. Boucher gefiel sich nämlich in allerlei Kunststückchen und Spielereien, wie im Spielen mit umgekehrten Bogen, unter dem Steg, die Geige hinter dem Rücken haltend und ähnlichen Charlanterien, deren auch Madame Boucher etliche vorzuführen verstand. So spielte sie öfter zugleich mit der linken Hand Klavier und mit der rechten Harfe.[1]) Übrigens verstand es Boucher, auch gar herrlich und entzückend sanghaft sein Instrument zu spielen, wie man aus Besprechungen mancher seiner vielen Concerte in Wien und in anderen Städten entnimmt.[2]) In Wien fiel der Erfolg nicht nach Bouchers Wunsch aus. Der Virtuos schrieb darüber an Mendelssohn nach Berlin. Felix Mendelssohn berichtet dann die Klage Bouchers und anderes an Goethe nach Weimar u. z. in der Nachschrift zu einem Briefe vom 24. Mai 1822. Diese Mitteilungen sind im Goethejahrbuch veröffentlicht und führen uns von Boucher zu Beethoven;[3]) Felix schreibt: „So eben bekommen meine Eltern einen langen Brief vom Violinspieler Boucher. Man hat ihn in Wien nicht nach Wunsche aufgenommen, und er schreibt ziemlich missmuthig. Er war bei Beethoven und hier sind die Worte, mit denen er beschreibt, wie ihn Beethoven aufnam: ‚La recéption que Beethoven m'a faite a étonné non seulement ses deux amis qui me conduisirent chez lui, mais aussi tout le monde musical d'içi. Il me sauta au cou (contre son habitude) en disant: ‚Goethe m'a écrit sur vous, il vous aime, vous estime, je n'ai pas besoin de vous entendre pour vous apprecier'" etc. etc.

---

[1]) So erzählt Hanslick in der Geschichte des Wiener Konzertwesens, wo er auch andeutet, was Spohr und C. M. v. Weber über Boucher mitzuteilen wissen.

[2]) Hierzu Gust. Vallat, „Études d'histoire, de mœurs et d'art musical; Alexander Boucher et son temps" (Paris, 1890, passim), überdies die „Allgemeine musikalische Zeitung" von 1822 (No. 27 und 38). Der lange Bericht in No. 27 eifert wohl gegen Bouchers Kunststücke, „Einzelne Stellen voll Würde, Kraft, Gediegenheit und tiefen Gefühles" werden aber doch anerkannt.

[3]) Goethejahrbuch XII.

Das Goethejahrbuch gibt folgenden Kommentar zu dieser Nachschrift:

„Alexandre Boucher, der berühmte Pariser Violinvirtuose hatte auf seiner Concertreise durch Deutschland Anfang des Jahres 1821 Weimar berührt und dort grosse Aufmerksamkeit erregt. Auch Goethe wandte ihm Theilnahme zu (vergl. Annalen 1821, Hempel 27, 781). Er empfahl Boucher an Zelter (der Brief ist verloren gegangen), und dieser berichtete dem Freunde im Frühjahr 1821 ausführlich über die Berliner Concerte Bouchers. Anfänglich hatten die Überspanntheiten des ebenso talentvollen, wie bizarren und reclamesüchtigen Virtuosen in Berlin grossen Anstoss erregt. Später errang er Erfolge, zu welchen Goethes und Zelters Empfehlungen sehr wesentlich beitrugen (vergl. Zelter an Goethe, 8. Juli 1821). — In Wien wandte sich die fachmännische Kritik noch schärfer gegen Boucher als in Berlin (vergl. Wiener Allgem. musikal. Zeitg., März 1822)" — „Über seinen Verkehr mit Beethoven fehlen authentische Nachrichten, da aus den Monaten Februar bis Mai 1822 leider keine Conversationshefte Beethovens erhalten sind. Was Bouchers neuester, unzuverlässiger Biograph Gustav Vallat (‚Alex. Boucher et son temps‘ in ‚Etudes d'histoire de moeurs et d'art musical‘, Paris 1890) über Bouchers Begegnungen mit Beethoven mitteilt, ist romanhaft aufgeputzt und muss mit grösster Vorsicht aufgenommen werden. Übrigens erwähnt Vallat ebenfalls die Wirkung von Goethes Einführungsschreiben. — Selbst in Weimar hatte Boucher, der seine eminente Virtuosität niemals in den Dienst reiner Kunstübung gestellt hat, Seitens der Musiker keine Anerkennung gefunden, wie aus einer Correspondenz der Leipzig. Allg. Mus. Zeitung vom Mai 1821 hervorgeht."

Die Mitteilungen bei Vallat sind nun allerdings so lebhaft erzählt, dass wohl manche Übertreibung mit

untergelaufen sein mag. Fioriluren. Schimmernde Hülle.
Aber die Angaben über Beethoven sind im Kern gesund.
Das hat sich damit gezeigt, dass die Urschrift einer kleinen Improvisation erhalten und im Faksimile veröffentlicht ist, die Beethoven eigens für Boucher zu Papier gebracht hat und von deren Entstehung Vallat berichtet.
(Hierzu: Revue internationale de musique von 1898).
Auch manche andere Einzelheiten der Erzählung bei Vallat können nicht erfunden sein, wie z. B. die Erwähnung eines grossen Schalldeckels, den Beethoven in der Wohnung hatte. Lassen wir also Vallat das Wort, der uns auch mit der Einführung Bouchers bei Beethoven bekannt macht. Von zahlreichen Empfehlungsschreiben wirkte nur das von G o e t h e,[1]) nachdem vorher genug andere Briefe vergeblich waren abgegeben worden. Darauf aber ging Beethoven sofort aus, den bisher stets abgewiesenen fremden Geiger zu suchen. Salieri musste helfen und brachte den Schützling Goethes zustande. Ob alle Einzelheiten den Vorgängen entsprechen, soll dahin gestellt bleiben. Vallat möge die Sache verantworten:

„A Breslau, Boucher changea son itinéraire et se dirigea vers l'Autriche. Il ne voulait pas tarder plus longtemps à voir l'illustre Beethoven pour qui il avait bien une vingtaine de lettres de recommandation. Aussitôt arrivé à Vienne, il va frapper à la porte du modeste logis habité par le grand musicien. Une domestique lui répond que Beethoven n'est pas chez lui.

„A quelle heure peut-on le trouver?
„ il est impossible de vous le dire."

„Boucher remet à cette femme une de ses lettres et se retire. Le lendemain il n'est pas plus heureux et dépose une seconde lettre. Il retourne dans la soirée

---

[1]) Von Beethoven und Goethe handelt eine weitere Studie.

sans réussir, laisse une troisième lettre et tous les jours il fait de même. Beethoven mettait consciencieusement au panier[1]) toutes les lettres que sa domestique lui donnait de la part de M. Boucher, et qui étaient signées de ducs, de princes, de marchands de musique ou de financiers, tous gens qui pour lui avaient la même valeur. Mais à peine a-t-il parcouru la seizième lettre, qu'il saisit son chapeau et part comme un fou à la recherche de Boucher. Elle était écrite et signée de la main de son cher ami Goethe. Le protégé de Goethe ne passait plus à ses yeux pour un importun. Ce devait être un grand artiste. Voulant le voir sur-le-champ il court d'un hôtel à l'autre et rencontre en chemin le compositeur dramatique Salieri, l'auteur de ‚Sémiramide‘.

„Trouve moi, lui dit il, le violiniste Boucher, le protégé de mon cher Goethe, et amène-le chez moi d'où je ne bougerai tant que je ne l'aurai pas vu."

„Salieri n'a pas de peine à le découvrir, et prend plaisir à l'accompagner jusqu'à la maison de Beethoven; chemin faisant, il tire de sa poche un canon qu'il a, dit-il, composé la veille et qu'il est bien aisé d'essayer avec lui, et en pleine rue ils se mettent tous deux à chanter le canon. Sur ces entrefaites, Salieri rencontre un ami, il l'arrête et lui dit:

„Vous venez bien à propos; j'ai là dans ma poche un canon à trois parties et voici la votre."

„A peine finissent-ils de le chanter, qu'ils apperçoivent dans un brillant équipage le vieil artiste Krommer en compagnie du prince de Lobkowitz."

„Voilà mon affaire, s'écrie Salieri, il arrête les chevaux et prie Krommer de descendre pour executer un canon à quatre voix."

---

[1]) Das ist allerdings ziemlich sicher eine hinzukomponierte Verzierung. Man stösst sich auch an der Art, die Personen redend einzuführen, die wiederholt in der Folge vorkommt.

„Le vieux musicien se prête volontiers à cette fantaisie, et le prince a l'agrement d'assister, en pleine air, à un concert que l'imprévu rend encore plus charmant.

„Enfin Boucher arrive chez B e e t h o v e n qui le reçoit à bras ouverts et l'invite à entendre ses dernières compositions. Dans ce but le maëstro le prie d'entrer avec lui dans une sorte de grande boîte acoustique qu'il avait fait faire, à cause de sa surdité, et qui enveloppait complètement l'exécutant. C'est la qu'en tête-à,tête avec ce sublime génie Boucher eut le bonheur de l'entendre jouer l'ouverture de Prométhée, un passage de son opéra Fidelio et quelques symphonies incomparablement belles.[1]) Le violiniste, dans son admiration, lui demanda la permission d'emporter une boucle de ses cheveux, et le pria d'écrire pour lui, sur un papier qu'il lui présenta, quelques lignes de musique. Beethoven accéda à son désir et à l'instant jèta sur le papier en notes brillantes son inspiration du moment, qu'il fit suivre de ces simples mots: é c r i t l e 29 a v r i l 1822, l o r s q u e M. B o u c h e r g r a n d v i o l o n, m e f a i s a i t l ' h o n n e u r d e m e f a i r e u n e v i s i t e, et il signa L o u i s V a n B e e t h o v e n. Toutefois il faut croire qu'en relisant ces quelques mots écrites précipitamment, le grand compositeur qui connaissait parfaitement notre langue, ne trouva pas fort agréable le rapprochement de f a i s a i t e t d e f a i r e, car il ratura f a i s a i t, le remplaça par un autre mot, ratura encore celui-ci, et finalement sur-chargea si bien sa correction qu'elle demeure illisible."[2])

---

[1]) Man wird diesen musikalische Menu mit grosser Vorsicht aufzunehmen haben, obwohl es wahrscheinlich ist, dass Beethoven wünschte, durch Boucher an Goethe neue Nachricht von seiner Musik gelangen zu lassen.

[2]) Vallat teilt die Beischrift Beethovens nicht ganz genau mit. Beethoven schrieb: 29t i e m e Avril 1822 C o m m e Monsieur Boucher... me faisoit..." und in der Unterschrift l o u i s mit kleinem Anfangsbuchstaben. 1822 ist über der Zeile nachgetragen und

Beethovens Improvisation ist bei Vallat nicht mitgeteilt und erschien erst in der „Revue internationale de musique" von 1898 im Faksimile. Danach ist die Lesung in meinem Beethoven (Berlin, Harmonie) geschehen. Die kurze Zeile sei hier wiederholt:

mittels Schlangenstrich heruntergezogen. Das Autograph gehörte 1898 Herrn Charles Malherbe.

Nun hätten wir also die hauptsächlichen Angaben beisammen. Boucher traf kurz vor dem 16. März 1822 in Wien ein. Er gibt sich Mühe, Beethoven anzutreffen. Dies gelingt aber erst am 29. April. Er erhält eine Haarlocke und ein Notenautograph. Von einem zweiten Besuch bei Beethoven ist nirgends eine Erwähnung oder Andeutung zu finden. Boucher dürfte durch seine Konzerte, zu denen er viele Persönlichkeiten selbst einlud, gänzlich in Anspruch genommen worden sein. Am 28. Mai jenes Jahres war er noch in Wien. An jenem Tage schrieb er in ein Stammbuch, das Joseph Piringer angelegt hatte, einige Noten und dazu als Überschrift die Worte:[1] „Souvenier d'Alexandre de Boucher à ses amis de Vienne Bon de Lannoy, Périgner . . . Guebaur & comp(agnie) &ca &ca &ca sans oublier le Grand Beethoven!"

Unten noch die Datierung:
„fait à Vienne
le 28 may 1822."

Bald danach begab sich Boucher nach Luxemburg und Hannover. Im Sommer 1822 war er in Karlsbad. Am 28. Oktober konzertierte er wieder in Berlin. (Nach der Allg. Mus.-Ztg. No. 95.) Dann weiter eine bewegte Laufbahn. In seinen alten Tagen wollte Boucher seine Lebenserinnerungen zu Papier bringen.[2] Vorarbeiten dazu haben Bouchers Biographen Vallat vorgelegen. Schade, dass er sein

---

[1] Das Stammbuch, in dem auch Beethoven sich verewigt hat, befindet sich im Besitz des Herrn Hofsekretärs beim gemeinsamen Obersten Rechnungshofe Viktor Edlen von Marquet in Wien. Erste Mitteilung des Boucherschen Blattes in der „Wiener Abendpost" vom 16. August 1900. Beethovens Stammbuchblatt ist vor Jahren durch mich veröffentlicht worden und ist in meinem „Beethoven" (Berlin, Verlag der Harmonie) faksimiliert.

[2] So berichtet Vallat, der als Geburtsdatum Bouchers das Jahr 1778 nennt. Andere Quellen bringen 1770. Boucher starb 1861.

Material nicht in wissenschaftlicher Weise veröffentlicht hat.

Boucher ähnelte in Gestalt und Zügen dem ersten Napoleon. Davon wird allerlei erzählt, das man in der Hauptsache nicht bezweifeln kann. Diese Ähnlichkeit mag Beethoven interessiert haben. Trotzdem werden wir als besondere Anregung zur guten Aufnahme Bouchers bei Beethoven die Empfehlung durch Goethe anzusehen haben.

Ein ungedruckter Brief Zmeskalls an Beethoven

Vor Jahren hatte Herr Robert Heimler, Hauptkassierer in der Wechselstube der Anglo-österreichischen Bank die Freundlichkeit, mir die Abschrift eines Briefes von Zmeskall an Beethoven zur Verfügung zu stellen. Heimlers Gattin ist eine Verwandte und zwar die Grossnichte des berühmten Komponisten, beziehungsweise eine Tochter des Neffen Karl. Sie besitzt als Erbstücke von ihrer Mutter, der Frau Karoline van Beethoven mehrere interessante Dinge, die sich auf den Tondichter beziehen, darunter das erste Bildnis von Mähler, Briefe von Beethovens Hand und ein Schreiben von Zmeskall. Die Beethovenbriefe sind für eine Gesamtausgabe vorgemerkt, das Zmeskallsche Schreiben findet vorher Platz.

Der alte Freund schreibt vor seiner Abreise in die böhmischen Bäder dem jüngeren, freilch auch nicht mehr jungen Meister folgendes:

„Lieber Beethoven"

Mit Erstaunen entdeckte ich dieser Tage, dass auf meinem Dachboden sich Sachen befinden, die Ihnen zugehören und von denen ich nie etwas wusste, ausser von zwey Gypsbüsten, die ich längst schon von dem nähmlichen Bedienten dem Sie selbige zur Aufbewahrung übergeben hatten, Ihnen zurückgestellt worden zu seyn geglaubt habe. Hier schicke ich Ihnen alles zurück, was sich vorgefunden hat und was ich für Ihnen zugehörig halte. Auch erhalten Sie noch hiermit Ihr Buch von Weissenbach und Rabenfedern, die Sie mir vor längerer Zeit zugeschickt haben.

Ich reise übermorgen nach Karlsbad und Teplitz, wo ich noch mein Heil suchen will. Ihnen wünsche ich ununterbrochenes Wohlseyn und Freuden des beglücktesten Menschen.

Wien den 4ten May 822.

Zmeskall

Vier Flaschen Ofner folgen mit.
Die Fracht ist ganz berichtigt."

Aus dem Schreiben, das zum Teil so stilisiert ist, wie ein amtlicher Bericht von anno dazumal, weht uns trotz allen Aktengeruchs dennoch auch ein unverkennbarer Duft von Fürsorge und Aufmerksamkeit entgegen. Bevor er Wien verlässt, bringt der Freund noch die Eigentumsangelegenheiten in Ordnung. Er sendet zurück, was sich aus Beethovens Besitz noch bei ihm befindet, und fügt neben herzlichen Wünschen für Beethovens Wohlbefinden auch noch vier Flaschen Ofener Wein bei, die gewiss seinen eigenen Weingärten entstammten.

Die im Briefe erwähnten Gipsbüsten müssen erst wieder gefunden werden. Mit Vermutungen will ich keinen Raum verschwenden.

Das „Buch von Weissenbach" mag Weissenbachs „Meine Reise zum Congress" gewesen sein, das 1816 erschienen war. Dieses war nämlich sogleich 1816 von Zmeskall bei Beethoven entliehen worden.[1]) Auch könnte man in der zweiten Reihe der Möglichkeiten an ein von Weissenbach etwa gesendetes fremdes Buch denken.

Die „Rabenfedern" sind am sichersten zu kommentieren. Zmeskall hatte die Engelsgeduld, dem Meister

---

[1]) Thayer III. S. 386.

die Federn entweder selbst zu schneiden, oder durch einen Kanzleidiener schneiden zu lassen. Zahlreiche Blättchen von Beethovens Hand an Zmeskall gerichtet, spielen darauf an, oft in der launigsten Weise.

So rundet denn das kleine Schreiben die Kenntnisse noch weiter ab, die man über das Verhältnis Beethoven : Zmeskall gesammelt hat. Manches davon ist meinen Lesern wohl geläufig, wie die scherzhaften Ansprachen Beethovens, wenn er Zmeskall in bester Stimmung etwa als: Conte di musica, Musikgraf, Kommandant morscher Festungen, Pascha, Frau von Senesgall, oder Baron Dreckfahrer apostrophierte. Anderes ist gewiss mehr versteckt geblieben und möge wenigstens andeutungsweise zusammengestellt werden.[1])

Nikolaus Zmeskall von Domanovetz ist mit Beethoven sehr bald nach dessen Ankunft in Wien 1792 bekannt geworden. Im Fischhoffschen Manuskript, einer Quelle, die freilich ein wenig trübe träufelt, wird mitgeteilt, Zmeskall hätte Beethoven in Wien zu Haydn geführt.[2]) Das könnte nur in dem Sinne richtig sein, dass Zmeskall nicht anders, als ein Fremdenführer, oder ein

---

[1]) Die Biographischen Notizen von Wegeler und Ries, sowie Schindlers Beethovenbiographie werden gewiss von allen Freunden Beethovens in dieser Angelegenheit zu Rate gezogen. Die zahlreichen Briefe und Zettel, die Beethoven an Zmeskall gerichtet hat, finden sich zum Teil gedruckt in Nohls Briefsammlungen. Ein Briefchen, vermutlich an Zmeskall gerichtet, steht in Nohls „Mosaik" S. 315 abgedruckt. Reichliche Mitteilungen in A. W. Thayers Beethovenbiographie. Mehrere Dokumente zur Sache in Frimmel, „Neue Beethoveniana", ferner in Kastners „Wiener musikalische Zeitung" Bd. IV und in der „Neuen Zeitschrift für Musik" 1889 No. 45 f. (nach Originalbriefen) und später bei Kalischer, „Neue Beethovenbriefe" (S. 1 ff. nach ungenauen Abschriften). Siehe auch La Mara, „Klassisches und Romantisches" S. 85 ff.

[2]) Dagegen äusserten sich Thayer und Deiters. Vgl. Thayers Beethovenbiographie I. Bd. 2. Auflage. Zu beachten auch Nohl,

Stadtplan das Auffinden der Wohnung vermittelt hätte. Denn Haydn kannte den jüngeren Beethoven schon aus Bonn, und man weiss so gut wie sicher, dass alles Wesentliche an der Frage sich in Gesellschaftsschichten abspielte, die hoch über Herrn Offizial Zmeskall gelegen waren.[1]) Wegeler nennt Zmeskall „einen Dilettanten", der in den Morgenkonzerten beim Fürsten Carl Lichnowsky tätig war. Dort verkehrte auch Beethoven. Um einige Jahre älter als der neu eintretende Beethoven, mag er den jüngeren Musikgenossen etwas bemuttert haben, indem er ihm das Zurechtfinden in den Wiener Musikkreisen erleichterte. Zmeskall hatte ohne Zweifel durch seine, wenn auch unbedeutende Stellung an der ungarischen Hofkanzlei genug Beziehungen und Hilfsmittel zur Verfügung, um dem Ankömmling in vielen Dingen nützen zu können. Von verhältnismässiger Vertraulichkeit, zugleich von einem Zwist zwischen Zmeskall und Beethoven legt ein Brief aus dem Jahre 1799 Zeugnis ab, der bei Thayer gedruckt ist. (II. S. 34.) Um 1799 wird Zmeskall von Baron Klüpfell ersucht, an Beethoven eine unangenehme Botschaft zu bestellen. Dazu konnte nur ein vertrauter Freund gewählt werden.[2]) Über Zmeskalls Beziehungen zur Musik geben Reichardts „Vertraute Briefe, geschrieben auf einer Reise nach Wien zu Ende des Jahres 1808 und zu Anfang 1809" einige Andeutungen. Am 1. April 1809 schreibt Reichardt, dass er den lungensüchtigen Klavierspieler S t e i n „bei Herrn von S z e n e s g a l l" mit dem grössten Vergnügen und herzlichem Anteil hat spielen gehört. Mehrmals werden Q u a r t e t t e bei S z m e s g a l l, S e n e s g a l l oder S e m e s -

---

„Ein ungarischer Freund Beethovens" in der Zeitung „Die Presse" Wien 4. und 5. November 1880.

[1]) Zmeskall wurde erst später Hofsekretär.

[2]) L. Nohl, „Beethoven nach den Schilderungen seiner Zeitgenossen" S. 19.

gall erwähnt, der im Bürgerspital wohnte. Selbstverständlich ist Zmeskall gemeint. Reichardt lässt ihn als Musiker gelten. nennt ihn sogar einen: grossen Musikfreund und -kenner, einen „guten Violoncellisten" und überdies einen „grossen Freund und Verehrer von Beethoven".[1]) Beethoven verkehrte gerade damals viel mit Zmeskall. In jene Zeit fällt auch ein verstecktes Briefchen Beethovens an Zmeskall, das auf die Cellosonate Op. 69 und auf Baronin Ertmann Bezug hat und überdies von einem ausreissenden Bassethornisten handelt. Beethoven hängt ihm den billigen Wortwitz an: ich glaube, er hat den Durchfall bekommen vor lauter Furcht bey unss allen durch zufallen.[2])

Aus anderen Briefen an Zmeskall erfährt man dies und das über Beethovensche Werke und ihre Aufführung,[3]) noch mehr aber über Dienerschaft und kleine Hausangelegenheiten. Einmal wird ein Spiegel ausgeliehen. Dann begegnet uns das Begehren: „Bestellen sie also gefälligst morgen den Schneider". Ein anderes Mal wünscht Beethoven durch Zmeskall Degensche Instrumente zu erhalten, womit wohl Hörrohre gemeint sind.[4]) 1815 vermittelte Zmeskall die Angelegenheit mit dem Oratorium für die Gesellschaft der Musikfreunde. Zmeskall liebte Wein, Weib und Gesang und wurde darob

---

[1]) „Vertraute Briefe" I. 385, 428, II. 95. Die Quartette bei Zmeskall kamen in jener Zeit wöchentlich zusammen und zwar des Sonntags um die Mittagszeit. — Zmeskalls Wohnung im Bürgerspital, einem hofreichen Gebäude nahe dem alten Kärtnertor, wird auch erwähnt in Zieglers Adressbuch von 1823 S. 190.

[2]) Ich veröffentlichte das kleine Schriftstück aus M. M. Edl. v. Weittenhillers Besitz im September 1887 und hoffe, bei Gelegenheit darauf zurückkommen zu können.

[3]) Einer der interessantesten dieser Art befindet sich bei Felix Weingartner in München.

[4]) Degen steht 1821 bei Böckh (S. 416) unter den Verfertigern mathematischer, optischer, physikalischer Instrumente verzeichnet.

von Beethoven häufig geneckt. Eine Widmung aber, wie die von Opus 95, dem Streichquartett ins F-Moll,[1]) beweist wohl keine geringe Hochschätzung des Freundes, dem er einmal scherzend den Cello-Orden zuerkennt.[2])

Das oben mitgeteilte Briefchen deutet an, dass Zmeskall 1822 krank war. Schindler spricht von einem gichtischen Leiden, und aus einem Gespräch vom Jahre 1824 weiss man,[3]) dass Zmeskall sich in einer Sänfte zum Konzert tragen liess, in dem Beethovens 9. S y m p h o n i e, Stücke aus der grossen Messe und die Ouvertüre Op. 124 zu hören waren.[4])

Bis in die letzte Zeit Beethovens sind Beweise für die Verbindung beider Freunde vorhanden. Der letzte, uns erhalten gebliebene Brief Beethovens an Zmeskall, ein Dankschreiben des todkranken Meisters an den stets hilfebereiten Hofsekretär trägt das Datum 18. Februar 1827.[5])

Zmeskall starb am 23. Juni 1833 vierundsiebenzig Jahre alt. Sein Musikbesitz gelangte an die Gesellschaft der Musikfreunde in Wien. Die meisten seiner Beethovenbriefe kamen an die Wiener Hofbibliothek. Weiteres Erbe kam an die Verwandten in Ungarn und an Zmeskalls alte Haushälterin, ein Manuskript über den Taktmesser an J. Weidlich.[6])

---

[1]) Es ist im Oktober 1810 geschrieben oder vollendet. „Dem Herrn v. Zmeskall gewidmet von seinem Freunde L. v. Bthvn. und geschrieben im Monat Oktober" steht auf der Handschrift.

[2]) Das Blättchen mit diesem Scherz befand sich eine Zeitlang bei Alexander Posonyi in Wien.

[3]) Vgl. Nohl, Beethovenbiographie III. S. 922.

[4]) Als Anhänger Beethovens war Zmeskall ein Feind des Rossinismus, der damals Wien ergriffen hatte. Hierzu eine Äusserung gegen Carl Czerny im Jahre 1824. Vgl. den Brief Czernys an Adam Liszt vom 3. April 1824 („Die Musik" 1906 S. 20).

[5]) Vgl. Frimmel, „Neue Beethoveniana" S. 152.

[6]) Nach den Archivalien des Wiener Landesgerichts mitgeteilt von C. Leeder in der Zeitschrift „Die Musik" III. Heft 19.

Der kleine Franz Liszt

Eine der Studien dieses Bandes konnte mit kurzem Blick die ungarische Musikstadt Pressburg streifen, wo Beethoven gelegentlich Besuche machte, wo ein Heinrich Klein, Baron Amadee und andere Musiker zu Hause waren, wo Joh. Nep. Hummels Wiege gestanden hatte, wo H. Marschner eine Zeitlang wirkte. Diesmal wird der Ausgangspunkt der Erzählung von dem Auftreten des Knaben F r a n z L i s z t in Pressburg genommen. Nach öffentlichem Spielen in Ödenburg und nach einer Produktion vor dem Grafen Michael Esterházy in Eisenstadt spielte das Wunderkind auch in Pressburg, es war am 26. November 1820, in einer Gesellschaft beim eben genannten Grafen Esterházy. Der Erfolg dieses Auftretens wurde für den jungen Liszt ein Wendepunkt im Leben. Bis dahin mehr dilettierendes Streben; danach der Beginn einer ernsten Künstlerlaufbahn. Vor einigen Jahren hat J. Batka den Bericht über Liszts damaliges Klavierspiel aus der k. k. priv. städtischen Pressburger Zeitung vom 28. November 1820 bekannt gemacht.[1]) Ich wiederhole ihn hier, da er, soweit ich sehe, in der zusammenfassenden Literatur über Franz Liszt noch nicht benützt worden ist.

„P r e s s b u r g. Verflossenen Sonntag am 26. dieses in der Mittagsstunde, hatte der neunjährige Virtuose

---

[1]) Vgl. die „Pressburger Zeitung" von 1902 (139. Jahrgang) Nummer vom 31. Mai. — Im allgemeinen ist das Pressburger Konzert erwähnt in den Lisztbiographien von J. d'Ortigue, G. Schilling, W. Neumann, L. Nohl und bei der Raman. Auch die meisten Musiklexika erwähnen es.

Franz Liszt, die Ehre, sich vor einer zahlreichen Versammlung des hiesigen hohen Adels und mehrerer Kunstfreunde, in der Wohnung des hochgebornen Herrn Grafen Michael E s z t e r h á z y auf dem Clavier zu producieren. Die ausserordentliche Fertigkeit dieses Künstlers, sowie auch dessen schneller Überblick im Lesen der schwersten Stücke, indem er alles, was man ihm vorlegte, vom Blatt wegspielte, erregte allgemeine Bewunderung, und berechtigt zu den herrlichsten Erwartungen."

Dem bedeutenden Eindruck, den das Feuer und die frühreife Fertigkeit des kindlichen Klavierspielers hervorgebracht hatte, war es zu verdanken, dass mehrere hohe Adelige[1]) sich zusammentaten, um dem jungen Franz Liszt sechs Jahre lang eine streng künstlerische Ausbildung zu verschaffen. Der Vater Adam Liszt dachte zunächst an Johann Nepomuk Hummel, den er persönlich kannte und dessen bedeutender Ruf ihn wohl als Meister des jungen Franz sehr erwünscht erscheinen liess. Hummel, gerade Kapellmeister in Weimar geworden, stellte aber viel zu hohe Ansprüchen an den Lisztschen Säckel, als dass man hätte auf diese sonst begehrenswerte Unterweisung eingehen können. Nach eingehendem Familienrat in Raiding, wo die Eltern Liszt lebten, beschloss man, sich vorerst nicht an Humml in Weimar zu wenden, sondern nach Wien zu reisen, und dort einen passenden Lehrer für den kleinen Franz zu suchen. In Wien übernahm K a r l C z e r n y anfangs widerstrebend und eine namhafte Entschädigung begehrend, dann gern und in uneigennütziger Weise den Unterricht Franzens im Klavierspiel.[2]) Für eine Unterweisung in der Theorie sorgte der greise S a l i e r i. „Er

---

[1]) Vgl. oben die Studie „Besuche Beethovens in Pressburg".
[2]) Von der Anhänglichkeit an den Lehrer legen Briefe Zeugnis ab, die bei La Mara, „Klassisches und Romantisches" gedruckt sind (S. 233 ff.). Vgl. auch „Die Musik" V. Heft 13.

liess ihn Partituren lesen, analysieren und spielen, hielt ihn fleissig zu harmonischen Satzübungen an und drang dabei auf korrekte Schreibweise."[1]) Bei Salieri wurde er auch mit Beethovens Partituren bekannt. Czerny war ledern und pedantisch, scheint jedoch vielleicht eben dadurch einen günstigen Einfluss auf das ungezügelte, wilde Spiel des Knaben ausgeübt zu haben. Nach ungefähr anderthalbjährigem Unterricht und nach privaten Erfolgen des kleinen Virtuosen in vornehmen Kreisen schien es dem Vater Liszt angemessen, nun auch in Wien den Knaben öffentlich auftreten zu lassen. Am 1. Dezember 1822 fand das erste Lisztkonzert in Wien statt im landständischen Saale u. z. mit reichhaltigem Programm. Nach dem Berichte der „Allgemeinen Musikzeitung" grenzte es „ans Unglaubliche", was der jugendliche Spieler leistete. Besonders seine Ausführung des Hummelschen Pianofortekonzertes aus A-Moll erregte Staunen. Man bewunderte auch den Ausdruck und die feine Schattierung seines Spieles. Weniger Beifall erregte bei der Kritik die freie Phantasie, die den Schluss des Programms bildete. Doch heisst es immerhin, wie „artig" es war, als „der kleine Herkules B e e t h o v e n s Andante der A-Symphonie und das Motiv einer Kantilene aus R o s s i n i s Zelmira vereinigte und so zu sagen in einen Teig knetete".

Die „Allgemeine musikalische Zeitung" von 1822 (No. 98) äussert sich über dasselbe Konzert, wie folgt:

„Den 1. Dezember gab wieder ein von Pressburg hieher gekommener sehr talentvoller Knabe mit Nahmen

---

[1]) So berichtet Lina Ramann, „Franz Liszt" I. S. 39, eine Biographin, die mit Liszt selbst in Verkehr gestanden hat. J. d'Ortigue (in der „Neuen Zeitschrift für Musik" 1836 S. 15) sagte: „Der alte Salieri zeigte lebhaftes Interesse für den kleinen Virtuosen. Bei diesem Meister lernte Franz das Partiturlesen". Bei Salieri machte er „einen Cursus der religiösen Musik durch".

Liszt, im grossen landständischen Saale Concert und erregte durch sein Spiel und die daran merkwürdige Leichtigkeit allgemeine Bewunderung. Hummels grosses und an Schwierigkeiten reiches a moll Concert wurde von dem kleinen Zauberer mit einer Fertigkeit vorgetragen, die doch den Wienern einigermassen imposant war. Er erhielt grossen ermunternden Beyfall."

Der junge Liszt spielte bald auch in der Hofoper vor dem Ballett mit grossem Erfolg das Rondo aus dem Klavierkonzert in Es von Ries. Bewunderung erregte er auch in einer Matinee vom 12. Januar 1823.[1])

War es nun Zudringlichkeit, den kleinen nahezu schon berühmt gewordenen Klavierspieler zu Beethoven zu schleppen? Mag sein. Jedenfalls hat Beethoven zunächst sich so abwehrend verhalten, als wäre es eine solche gewesen. Darüber ist manches in viel gelesenen Büchern und in entlegenen Winkeln der Literatur zu finden. Manche Angaben widersprechen sich. Anton Schindler berührte die Angelegenheit 1841 in seiner Schrift „Beethoven in Paris" (1841, S. 71 ff.). „Wie man nicht wissen kann, ob aus dem Kinde ein Mann wird, und welcher Mann, so konnte ich im Jahre 1823, als ich Beethoven den hoffnungsvollen Knaben Liszt samt seinem Vater vorstellte, nicht ahnen, welch musikalischer Vandale in diesem jungen Talente einstens heranreifen werde. Hat dies etwa Beethoven geahndet? Denn die Aufnahme war nicht die gewöhnliche freundliche und ich hatt Ursache, damals mit dem grossen Meister wegen seiner Unfreundlichkeit nicht besonders zufrieden zu sein, weil der Wunderknabe mich ungewöhnlich interessiert hatte. Beethoven merkte selbst, dass er es an Beweis von Theilnahme an dem kleinen Franz etwas fehlen liess,

---

[1]) Hierzu Hanslick, „Geschichte des Wiener Konzertwesens" S. 226, und Ramann, „Franz Liszt" I. S. 42 ff.

daher er bald zu bereden war, das nächst gegebene Concert des kleinen Liszt mit seiner Gegenwart zu beehren und dadurch seine früher gezeigte Kälte wieder gut zu machen. Da er mehr aus Widerwillen gegen das ganze Virtuosentum, welches damals bereits eine schiefe und verderbliche Richtung genommen, als wegen seiner Taubheit niemals derlei Concerte besuchte so machte sein Erscheinen im Concerte des kleinen Liszt grosses Aufsehen."

Sei es aus Feindseligkeit gegen Liszt, sei es aus Vergesslichkeit, schrieb Schindler nach Jahren über dieselbe Angelegenheit ganz anders. Obwohl noch bessere Quellen da sind, sei doch die Stelle angeführt und recht ausdrücklich als verfehlt oder als animos entstellt bezeichnet.

„Von einer Aufnahme (bei Beethoven), die mit dem Epitheton ‚freundlich' nicht zu bezeichnen ist, ist dem Verfasser nur eine bekannt. Sie betrifft den kleinen F r a n z L i s z t, der in Begleitung seines Vaters von mir vorgestellt worden. Diese Unfreundlichkeit entsprang aus der übertriebenen Vergötterung des jedenfalls Aufsehen erregenden Talents, in der Hauptsache aber hatte sie ihren Grund in dem an den Meister gestellten Ansuchen, dem 12 jährigen Knaben zum Behufe einer freien Phantasie in seinem bevorstehenden Abschiedsconcerte ein Thema aufgeben zu wollen, ein Ansuchen, das ebenso unbedacht, als unvernünftig gewesen. Indess zeigt ja der Hyperenthusiasmus allenthalben den Mangel einer vernünftigen Basis in seiner Gebarung. Nicht unmöglich, dass dieser Enthusiasmus es gewagt, nachdem Beethoven dieses Ansuchen mit merklichem Unwillen abgelehnt, vom Kaiser Franz, mindestens doch vom Erzherzog Rudolf ein Thema zu einer freien Phantasie für den kleinen Virtuosen zu erlangen. Die mit dem ‚Wunderknaben' getriebene Idolatrie hat übrigens dem durch eine so ernste Schule der Erfahrungen gegangenen Meister Stoff zu mancherlei Betrachtungen geboten über die Hindernisse und Hemmungen für ruhige Entwicklung ausgezeichneter Talente, sobald sie von der Menge zum Schoosskind erkoren sind. Lebensabrisse über Liszt haben ausgesagt, dass Beethoven dem Abschieds-Concerte 1823 beigewohnt; in Schillings Encyklopädie wird sogar noch hinzugesetzt, dass Beethoven dem kleinen Liszt in diesem Concerte die Hand gedrückt und damit ihn würdig zeichnete, des Namens K ü n s t l e r. Beethoven hat diesem Concert nicht beigewohnt, wie überhaupt keinem Privatconcerte seit 1816."[1])

Mit dem Hinweis auf Lebensabrisse Liszts und auf Schillings Enzyklopädie hatte Schindler ganz recht. Aber in bezug auf Beethovens angebliches Fernbleiben vom Konzert hatte er Unrecht. Schon 1836 schrieb J. d ' O r - tigue für Rob. Schumanns „Neue Zeitschrift für Musik" eine lange Lebensgeschichte Franz Liszts, in der auch die Beethovenfrage berührt wird. Er sagt unter anderem: „Achtzehn Monate war er (Liszt) nun in Wien, als er ein Concert gab, dem Beethoven beiwohnte. Die Gegenwart des berühmten Componisten, weit entfernt, den Knaben schüchtern zu machen, erhöhte seine Einbildungskraft. Beethoven munterte ihn auf, aber in jenem zurückhaltenden Tone, der ihm in seinen letzten Lebensjahren eigen war und den man entweder seinen persönlichen Verdriesslichkeiten, oder seiner tiefen Schwermuth über seine Taubheit zuschreiben muss." Das ist zwar wenig, aber eine bestimmte Nachricht, die von einem über Liszt gar wohl unterrichteten Autor herstammt, eine Nachricht, die den Ereignissen noch ganz nahe liegt. Gustav Schilling, wenn auch nicht stets zuverlässig, und vielleicht in diesem Fall durch d'Ortigues Artikel beeinflusst, ist doch auch zu hören, wenn er für

---

[1]) Schindler, 4. Auflage, II. S. 178.

sein Lexikon von 1837 schreibt, dass Liszts Konzert (er hält es für Liszts erstes Konzert in Wien, was nicht stimmt) „eines der merkwürdigsten" war, die je dort von jungen Virtuosen gegeben worden sind. „Die ganze Wiener Musiknoblesse war dabei versammelt, selbst Beethoven nicht ausgenommen, der doch damals besonders seines körperlichen Zustandes wegen sich auf alle mögliche Weise von der Welt entfernt hielt, unserm Franz aber aufmunternd und so freundlich, als seine Schwermuth es zuliess, die Hand drückte und damit ihn würdig zeichnete gleichsam des Namens Künstler."

Weit ausführlicher geht Schilling auf die Sache ein in dem Buche „Franz Liszt, sein Leben und Wirken", das 1844 herauskam (S. 47 ff.). Mittlerweile war Schindlers „Beethoven in Paris" (1841) erschienen, wo von u n freundlicher Aufnahme des kleinen Liszt durch Beethoven die Rede ist. Schilling nimmt darauf Rücksicht und schreibt ganz augenscheinlich durch Franz Liszt selbst unterrichtet: Schindler habe den jungen Liszt vorgestellt. Beethoven hätte das selbst gewünscht. NB. Vielleicht war Carl Czerny Vermittler gewesen. Von einer Unfreundlichkeit wusste Liszt nichts zu berichten: „indes erinnert sich dieser (Liszt) nirgends und nie einer Unfreundlichkeit, die ihm von Beethoven widerfahren se; und habe ihn dieser Mann, dieser im Unglück noch Grosse und ewig Erhabene nicht gehätschelt und geliebkost, wie so mancher andere minder Würdevolle, so sei das ganz natürlich, doch habe er, dessen innerste Gesinnung ja in allen seinen Worten, Werken und Taten auch als eine liebevolle, herzliche sich bewahrt hat, ihn mit Theilnahme aufgemuntert". Dann folgt eine lange Stelle, die von Liszts Verehrung gegen Beethoven Kunde gibt. Überdies wird auch noch die Anwesenheit Beethovens im Konzert ausdrücklich besprohen.

Ein Hieb auf Schilling wird dann in Schindlers ungearbeiteter Beethovenbiographie geführt; aber Schindler scheint die Stelle in Leidenschaft und deshalb nicht gesammelten Geistes geschrieben zu haben. Wir wissen schon um die Sache.

Dass Beethoven bei Liszts Konzert vom 13. April 1823 zugegen war, ist nicht zweifelhaft. Es lassen sich aber aus Liszts eigenen Äusserungen noch einige Einzelheiten hinzufügen. So muss noch festgestellt werden, dass **Beethoven am Ende des Konzertes aufs Podium kam, zu dem Knaben hinging, ihn emporhob und ihn küsste.** Das deutet L. Nohl mit wenigen Worten an 1871 in dem Buche: Die Beethovenfeier und die Kunst der Gegenwart (S. 111 f.). Etwas ausführlicher und mit betontem Hinweis auf Liszts eigenes Zeugnis spricht Nohl von diesem Künstlerkuss in „Beethoven, Liszt, Wagner" (1874, S. 197 ff.). Nach Nohls Mitteilungen ein wenig novellistisch ausgestaltet, wird die Begebenheit wieder in der Lisztbiographie von Lina Raman erzählt (I. S. 47). Dieselbe Schriftstellerin teilte dann viel später[1]) noch die wichtige Tatsache mit, dass sie persönlich mit Liszt über die Angelegenheit gesprochen hat. Erst wurde von Schindler geredet, der sich 1841 in Paris wichtig gemacht hatte und keineswegs von Liszt sehr geschätzt wurde. Denn Liszt äusserte sich: „Und dieser Kerl wollte mir meinen Kuss ableugnen." Die Raman warf dazwischen, dass also die Sache mit dem Kuss Beethovens richtig sei: „Natürlich habe ich ihn bekommen," erwiderte Liszt.

Auch später noch hat Liszt von dem Kuss Beethovens erzählt, durch den er eine besondere Weihe erhalten hat. Nur scheint es, dass sich entweder schon in Liszts Erinnerung selbst oder im Nacherzählen des Gehörten durch andere die Tatsachen ver-

---

[1]) Vgl. „Neue Zeitschrift für Musik" 1891 No. 47.

schoben haben. Es hat nach einer im hohen Alter von Liszt gemachten Äusserung zu schliessen, den Anschein, als wäre Liszt schon bei seinem Besuch in Beethovens Wohnung mit einem Kuss bedacht worden. Das ist nicht wahrscheinlich. Denn darin behält wohl Schindler recht, dass die erste Aufnahme nicht sonderlich herzlich gewesen. Dafür sind noch einige beweisende Stellen anzuführen.

Vorerst hören wir, was Liszt selbst seiner Schülerin Ilka Horowitz-Barnay mitteilte: „Ich war ungefähr elf Jahre alt," begann er, „als mein verehrter Lehrer Czerny mich zu Beethoven brachte. Schon lange vorher hatte er diesem von mir erzählt und ihn gebeten, mich einmal anzuhören. Allein Beethoven empfand solchen Widerwillen gegen Wunderkinder, dass er sich immer heftig dagegen sträubte, mich zu empfangen. Endlich liess er sich doch von dem unermüdlichen Czerny überreden und sagte zum Schlusse ungeduldig: ‚Also bringen Sie mir in Gottes Namen den Racker!' Es war um zehn Uhr Morgens, als wir die zwei kleinen Stuben im Schwarzspanierhause, wo Beethoven wohnte, betraten; ich etwas schüchtern, Czerny mich freundlich ermuthigend. Beethoven sas vor einem langen, schmalen Tisch am Fenster und arbeitete. Er blickte uns eine Weile finster an, sprach mit Czerny ein paar flüchtige Worte und blieb schweigsam, als mein guter Lehrer mich ans Klavier winkte. Ich spielte zuerst ein kurzes Stück von Ries. Als ich geendet hatte, fragte mich Beethoven, ob ich eine Bachsche Fuge spielen könne. Ich wählte die C-Moll-Fuge aus dem wohltemperirten Clavier. ‚Könntest Du die Fuge auch gleich nach einer anderen Tonart transponiren?' fragte mich Beethoven. Zum Glück konnte ich es. Nach dem Schlussaccord blickte ich auf. Der dunkelglühende Blick des grossen Meisters lag durchdringend auf mir. Doch plötzlich zog ein mildes Lächeln über die düsteren Züge, Beethoven kam ganz nahe heran, beugte sich zu mir, legte mir die Hand auf den Kopf und fuhr mir streichelnd mehrmals über das Haar. ‚Teufelskerl!' flüsterte er, ‚so ein Racker!' Ich gewann plötzlich Muth. ‚Darf ich jetzt etwas von Ihnen spielen?' fragte ich keck. Beethoven nickte lächelnd. Ich spielte den ersten Satz aus dem C-Dur-Concerte. Als ich fertig war, fasste mich Beethoven an beiden Händen, küsste mich auf die Stirn und sagte weich: ‚Geh! Du bist ein Glücklicher! Denn Du wirst viele andere Menschen beglücken und erfreuen! Es gibt nichts Besseres, Schöneres!' Liszt erzählte das Vorstehende im Tone tiefster Ergriffenheit, Thränen waren in seiner Stimme, und ein warmes Glücksgefühl klang aus der einfachen Erzählung."

„Er blieb eine kurze Weile schweigsam. Endlich sagte er: ‚Dieses Ereigniss aus meinem Leben ist mein grösster Stolz geblieben — das Palladium für meine ganze Künstlerlaufbahn. Ich erzähle es nur äusserst selten und nur — guten Freunden.'"[1])

Diese Mitteilung fällt in die Zeit nach 1875, also in Liszts letzte Jahre. Damals spielte dem Alternden das Gedächtnis schon manche bösen Streiche. Hier und da erkannte er seine eigenen Kompositionen nicht wieder. Und in der Erzählung, die Ilka Horowitz-Barnay überliefert hat, deutet manches auf unsicheres Erinnern hin. Einmal trifft es nicht zu, dass Beethoven 1823 im Schwarzspanierhause gewohnt hat; dann ist der Besuch so dargetellt, als ob bei der Verständigung mit dem fast gänzlich ertaubten Beethoven alles ganz glatt abgelaufen wäre. Freilich, die Missverständnisse im Gespräch mögen dem Kinde, das nur an Musik dachte, entgangen sein. Ob der Kuss schon damals verabreicht

---

[1]) Vgl. „Deutsche Revue" (herausgegeben von Richard Fleischer), Juliheft 1898 S. 83f. — Zahlreiche Tagesblätter druckten die Stelle nach.

wurde, oder erst im Konzert, lasse ich dahingestellt sein. Jedenfalls wird man gut tun, die Erzählung des greisen Liszt mit einiger Vorsicht aufzunehmen.[1])

All zu herzlich darf man sich die erste Aufnahme des Knaben gewiss nicht vorstellen. Dem widerstreiten die Konversationshefte jener Zeit, in denen ein G e s p r ä c h vom 12. April, dem Vortrag des Lisztschen Abschiedskonzertes vorkommt. In dem Gespräch, das Schindler ins Heft schrieb, heisst es unter anderem: „Der kleine Liszt hat mich dringend ersucht, Sie recht schön zu bitten um ein Thema, worüber er morgen im Conzerte zu phantasieren wünschte ... er will es aber versiegelt erst dort eröffnen. Mit der freien Phantasie des Kleinen ist es eben noch nicht streng zu nehmen — der Bursche ist ein tüchtiger Clavierspieler; was Phantasie anbelangt, so ist noch weit am Tage bis man sagen kann er phantasiert." Nun spricht Beethoven, dessen Zwischenrede nicht überliefert ist. Er wird nach dem Lehrmeister des kleinen Liszt gefragt haben. Dann Schindlers Antwort: „Czerny Carl ist sein Lehrer." — Nun vielleicht eine kritische Bemerkung Beethovens. Darauf die geschriebene Antwort: „— 11 Jahre eben". Weiter: „Kommen Sie doch, es wird den Karl [das ist ohne Zweifel der Neffe, der durch Carl Czerny und wie es scheint eine Zeitlang auch durch Joseph Czerny unterrichtet wurde] gewiss selbst unterhalten, wie der kleine Bursche spielt." Folgt eine Bemerkung gegen Carl Czerny: „Leider, dass der Kleine in den Händen des Czerny ist". Nach anderen Gesprächen ist man davon unterrichtet, dass C. Czernys Spiel damals in Beethovens Kreisen schon für outriert galt. Darauf schreibt Schind-

---

[1]) Eine gewisse Verwandtschaft kommt ihr übrigens zu mit dem, was Bernhard Vogel, „Franz Liszt" (1888) nach Carl Czernys Erzählung mitteilt.

ler hin: „Sie mögen es erraten haben — Es ist doch schade, dass Ihr hoher Genius in Claviersachen begraben wird, denn leider bleiben die ausgezeichnetsten Werke dieser Art liegen, weil die Clavierspieler unserer Zeit immer mehr den Geschmack des Guten verlieren." Hierauf kommt Schindler auf das bevorstehende Konzert des Wunderkindes zurück: „Nicht wahr, Sie werden die etwas unfreundliche Aufnahme von letzthin dadurch gut machen, dass Sie morgen das Concert des kleinen Liszt besuchen? Es wird den Kleinen aufmuntern — Versprechen Sie es mir, dass Sie dahin kommen?"[1])

Schindler schrieb ins Konversationsheft gewiss nicht mit dem Bewusstsein, es sei für die Öffentlichkeit. Seine Worte haben also diesmal mehr Gewicht, als die Stellen in seinen gedruckten Arbeiten. Und nun entnehmen wir daraus, dass die **Aufnahme des kleinen Liszt** nach den Begriffen, die in Beethovens Umgebung herrschten, **wirklich eine unfreundliche war.** Auch die Bitte um ein Thema für freie Phantasie wird in Schindlers Aufschreibungen erwähnt. Schon aus dem raschen Fallenlassen der Angelegenheit könnte man schliessen, dass Beethoven nicht geneigt war, den Spass mitzumachen. Dass er auch im Konzert kein Thema gegeben, sondern dass andere dem Knaben ein unpassendes ewig langes Thema vorlegten, erfahren wir aus dem Konzertbericht.[2]) Übereinstimmend mit Ausschluss der schon gebrandmarkten Stelle in Schindlers umgearbeiteter Beethovenbiographie weisen die ausführlich gehaltenen Berichte darauf hin, dass Beethoven das **Abschiedskonzert des kleinen Liszt besucht hat**, und nach der bündigen Äusserung Liszts kann nun

---

[1]) Nach Nohl, „Beethoven, Liszt, Wagner" S. 198. Hierzu auch „Neue Zeitschrift für Musik" 1891 S. 441 ff.

[2]) „Wiener allgemeine Musikzeitung" (herausgegeben von F. A. Kanne) No. 34 vom 26. April 1823.

doch auch niemand mehr daran zweifeln, dass Beethoven das Wunderkind Liszt einmal durch seinen Weihekuss ausgezeichnet hat.

Die Familie Liszt, den jungen Franz, Zisy genannt, stets eingeschlossen, verweilte den Sommer 1823 hindurch noch in Wien oder dessen Umgebung. Am 20. September verliessen sie die Kaiserstadt, reisten nach München, Augsburg, Stuttgart, Paris, wo sie am 11. Dezember eintrafen. Dann folgte das weitere reiche mannigfach bewegte Künstlerleben Liszts. Die Eindrücke aus Wien haben gewiss lange nachgewirkt. Mit Rührung erzählte noch der lorbeerbedeckte alte, schon grau und weiss gewordene Beherrscher des Klaviers von seiner Weihe durch Beethoven.

Beethoven und sein Neffe
in Blöchlingers Erziehungsanstalt

Vor etwa zwölf Jahren glückte es mir, im Besitz einer angesehenen Wiener Familie alte Aufschreibungen aufzustöbern, die bemerkenswerte Mitteilungen über Beethoven enthielten. Den Spuren des grossen Künstlers durch dessen ganze Lebenszeit genau folgend, musste ich auch auf den Namen B l ö c h l i n g e r stossen. Im Institut Blöchinger, so wies es ja die Literatur aus, war Beethovens Neffe eine Zeitlang erzogen worden. Dieser Spur ging ich nach, und ich fand Beachtenswertes.

Joseph Blöchlinger von Bannholz, ein Schweizer aus Goldingen im Kanton Sankt Gallen, 1788 geboren, war nach erledigten philosophischen Studien 1804 nach Wien gekommen. In Wien wollte er Arzt werden. Schon hatte er das erste Rigorosum bestanden, als er durch zarte Frauenhand von den medizinischen Studien abgezogen wurde. Henriette von Fischer, Tochter des Hofsekretärs Emmanuel von Fischer, war es, die ihn so sehr gefesselt hatte, dass er, um ihr angehören zu können, ihren Wunsch erfüllte und die Laufbahn des Arztes aufgab. 1814 fand die Vermählung statt. Blöchlinger war nach der Familienüberlieferung eine Zeitlang Lehrer gewesen. Mit dem Institutsdirektor Krause leitete er vorübergehend dessen Anstalt. 1814 eröffnete er ein eigenes Institut zunächst im Hause No. 216 in der Vorstadt Landstrasse, das in der Hauptstrasse gelegen war.[1])

---

[1]) Dieses Datum steht nach den Ankündigungen in der Wiener Zeitung vom 19., 21., 24. und 28. November 1814 vollkommen fest. In der Familie nahm man 1816 statt 1814 an. Die erwähnte An-

Vermutlich war es 1816, dass er mit seiner Erziehungsanstalt in die Vorstadt Josephstadt übersiedelte, wo er dann jahrelang nahezu das ganze gräflich Choteksche Palais mit dem Garten gemietet hatte. Dieses lag in der damaligen Kaiserstrasse, jetzt Josephstädterstrasse genannt.[1]) Vorher befand sich dort Carl Ellmaurers Erziehungsanstalt.[2]) Später erwarb er ein Haus in der Vorstadt Wieden, und zwar in der Favoritenstrasse, der Theresianischen Akademie gegenüber.[3]) Josef Blöchlinger starb 1855.

---

kündigung beginnt so: „Neues Erziehungsinstitut für Knaben." „Unterzeichneter macht hiemit bekannt, dass er mit Bewilligung einer hochlöblichen k. k. Nied.-Oest. Landesregierung eine Erziehungsanstalt für Knaben eröffnet." Man wolle nur 25 Zöglinge u. z. nur solche aus angesehenen Familien aufnehmen. „Nähere Auskunft und den Plan erhält man in der Anstalt auf der Landstrasse Hauptstrasse No. 216." Unterschrift „Joseph Blöchlinger Instituts Inhaber".

[1]) Nach Major Blöchlingers Aufschreibungen befand sich in der Mitte des ersten Stockwerkes ein grosser Saal. Links davon die Schlafzimmer der Zöglinge. Rechts die Gemächer der Frau von Blöchlinger und die Krankenzimmer. Die Lehrzimmer waren im zweiten Stockwerk. — Die Angaben über Blöchlinger stammen zum Teil aus den handschriftlichen Memoiren des Feldmarschallleutnants Carl Möring. Sie sind mir durch Herrn Major Karl Blöchlinger v. Bannholz zugänglich gemacht worden. Anderes habe ich aus der jedesmal angeführten Literatur beigefügt.

[2]) Dieses Ellmauersche Institut wird mehrmals angekündigt in der Wiener Zeitung von 1814 und zwar am 25. August und am 23. September.

[3]) Nach Karl Hofbauer, „Die Wieden" (1864) S. 112 war „Joseph Urban Blöchlinger, Inhaber einer Erziehungsanstalt, 1826 Besitzer des Hauses No. 20 in der Favoritenstrasse (dasselbe Haus hatte vorher die Nummern 36, 136, 158 und 308 getragen.) Die Anstalt scheint schon 1825 in der Favoritenstrasse untergebracht gewesen zu sein. Pezzls, „Beschreibung von Wien" (1825) S. 310 nennt neben den Erziehungshäusern Giannatasio del Rio, Kudlich, Krause, Klinkowström, Hoffmann und anderen auch „Joseph Blöchlinger, auf der Wieden, Favoritenstrasse No. 158, dem k. k. The-

Einer der ehemaligen Zöglinge der Anstalt, der nicht namentlich angeführt sein wollte, nannte Blöchlingern „eine der redlichsten ehrenhaftesten Persönlichkeiten", die ihm vorgekommen sind.[1]) Die Überwachung der ihm anvertrauten jungen Leute war höchst gewissenhaft. Aus derselben Quelle erfuhr man, dass Blöchlinger selbst gelegentlich die Vorträge über Griechisch, Lateinisch, Französisch, Italienisch, Englisch übernehmen konnte. Blöchlinger war immer der erste ausser Bett. Die Zöglinge mussten des Sommers um 5 Uhr, des Winters um ½7 aufstehen.

Die Anstalt Blöchlingers genoss offenbar mit Recht einen vortrefflichen Ruf, und es ist nur sehr begreiflich, wenn Beethoven nach mehreren nicht immer glücklichen Erziehungsversuchen, den Neffen Karl dem renommierten Pädagogen Blöchlinger, dem Freunde Pestalozzis, anvertraute. Dies schien dem Meister zunächst das beste, obwohl er sich mit dem Gedanken trug, den jungen Karl fern von Wien, in Landshut, erziehen zu lassen. „Auch der jetzige Inhaber eines Instituts, ein Schüler Pestalozzis, wohin ich meinen Neffen gegeben ... ist ebenfalls der Meinung, dass nichts erspriesslicher sein könnte, als Entfernung meines Neffen ins Aus-

---

resianum gegenüber. Bei A. Schmidl, „Wien wie es ist" (1837) S. 137, wird Blöchlingers Institut neben denen von Kron, Ferd. Weidner, J. Zeilinger, Hocke, Ehrenfeld usw. genannt mit der Adresse: Favoritenstrasse No. 308. Bei Böckh ist der Abschnitt über Knabeninstitute so lückenhaft, dass Blöchlinger und die meisten anderen gar nicht genannt sind.

[1]) Damit stimmt es überein, wenn ein Bekannter Beethovens um 1821 ins Konversationsheft schreibt: „Ich halte den Plechlinger für einen braven, ehrlichen Mann", und wenn der Pädagog Hohler notiert: „Ich bin mit dem Institut durchaus zufrieden" (vgl. „Die Musik" 1905 und 1906 in der Veröffentlichung aus dem Konversationsheft No. 34).

land." So schreibt Beethoven im Sommer 1819 an Erzherzog Rudolf.[1])

In der Eingabe an den Magistrat vom 5. Juli 1819 sagt Beethoven, dass das Blöchlingersche Institut unter den gegebenen Verhältnissen für den Neffen „in aller Hinsicht der zweckmässigste Erziehungsort" sei.[2])

Die **Aufzeichnungen über den Tonkünstler und seinen Neffen**, Papiere, die sich in der Familie Blöchlinger erhalten haben, sind in den **handschriftlichen Memoiren des Herrn Majors i. R. Karl Blöchlinger von Bannholz** festgehalten, des Sohnes unseres Institutsinhabers. Ich hatte mich brieflich an den Genannten gewandt um Auskünfte über die Beziehungen Beethovens zum Institut Blöchlinger. Freundliche Antwort wurde erteilt, und ich erhielt in liebenswürdigster Weise zur Verfügung, was sich an persönlichen Erinnerungen und an alten Aufschreibungen finden liess. Die Briefe Beethovens, die bis 1848 vorhanden waren, sind durch des Majors Karl Mutter vernichtet worden, da diese zur Zeit der 1848er Revolution als Gemahlin eines bekannten „Schwarzgelben" in höchstem Grad geängstigt, ziemlich wahllos die vorhandnen Briefe zu verbrennen begann.[3]) Einige Briefe Beethovens an Blöchlinger waren vorher in andere Hände gelangt und sind noch lange erhalten geblieben. Einen vom 27. August 1819 habe ich vor Jahren selbst veröffentlicht. Er gehörte Herrn Dr. Brichta in Wien. Ein weiterer vom 14. September jenes Jahres steht seit lange bei Nohl gedruckt. Beide Briefe sind

---

[1]) Vgl. die Briefe No. 40 und 41 an Erzherzog Rudolf (Köchel S. 45f.). NB. Blöchlinger war nicht Schüler sondern Freund Pestalozzis.

[2]) Vgl. „Die Musik" 1906 S. 365f.

[3]) So nach der Erzählung der Mutter, als sie der Sohn nach dem Verbleib der Beethovenschen Briefe gefragt hatte.

durch angebliche oder wenigstens versuchte Besuche der Mutter des Neffen, d. i. also der Schwägerin Beethovens im Institut Blöchlinger veranlasst. Den meisten meiner Leser dürften die Verhältnisse genügend bekannt sein, um sich rasch daran zu erinnern, dass der Komponist nach dem Tode seines Bruders Kaspar Karl (1815) die Vormundschaft über den Neffen Karl übernommen hatte. Die Witwe machte ihm die Vormundschaft streitig, woraus sich ungezählte, für Beethoven höchst ärgerliche Verwicklungen ergaben. Beethoven verbittet es sich nun in den angeführten Briefen artig, aber entschieden, dass die Schwägerin ihren Sohn bei Blöchlinger sehe. Eine Zusammenkunft sei nur in seiner, Beethovens, Gegenwart gestattet. Nur wenige bestimmte Persönlichkeiten, wie der Dichter Bernard, Oliva, Pius hätten Zutritt. Beide Male schreibt Beethoven aus Mödling, wo er ja 1819 den Sommer verbrachte. „Sobald ich in die Stadt komme, kann die Mutter Zuweilen ihren sohn b e y m i r sehen." Blöchlinger hätte sich streng nach den Anordnungen der Obervormundschaftsbehörde zu halten, um nicht in Verdriesslichkeiten zu geraten. Auf die Streitigkeiten mit der Schwägerin und auf Blöchlinger bezieht sich auch ein Schreiben Beethovens vom 2. August 1819 (das Original befindet sich in A. F. Pragers Besitz), das ich vor Jahren veröffentlicht habe.[1]) Blöchlinger hatte da gewiss einen harten Stand. Mit Klugheit scheint er sich aber aus der Schlinge geholfen zu haben. Im Konversationsheft No. 34, das um 1821 benützt worden ist, heisst es einmal „Plöchlinger wird ihr [NB. der Mutter Karls] jede Gelegenheit mit ihm zu seyn, erschweren. Er sagt: Karl darf nicht gestört werden, und sie muss fortgehn."[2])

---

[1]) Ein neuerlicher Abdruck der Briefe mit begleitenden Noten soll im Beethovenjahrbuch erfolgen.

[2]) Dieses Konversationsheft ist fast vollständig mitgeteilt in Zeitschrift „Die Musik" 1905 und 1906.

Einige wenige Angaben über die Zeit, als der Neffe in Blöchlingers Institut verbrachte, sind auch in L. Nohls Beethoven (III, 176, 182 ff., 247 und 852) zu finden,[1]) doch werden wir erst durch die Mitteilungen aus der Familie selbst so recht in die Angelegenheit eingeweiht. Ich lasse nun die Angaben aus Majors Blöchlinger Memoiren, insofern sie sich auf Beethoven selbst beziehen, vollständig folgen, da ich voraussetzte, dass sie in dieser Form der Forschung am meisten gemäss und den Freunden Beethovens am meisten willkommen sein werden.[2])

„Am 22. Juni 1819 gab der berühmte Ludwig van Beethoven seinen Neffen und Adoptivsohn Carl van Beethoven in das Institut meines Vaters, und von jener Zeit an datierte die Freundschaft meines Vaters mit dem berühmten Beethoven. Beethoven übersiedelte seines Neffen wegen, um in dessen Nähe zu sein, im nächsten Winter 1820 in das Haus, wo das Kaffeehaus am Josefstädter Glacis war, dem Auerpergischen Palais gegenüber.

„Der berühmte Beethoven hatte seinen Neffen Karl zu sich genommen, um ihn von dessen Mutter, die eine bekannte öffentliche Person war, weg zu bekommen, dann gab er ihn in das Institut meines Vaters,[3]) wobei er die Bedingung stellt, dass des jungen Menschen Mutter ihren Sohn nie besuchen und sehen dürfe. Mein Vater kam diesem Auftrage getreu nach, und durch die ganze Zeit,

---

[1]) Erwähnungen auch in meinem Buche „Neue Beethoveniana" S. 120 und 122 und in meinem „Beethoven" (Verlag der Harmonie). Siehe auch „Beethovenstudien" Bd. I S. 102.

[2]) In Auszügen mitgeteilt in der Neuen Freien Presse vom 4. November 1894 („Neue Mitteilungen über Beethoven").

[3]) Über die Reihenfolge der Ereignisse, die hier durch Blöchlinger nur skizziert wird, lässt sich ohne Schwierigkeiten aus der Literatur genaueres beibringen.

als der junge Beethoven bei ihm im Institute war, durfte dessen Mutter meines Vaters Schwelle nicht betreten."

Nun geht Major Blöchlinger auf die Mitteilungen ein, die ihm aus Nohl (III, 183) bekannt waren. In einem der Konversationshefte findet sich ein Ausfall auf die Schwägerin, auf den dann zur Charakterisierung des Neffen von Lügenhaftigkeit und Faulheit die Rede ist. „Der Bub lügt, so oft er den Mund aufthut." „Seine Faulheit, die man natürlich rügen muss, verleitet ihn zu allem." Neffe Karl sei übrigens besonders talentvoll gewesen, worüber Blöchlinger am 20. März 1820 an Beethoven berichtet hat. Zum Meister selbst zurückkehrend, fahren Blöchlingers Memoiren fort: „Der berühmte Beethoven wurde mit meinem Vater sehr befreundet und kam jede Woche mehreremale zu ihm. Ich erinnere mich noch sehr gut an Beethoven, wie er mit einem breitkrämpigen Hut und im Winter mit einem schwarzen ‚Spenser' über den schwarzen Frack zu uns kam. Auch sass ich öfter dabei, wenn mein Vater mit Beethoven Schach spielte, wobei ich dann immer ganz glücklich war, wenn einige Figuren vom Brette genommen wurden und ich damit spielen konnte."[1])

„Beethoven setzte sich auch manchmal plötzlich an das Klavier, welches in dem Zimmer meiner Mutter

---

[1]) Als mündliche Erläuterung hierzu nannte mir Major Blöchlinger sein Geburtsjahr 1815, wonach er in der Zeit, als Beethoven im Institut verkehrte, vier bis sieben Jahre gezählt haben muss. Er erinnerte sich noch daran, dass ihn Beethoven öfter auf den Schoss genommen. Zur Zeit, als unser Wiener Beethovendenkmal enthüllt wurde, hatte er noch eine genügend lebhafte Erinnerung an die Gesichtszüge des grossen Künstlers, um die gelungene Bildnisähnlichkeit der Zumbuschschen Statue feststellen zu können. Nebenbei bemerkt, ein neuer Beweis, wie gut Zumbusch daran getan hat, die Maske Beethovens aus dem Jahre 1812 als hauptsächliche Richtschnur beim Modellieren des merkürdigen Antlitzes zu benützen.

stand, und fing zu spielen, eigentlich zu stürmen an, und es dauerte manchesmal so lang, indem er während dessen alles vergass, dass meine Mutter darüber desparat ward; auch darüber ward sie desparat, wenn Beethoven sein buntes Schnuptuch herauszog, es in die flache Hand legte, sich räusperte und dann einen Fladen daraufspuckte, den er einige Zeit betrachtete, bevor er das Schnuptuch wieder zusammenlegte und in die Tasche schob."[1])

„Der junge Karl v. Beethoven war ein sehr talentvoller Mensch. Was seine Fehler waren, ist schon früher erwähnt worden."

„Mein Vater setzte aber alles ... an seine Ausbildung. Er erhielt als P e n s i o n s b e t r a g von Beethoven 500 fl C o n v e n t i o n s M ü n z e, hielt aber für den jungen Beethoven allein Lehrer, welche 1200 fl kosteten."[2])

„Unter diesen Lehrern war auch J o s e p h B e r g m a n n im Latein und griechisch (welcher später Direktor des k. k. Münz- und Antiken Cabinets und der Ambraser Samlung und gerittert wurde) und noch andere die ich vergessen habe."

„Mein Vater hatte auch Gelegenheit, dem berühmten Beethoven grosse Gefälligkeiten zu erweisen. Ich führe nur einen Fall an: Einer der Lehrer, ein gewisser P u l a i, ein getaufter Jude, aber sehr geschickt im Latein und Griechischen war B e r g-

---

[1]) So machte es auch Beethovens Zeitgenosse und Freund Castelli. — Major Blöchlinger teilte mir aus den Aufschreibungen eines ehemaligen Zöglings des Instituts mit, Beethoven hätte auch in die Hand gespuckt.

[2]) Über Beethovens Ausgaben für die Erziehung des Neffen bei Blöchlinger und früher bei G. del Rio vgl. die Briefe aus den Jahren 1819 ff., die in meinem Buch „Neue Beethoveniana" mitgeteilt sind.

manns Nachfolger. Er hatte einen sehr schlechten Charakter und wollte meinen Vater bei dem berühmten Beethoven anfeinden, um zu bezwecken, dass dieser seinen Neffen Karl aus dem Institute meines Vaters herausnehme und ihn (Pulai) selbst zum Hofmeister in Beethovens Hause machen sollte. Er schimpfte deshalb bei Beethoven über meinen Vater, doch Beethoven achtete meinen Vater sehr und schrieb ihm einen Brief, worin er ihm sagte, dass er sich vor diesem Menschen in acht nehmen solle, der ein schlechtes Individuum sei u. s. w. Mein Vater kündigte darüber dem Pulai auf. Dieser war damit unzufrieden und so kamen sie übereinander. Die Sache kam vor die Behörde, dort zeigte mein Vater Beethovens Brief. Darauf erwiederte der Polizeicommissär: ‚Der Kerl ist ein Narr' (er meinte nämlich Beethoven). Mein Vater sagte: Es ist aber doch ein Zeugnis gegen den Herrn Pulai. Auf dem Rückwege sagte Pulai, die Hand, wie zum Schwure emporhebend zu meinem Vater: Wenn Beethoven mir mit seinem Briefe oder überhaupt Unannehmlichkeiten verursacht, so sage ich bei der Behörde, dass Beethoven gesagt hat: ‚Christus ist nichts anders als ein gekreuzigter Iud'. — Mein Vater, der die Schlechtigkeit dieses Menschen kannte und wusste, dass Beethoven dieses gesagt hatte, zahlte ihm alles, was er verlangte (300 fl C. M.), damit der schlechte Mensch nichts weiter sage und Beethoven keine Unannehmlichkeiten deshalb hätte."

„Beethoven war taub und deshalb musste ihm mein Vater in der Conversation mit ihm alles was er ihm antwortete aufschreiben. Manchesmal fingen sie mit einander zu streiten an, denn Beethoven war manchesmal sehr ungeberdig und wollte keine andere Meinung als die seinigen gelten lassen. Er sagte von meinem Vater: ‚Der Blöchlinger ist ein Ehrenmann aber verflucht eigensinnig.' Denn mein Vater liess sich nichts einreden und blieb, wenn er recht hatte, bei seiner Meinung."

„Während dieser Zeit als der junge Beethoven im Institute meines Vaters war, fiel auch der Process vor, den die Mutter des jungen Beethoven gegen den berühmten Beethoven anstrengte. Sie versuchte mit allem Möglichen, den jungen Beethoven wieder unter ihre Vormundschaft zu bringen. Es half aber nichts und mein Vater unterstützte dabei den berühmten Meister.

„Ende des Jahres 1822, als der junge Karl Beethoven die Humanitätsstudien beendet hatte, trat er aus dem Institute meines Vaters aus. Der berühmte Beethoven schrieb meinem Vater bei diesem Austritte einen Brief, worin er denselben seiner Dankbarkeit und Anerkennung sowie auch seiner Freundschaft versicherte."

Der erwähnte Brief ist nicht mehr aufzufinden. Ohne Zweifel gehörte er zu jenen, die, wie oben mitgeteilt wurde, 1848 vernichtet worden sind.

Brauchbare Ergänzung zu den bisherigen Angaben wird noch zu schöpfen sein aus den Aufschreibungen jenes oben erwähnten Zöglings, der seinen Namen nicht verraten wissen will. Die Nachrichten sind trotz ihrer Namenlosigkeit höchst zuverlässig. Anonymus schreibt:

„Es herrschte ein sehr freundliches Verhältnis zwischen Herrn von Blöchlinger und dem berühmten Meister. Denn Beethoven blieb öfters über den ganzen Abend bei unserem Direktor und spielte bei der Frau desslben Klavier."

„Einmal machten wir dumme Buben uns schrecklich lustig (doch unter uns, damit es niemand hörte) über den berühmten Beethoven, weil er über den schwarzen Frack noch einen schwarzen Spenser an hatte und einen breitkrämpigen Hut trug, unter dem die Haare wirr hervorstanden."

Unser Anonymus bemerkte auch das Aufschreiben

der Gespräche mit dem fast tauben Meister. Das Schreiben geschah mit Bleistift auf Papierblätter „die er in einer grossen Brieftasche immer bei sich trug".

„Manchmal gab der Neffe dem Onkel Ursache, ihm etwas verweisend zu sagen. Nur einmal hörte ich, da Beethoven mit Herrn v. Blöchlinger in einer Fensternische unseres Lehrsaales (standen) und der Neffe vor ihm stand, den Onkel laut schreien: ‚Mich kennt man in ganz Europa; meinem Namen darfst Du keine Schande machen.' Ich weis nicht, was der Neffe damals verbrochen, denn ich glaube, er war meistens fleissig, was ich jedoch nicht gewiss anzugeben weis."

Ein unveröffentlichter Brief
Hans Georg Nägelis an Beethoven

„Freut Euch des Lebens!" Haben wir das nicht alle gesungen in unseren Kindertagen, frischen Mutes mit schmetternder Stimme? Das war echte Freude, rechte Kinderfreude — für uns, mochte es vielleicht auch anderen verdriesslich gewesen sein. Man dachte nichts weiter dabei, und spät erst erfuhren wir, dass Martin Usteri das Gedicht gemacht und N ä g e l i die Musik dazu erfunden hat.

H a n s G e o r g N ä g e l i , einer der Väter des Schulgesanges, der Komponist des Liedes von der Lebensfreude, wird uns in der vorliegenden Studie insofern beschäftigen, als er mit B e e t h o v e n in Verbindung gestanden hat, nicht nur als Verleger, sondern auch als Dichter und Redner. Nägeli hat die Grösse Beethovens beizeiten geahnt, sie aber vielleicht niemals ganz erfasst, wie sehr Beethoven auch von Nägeli verehrt wurde. Weniger die zusammenfassenden Lebensabrisse, die dem „Vater Nägeli" gewidmet worden sind, als einzelne Stellen in der Beethovenliteratur und nicht zuletzt der neu aufgefundene Brief machen uns Nägelis Verhältnis zu Beethoven ziemlich klar. Wir verweilen deshalb auch nur ganz kurz bei dem Lebensgang des Schweizer Musikers und suchen darin alsbald nach den Stellen, die sich auf Beethoven beziehen. Dabei dient uns als hauptsächlicher Führer die „Biographie von Hans Georg Nägeli", die 1838 im XXVI. „Neujahrsgeschenk an die Züricherische Jugend" von der allgemeinen Musikgesellschaft in Zürich herausgegeben worden ist.

Hans Georg Nägeli ist zu Wezikon im Kanton Zürich am 27. Mai 1773 geboren als Sohn des dortigen Pfarrers, Dekan Nägeli, von dem er den ersten Unterricht empfing. Schon früh übte er Gesang und Klavierspiel. Mannigfache andere Unterweisung in Kunst und Wissenschaft wurde ihm vorübergehend bei einem Oheim in Zürich und dann mehrere Jahre im Vaterhause. „Als er in seinem siebzehnten Jahre zum zweiten Male nach Zürich kam, um in der Musik, die er jetzt zu seinem Beruf erwählt hatte, höheren Unterricht zu empfangen, fand er in seinem Lehrer, Herrn Brünings, einen ebenso gründlich gelehrten Musiker als ernstwissenschaftlichen Mann, der ihm bald zum leitenden Freunde wurde." Brünings machte den Schüler des besonderen auf Joh. Sebastian Bach und auf Phil. Emanuel Bach aufmerksam. Nägeli sammelte ihre Werke mit Erfolg. 1791 errichtete Nägeli eine Musikalienhandlung und Leihbibliothek „Es war die erste Anstalt dieser Art in der Schweiz". Neben den gegeschäftlichen Obliegenheiten und musikalischen Arbeiten fesselten den jungen Mann nicht wenig die Kantsche Philosophie, und die Ereignisse der französischen Revolution konnten ihn nicht unberührt lassen. Als bleibenden Niederschlag der revolutionären Eindrücke ist Nägelis „Sendschreiben eines Anonymen" an Lavater vom Januar 1800 zurückgeblieben. Nägeli vertrat das: Vorwärts.

Zu Anfang des 19. Jahrhunderts erweiterte Nägeli seine Musikhandlung. Er gab „Werke der strengen Schreibart" heraus. „Auch erschien in seinem Verlage, von ihm redigiert, das: Répertoire des Clavecinistes, in welchem er gediegene Kompositionen von B e e t h o v e n, C l e m e n t i, W ö l f l, D u s s e k, C r a m e r, S t e i b e l t, R e i c h a, H a a k, T o m a s c h e k, L i s t e u. a. zusammenstellte." 1805 fällt seine Verheiratung. Kurz vorher hatte er ein Singinstitut gegründet, das in erfreulicher Weise blühte und erst 1824 aufgelöst wurde. 1809 wurden Nägeli und Pfeiffer durch Pestalozzi „aufgefordert, eine Gesangsbildungslehre nach Pestalozzischen Grundsätzen zu bearbeiten." Nägeli unterzog sich der Mühe mit Erfolg. 1810 erschien das ansehnliche Werk unter dem Titel „Gesangsbildungslehre nach Pestalozzischen Grundsätzen, pädagogisch begründet von Michael Traugott Pfeiffer, methodisch bearbeitet von Hans Georg Nägeli." Dann (1817) wurde auch noch eine Gesangsbildungslehre für Männerchor herausgegeben, später (1821) noch eine Chorgesangschule.

1818 besuchte ihn Zelter, der für ihn einige Lieder komponierte. Als Fortsetzung des Répertoire des Clavecinistes gab Nägeli „die musikalische Ehrenpforte" heraus, „wofür Nägeli die berühmtesten Clavier-Componisten um Beiträge angesprochen hatte."

„Das letzte Werk, das er in die Presse gab, dessen Erscheinen er nicht mehr erlebte, ist eine Sammlung klassischer Chorgesänge, meistens noch ungedruckte Stücke von Graun, Händel, Schulz, Stadler, Beethoven und anderer der berühmtesten Chor-Komponisten, alle vom Redaktor wesentlich verändert [sic!], zum Teil aus Chorsätzen mit Orchesterbegleitung in vierstimmigen Vokalchor umgearbeitet."

Seine dichterischen Versuche, angeregt durch Änderungen in fremden Gedichten, die er komponierte, werden mit achtungsvoller Nachsicht durchblättert. 1825 erschienen Nägelis „Liederkränze".

Von seinen Reisen durch Deutschland, wo er Vorlesungen über Musik abhielt und seine Rednergabe glänzen liess, werden wir noch einiges erfahren. Die Nägelibiographie von 1838 sagt darüber „Von Beethoven, mit dem er in Correspondenz stand, wurde er veranlasst, dieselben (das sind die 1826 ausgegebenen „Vorlesungen über Musik") dem Erzherzog Rudolf von Oesterreich,

Cardinal und Erzbischof von Olmütz zuzueignen." Überdies sagt diese Biographie „Beethoven hatte ihm auch seine grosse **Missa Solemnis** Op. 123, damals noch Manuscript, für das Singinstitut angeboten, was jetzt nicht mehr angenommen werden konnte." Nägelis musikästhetischer Streit mit Thibaut aus Anlass der Vorlesungen über Musik berührt uns heute wenig. In bezug auf die zahlreichen Ehren, die ihm zuteil wurden, genügt vielleicht eine Andeutung für viele, dass nämlich Nägeli 1835 von seinen Züricher Mitbürgern in den grossen Rat gewählt wurde. Nägeli starb am 26. Dezember 1836.

Die Angelegenheit des „**Répertoire des clavecinistes**" und der Mitarbeiterschaft **Beethovens** daran ist von der Literatur schon beachtet worden. **Ries** erzählte davon in den biographischen Notizen. A. W. Thayer und Nottebohm haben in ihren Katalogen darauf Rücksicht genommen, und überdies verweilen Groves Musiklexikon (im Artikel Nägeli), Thayers Beethovenbiographie (II. S. 200) und die Erläuterungen zur Berliner Urtextausgabe der Beethovenschen Klaviersonaten bei dieser Sache. Nägeli, nicht abgeneigt, fremde Kunstwerke nach seinem Geschmack umzumodeln, hatte in Beethovens Sonate Opus 31 No. 1 vier Takte eingeschoben. Dass Beethoven, der doch bei jeder Note wusste, wozu er sie hinschrieb, über die untergeschobenen Takte höchst aufgebracht war, ist ebenso selbstverständlich, wie tadellos beglaubigt. Ries schildert die Szene, als er dem Meister aus Nägelis Korrekturbogen die Sonate vorspielte und als er an die falschen Takte kam. Eine „Edition très correcte" wurde sofort in anderem Verlage, nämlich bei Simrock in Bonn veranstaltet.

Nägeli hat viel mehr Beethovensche Werke in Verlag genommen, als es in der Biographie von 1838 angedeutet wird. Darüber gibt der „Catalogus neuer Musikalien, welche in der Musikhandlung und Leihbibliothek zu haben sind bey Hans Georg Nägeli in Zürich" Auskunft, dessen erstes Heft im Juni 1792 ausgegeben wurde und zu dem jahrelang Fortsetzungen erschienen. Beethovens Name erscheint erst in der Fortsetzung von 1794 und zwar anfangs nur mit wenigen und verhältnismässig kleinen Werken.[1]) Erst 1796 finden sich die drei Trios Op. 1 als bedeutungsvoller Posten. Nahezu jedes Jahr erscheint Beethoven mit einer Komposition oder mit mehreren. 1801 werden die Hornsonate, das grosse Konzert Op. 15, das Bläserquintett, die vierhändige Sonate und überdies Op. 18, die Streichquartette, unter den neuen Verlagswerken Nägelis angeführt. Auch 1802 und in den folgenden Jahren sind zahlreiche Werke Beethovens verschiedener Art, gross und klein in den Nägelischen Katalogen verzeichnet.

Der Brief, der nun als Beitrag zur Beethovenforschung mitgeteilt wird, bezieht sich auf Nägelis Vorträge über Musik in Deutschland und auf die Herausgabe der „Liederkränze", die oben angedeutet worden ist.

Das Autograph wurde mir durch die Freundlichkeit des Fräulein Marie Malsch in Wien bekannt. Die Adresse lautet:

„S. Hochwohlgebor(en)
 Herrn Ludwig van Beethoven
  berühmten Tonkünstler
   Wien"

Von fremder Hand ist: „Wien" durchstrichen und beigesetzt: „in Baron Letztlerischen Häuser in Guten Brun in Baaden." (Poststempel: Zürich. Rest des Siegels.)

---

[1]) 1794 waren es nur „12 vari(ations)" über eine Mozartsche Melodie und „12 var. sur l'aire de l'operette Das rothe Käppchen: Es war einmal ein alter Mann", 1795 nur die vierhändigen Variationen.

Der Brief selbst ist folgender:

„Verehrter Freund

„Endlich kann ich Ihnen wieder einmal etwas Lesenswerthes schreiben. Ich habe in 6 süddeutschen Städten, Frankfurt, Darmstadt, Mainz, Carlsruhe, Stuttgart und Tübingen „Vorlesungen über Musik" gehalten, worin Sie als der Kunstheld des neuen Jahrhunderts historisch und kritisch dargestellt sind. Sie haben zwar auch dort, so wie in dem ganzen kunstgebildeten Europa längst viele Verehrer. Dennoch darf ich mir das Verdienst beymessen, die Würdigung Ihrer eigenthümlich hohen Kunst zu einer bewusstern Anerkennung erhoben zu haben. Meine Vorlesungen erscheinen nun um Neujahr bey Cotta. Was Sie in den Tagesblättern darüber mögen gelesen haben, ist grössten Theils Geschwäz, worunter überdiess viel Missverständniss und Weniges von dem wahren Inhalt."

„Wenn Sie für meinen Text nur halb so viel Sinn haben, wie ich für Ihre Noten so werden Sie sich's angelegen seyn lassen, wofür ich Sie jezt bitte, die Subscription meiner Gedichte in Ihren Umgebungen zu befördern, und so auch mir, wie ich Ihnen — si licet parva componere magnis — zur Anerkennung verhelfen. Dabey wäre mir sehr erwünscht, durch Ihre gütige Vermittlung S. K. H. u. E.[1]) den Erzherzog Rudolph auf meine Subscribenten-Liste zu bekommen. Ich hätte als Probestück der Tonkunstgedichte dasjenige an Sie abgedruckt; ich dachte aber, das müsste Sie geniren, Sich persönlich für die Subscription zu verwenden."

„Es folgt hier. —"

„Erfreuen Sie mich bald mit einer entsprechenden

---

[1]) Die Kürzungen können hier nur bedeuten: Seine Kaiserliche Hoheit und Eminenz.

Antwort und seyen Sie meiner unbegrenzten Hochachtung und Freundschaft versichert

Hs Georg Nägeli"

Zürich
3 Aug 1824"

Nun folgt das Gedicht „Ludwig van Beethoven", das zwar gewiss nicht zu den gelungenen Eingebungen des „Dichters" Nägeli gehört, aber der Vollständigkeit wegen nach dem Briefe, dem es beiliegt, abgedruckt werden soll.

Ludwig van Beethoven.

O ewigfrischer Lebensborn des Schönen,
Wie stürmest Du einher,
Er schwillt in tausendfachen Zaubertönen
Zum weiten Schönheitsmeer!

Hier Quell, dort Strom, bald sonnenglatter Spiegel,
Bald schauerlich Gebraus,
Nun Wogensturm, nun leichter Zephyrflügel
Und Glanz des Perlenthaus.

Wie unerschöpflich reich die Saiten klingen,
Bunt mengend Ernst und Scherz,
Zu stetem Wechsel, ebbend, fluthend dringen
Ins tiefbewegte Herz!

Nur eines bleibt sich gleich, die Geistesstärke,
Die volle Schöpferkraft,
Die, ewig neu, in jedem neuen Werke
Neu' Wunderbild uns schafft.

Wer höhre Geister nur mit Engelzungen
Dem Deinen eingehaucht,
Wie ist's durch Dich an unser Ohr gedrungen,
Wie tief Herzein getaucht!

Entbundner Geist! Des Tonreichs hellste Sonne,
Du Licht der neuen Welt,
Wie hast Du uns erfüllt mit Himmelswonne,
Uns Deinem Licht vermählt!

So stehst Du da, von aller Welt bewundert,
So bringt begeistrungsvoll
Ein neuerwacht, ein kunstbeglück Jahrhundert
Dir der Verehrung Zoll.

Durch den Brief Nägelis wird eine Lücke ausgefüllt, die sich bei der Erklärung einiger Briefe Beethovens aus dem Jahre 1824 fühlbar gemacht hat. In einem Schreiben vom 23. August 1824 aus Baden an Erzherzog Rudolf kommt die Stelle vor: „Eben vor einigen Tägen schreibt mir der als musikalischer Autor und Schriftsteller nicht unbedeutende N ä g e l i aus Zürich; derselbe gibt 200 Gedichte heraus, worunter auch musikalische Gedichte und hat mich sehr angegangen, Ihre Kaiserliche Hoheit zu bitten, dass höchstdieselben doch auf diese Sammlung gnädigst subscribieren mögten. Der Preis ist sehr gering nehmlich: 20 g. Groschen oder 1 fl. 30 Kr. Wenn ihre Kaiserliche Hoheit auf 6 Exemplare subscribieren, so wird das s o g a r Geschrei machen, obschon ich weis, dass mein gnädiger Herr auf so etwas nicht achtet. Das Geld kann erlegt werden, sobald die Exemplare ankommen . . ." Zum Schluss bittet Beethoven auch noch, dass er die schriftliche Erlaubnis erhalte „Nägeli auszurichten", dass der Erzherzog die Subskription genehmige.[1])

Beethovens Antwort an Nägeli erfolgte am 9. September 1824 noch aus Baden. Doch versieht Beethoven den Brief mit dem Vermerk „In der Unterschrift an mich schreiben Sie mir ‚in Wien' wie gewöhnlich." Beethoven meint den unteren Teil der Adresse und nimmt dabei Bezug auf den Postvermerk, der auf Nägelis Brief vom 3. Aug. angebracht worden war. Der Meister gedachte wohl, wieder nach Wien zurückzukehren, bis sein Brief nach Zürich gelangt und eine Antwort eingetroffen wäre.

Sogleich der Anfang des Briefes befasst sich mit Nägelis Subskriptionsangelegenheit. „Der Kardinal Erzherzog ist in Wien und ich [bin] meiner Gesundheit wegen hier; erst gestern erhielt ich von ihm in einem Schreiben die Zusagung, dass er mit Vergnügen subscribire auf Ihre Gedichte wegen ihrer Verdienste, welche sie sich um das Emporkommen der Musik erworben haben, und 6 Exemplare davon nehme. Titulation werde ich noch schicken. Ein Unbekannter subscribirt ebenfalls darauf und das bin ich; denn da sie mir die Ehre erzeigen, mein Panegyriker zu sein (NB. das bezieht sich auf das Gedicht) darf ich wohl keineswegs mit meinem Namen erscheinen..."

Im Verlauf des Briefes heisst es dann: „Schicken sie nur gerade ihre gesammelten Vorlesungen auch an den Erzherzog Rudolf, widmen sie selbe ihm wo möglich, ein Geschenk erhalten sie immer; gross wird es freilich nicht sein, aber besser als nichts; sagen sie ihm einige schmeichelhafte Worte in der Vorrede, denn Musik versteht er und er lebt und webt darinn..." Noch einige Worte über die Subskription und über die Vorlesungen. Zum Schluss sagt Beethoven noch: „um Erlaubnis der Dedikation

---

[1]) Dieser und die folgenden Briefe sind schon in Nohls Briefpublikation gedruckt.

brauchen sie nicht einzukommen, er [der Erzherzog] wird und soll überrascht werden."

Mit der Subskription ging es nicht so glatt, als Beethoven anfangs meinte. Der Erzherzog subskribierte nicht. Dafür wurden 2 Exemplare von Biehler, dem „Erzieher der Familie Seiner Kaiserl. Hoheit des Erzherzogs Karl" gezeichnet. So berichtet Beethoven am 27. November 1824 an Nägeli. Biehler stand mit Nägeli in Verbindung. 1795 hatte Nägeli sein Konzert Op. 3 stechen lassen (Vgl. den „Catalogus neuen Musikalien" des Nägelischen Verlages.).[1])

Das Verständnis der ganzen Angelegenheit wird gewiss dadurch noch gefördert, dass wir uns H. G. Nägelis „Vorlesungen über Musik mit Berücksichtigung der Dilettanten" (Stuttgart und Tübingen, J. G. Cotta 1826) durchsehen und darin beachten, wie Nägeli über Beethovens Werke urteilt. Im Zusamenhang mit Beethovens Brief vom 9. September 1824 fällt uns auch alsbald die Widmung auf. Denn die Vorlesungen über Musik sind „Seiner kaiserlichen königlichen Hoheit und Eminenz dem durchlauchtigen hochwürdigsten Herrn Herrn Erzherzog Rudolph von Oesterreich, Cardinal und Erzbischof von Ollmütz ec. ec." „ehrfurchtsvoll zugeeignet". Das Widmungsvorwort, an den Erzherzog gerichtet, ist dadiert „Zürich den 21. Nov. 1825". Das Buch selbst enthält viele Stellen, die sich auf Beethovens Werke beziehen. Die „Schlacht bei Vittoria" kommt etwas übel weg. Nägeli war ein Gegner dessen, was wir heute Programmusik nennen, noch mehr ein Gegner musikalischer Malerei. Er wollte nicht einmal den musikalischen Ausdruck ziemlich allgemeiner Gefühlstypen gelten lassen. So tadelt er es, dass

---

[1]) Weitere Mitteilungen über Biehler sind dem Beethovenjahrbuch vorbehalten, wo zwei Dokumente nach den Originalen mitgeteilt werden.

Ph. Em. Bach ein Tonstück betitelt hat „Der Sanguinicus und Melancholicus", dass Vogler einen „ehelichen Zwist" durch Instrumentalmusik ausdrücken wollte. Gegen Clementis: verlassene Dido wird polemisiert, Haydns Chaos wird abgekanzelt. Zu Beethovens Schlacht bei Vittoria findet sich sogar eine bissige Bemerkung, sie sei eine Komposition, „woran er (Beethoven) einzig vermissen liess, was später ein holländischer Komponist . . . ingeniös anbrachte, die Congreveschen Raketen." Zwischen den Zeilen weitere Seitenhiebe auf Beethoven „Wir habe Sonates melancholiques, Sonates pathetiques" [!] „wir haben auch als Sonaten adieus, die uns den Schmerz der Trennung, retours, die uns die Freude des Wiedersehens abschildern sollen" (S. 36)[1]). Sogleich bemerkt er wieder, dass sich Haydn zum Guckkastenmann und „Beethoven zum Feuerwerker herabwürdigte". Nicht aber verallgemeinert er diesen herben Tadel. Es fehlt nicht an einem Hinweis darauf, dass die grössten Instrumentalwerke unserer Bache, Haydns und Beethovens echt instrumental gedacht sind, fern von gewöhnlicher: Kantabilität. Man begegnet in Nägelis Vorträgen nicht selten sehr gesunden Ansichten und weitschauenden Gedanken. Hohle Phrasen sind ihm zuwider. Er macht sich darüber lustig, wenn es heisst: Mozart sei der Raphael, Beethoven der Jean Paul der Tonkunst. „Solche prunkende Antithesen sind eigentlich ganz kindisch." (S. 88.)

Aus einem Abschnitt über improvisiertes Klavierspiel sei eine Stelle hervorgehoben, die das freie Phantasieren eines Bach und Mozart, eines Beethoven und „heut zu Tage" eines Hummel bewunderungswert findet.

An anderer Stelle schildert er den „Zustand der Tonkunst als Instrumentalmusik gegen Ende des 18. Jahr-

---

[1]) Verwandte Gedanken S. 256, wo gegen Orchesterlärm und Schlachtstücke geeifert wird.

hundert." — „Da erschien Beethoven, der grosse Kunstheld. Wie der im neuen Jahrhundert die Kunstwelt erneuerte, wiedergebar, dazu findet der Historiker die Worte nicht — kaum ein Dichter fände sie." Die „Kantabilitätsfreunde" haben Beethoven nicht verstanden, aber in seiner Musik weht nicht eine Menschenstimme, sondern eine Geisterstimme. Diese aber hat einen höheren Organismus, als der ist, welcher in der menschlichen Kehle wurzelt. Wie er damit die Gemüter ansprach, ergriff, durchdrang, davon können alle grössern Städte Europas und viele kleinere, wie auch mein Zürich zeugen." (S. 188 ff.) Nägeli fährt fort, indem er auf den Klaviervirtuosen Beethoven eingeht. Diese Erörterungen werden in einem anderen Kapitel mehr am Platze sein als hier. Dasselbe gilt auch von der Besprechung des Einflusses, den Beethoven auf die Komposition für Bogeninstrumente und für Orchester ausgeübt hat. Nägeli sagt ferner, dass Beethoven zuerst, der Vierstimmigkeit ausweichend, Trios geschrieben habe. Beethovens Quartette seien der Originalität und des Ideenreichtums wegen zu schätzen, nicht um ihrer Stilistik willen. Dazu hätte ihm die Meisterschaft im Kontrapunkt gefehlt. „Dass er sie nicht erringen wollte, darob dürfen wir mit dem grossen Manne nicht hadern." „. . . Gerade so, wie er ist, behauptet er sich in unserer neuen Kunstwelt als Erfinder par excellence . . . Der Componist widerstrebt immer den tiefern Combinationen der Vielstimmigkeit." (S. 190.) Nägeli meint überdies, dass sich Beethoven nirgends wiederhole und von Reminiszenzen ganz frei sei.

In den musikgeschichtlichen Abschnitten, in denen er zahlreiche Perioden abgrenzt, nennt er in der siebenten Beethoven als siegreichen Kunsthelden. Auf diesen Ausdruck spielt Nägeli in seinem an Beethoven gerichteten Brief an.

Ein loses Blatt von Beethovens Hand

Für die grosse Welt ist Beethoven der Titane der Tonkunst, der Schöpfer der grossen Symphonien, der berühmteste Sonatenkomponist, nach aussen und innen eine urkräftige Natur, alles zusammen eine Art Heros, siegreich vordringend, ein Eroberer im Reiche der Musik. Der Biograph muss dem Meister auch ins Privatleben folgen und hineinblicken in sein Leiden, seine Schmerzen und — in die kleine oft wahrhaft kleinliche Häuslichkeit des Künstlers. Da findet man denn nicht selten die schroffsten Gegensätze. Neben rein künstlerischem Streben, Uneinigkeiten mit den Verwandten, mit Dienstleuten, Hader um einige Kreuzer oder wenige Gulden. Besonders charakteristisch für dieses merkwürdige Nebeneinander von Hohem und Gewöhnlichem ist ein, noch unveröffentlichtes Blatt mit tagebuchartigen Aufschreibungen von Beethovens Hand, das sich im Besitz der Frau **Baronin Elise Diller**, geborenen Freiin von Offermann befindet. Es ist zugleich Künstlertagebuch und Küchenzettel. Ich habe es genau kopiert und teile es vollständig mit, obwohl es neben Hinweisen auf die **neunte Symphonie** und die **Galitzinquartette** zumeist auf die Haushaltung des Meisters Bezug nimmt. Ein Halbbogen Kanzleipapier mit dem Wasserzeichen C & I HONIG ist einmal gebrochen, so dass vier Seiten zur Verfügung standen. Alle vier sind benützt und fasst ganz mit Bleistift, nur anfangs mit Tinte beschrieben. In der nachfolgenden Wiedergabe sind aufgelöste Kürzungen in runde Klammern ( ), Ergänzungen und eingeschaltete Bemerkungen in eckige Klammern [ ] gesetzt. Die erste Seite enthält zumeist Vermerke über Küche, Keller und Dienstpersonal:

„Am 17ten März 6 Kr(eu)z(er) gegeb(en)"

„Am 11ten na(c)h Petersburg an Galitzin" [NB. Die kleinlichste Eintragung über einer Zeile, die sich augenscheinlich auf Werke höchster Vollendung, auf die Galitzinquartette bezieht.]

„Am 12ten März die neue Hausshält(erin) eingetret(en)."

„6 Krüge Selterwasser im Keller"

[Das Wort: Keller ist nachträglich verkratzt; Mineralwasser aus Selters wurde in Wien „S e l t e r - wasser genannt.]

„bis 1ten März ein Monath dann noch 16 Täge".

[Auf der zweiten Seite werden dieselben Gegenstände berührt.]

„am 17ten März die Schwester eingetreten"

„am 16ten März abends 5 Kreutz(er) geg(eben)."

„am 16ten der Kurir nach Petersburg mit mein(em) Brief an galitzin! —"

„am 21 März 5 Kertz(en) geg(eben)."

„am 13ten April die neue hausshälter(in) samt Küchenmädch(en) eingetreten."

[Die dritte Seite bringt eine Notiz über den Kopisten Rampel, dessen Verbindung mit Beethoven uns schon bekannt ist. Die erste Studie in dem vorliegenden Bande nimmt auf Rampel Bezug. Die Eintragung Beethovens auf der dritten Seite des losen Blattes bei Frau Baronin Diller enthält eine chronologisch bedeutsame Angabe, aus der man mit Zuhilfenahme der bekannten Osterrechnung zu dem Schlusse kommt, dass die Eintragungen dem Jahr 1826 angehören. Beethoven notierte:]

„Rampel 10 fl fl [NB das Guldenzeichen ist zweimal

geschrieben] C(onventions) M(ünze) auf die Sinfonie". [Diese Eintragung ist, wie einige andere vorher kreuzweise durchstrichen. Überdies steht dabei]: „bezahlt". [Mit der „Sinfonie" kann wohl nur die neunte gemeint sein.]

„Vom 23ten März Gründonnerstag bejde Dienstboth(en) mit 14 täg entlassen". [Darunter ein kühner Zug, wie er hie und da unter Beethovens Namen gefunden wird].

Die vierte Seite setzt die Vermerke über die Hauswirtschaft und den Briefwechsel fort und spricht überdies von einem U n g l ü c k. Wir hören noch davon. Vorerst lesen wir das Blatt zu Ende:

„16 Kr(euzer) p(e)r Tag Monathl(ich) 8 fl: [NB. man beachte, dass damals der Gulden 60 Kr. hatte]. Kommt hieZu, dass jähl(ich) 100 fl gerechnet werden, so werden noch 20 Kr(euzer) drauf bezahlt."

„am Mittwoch den 5ten Aprill das Unglück"

„am 22ten April Schlesingers Brief erhalt(en), und durch selben beantwortet."

[Mit den Verlegern Schlesinger stand Beethoven damals, wie schon früher in brieflichem Verekhr. Es lässt sich annehmen, dass es sich in dem Briefe um das Quartett op. 135 handelte, das 1827 in Schlesingers Verlag erschienen ist.

Das U n g l ü c k vom 5. April könnte sich auf irgendeine Szene mit dem Neffen Karl beziehen, der gerade in jenem Jahre, um das es sich handelt, in seinen Studien zurückblieb und dem Oheim viele Sorge machte. Der Neffe war am Polytechnikum eingeschrieben. Ich habe die Urkunden dazu nachgelesen und veröffentlicht. Karl erhielt zwar keine schlechten Noten, aber eine Prüfung konnte dennoch nicht abgelegt werden. Ein Vermerk in den Urkunden der technischen Hochschule sagt „Keine Prüfung". Hierzu will ich ausdrücklich bemerken, dass aus früheren Jahren einige vorzügliche Zeugnisse über die Studien des Neffen Karl vorliegen. Sie haben sich im Besitz der Nachkommen des Neffen erhalten und befinden sich jetzt beim Herrn Hauptkassierer der Anglo-österreichischen Bank Robert Heimler in Wien. Auch sei nicht versäumt darauf hinzuweisen, dass der nicht selten in seinem Andenken ungerechterweise verunglimpfte Neffe ein hochbegabter Jüngling von bedeutendem Talent für Sprachen gewesen und nach einigen Entgleisungen in seiner Jugend später ein sehr schätzenswerter Mann und guter Familienvater geworden ist. Dass er dem berühmten Oheim schwere Sorgen bereitet hat, ist dabei weder zu verschweigen, noch kann das irgend jemanden in Erstaunen setzen, der Beethovens Charakter, seine Lebensweise, seine Art zu arbeiten, kennt. Ich finde es nicht unmöglich, dass mit dem „Unglück" der mitgeteilten Aufschreibung irgendeine Szene zwischen Onkel und Neffen gemeint war.

Für die Beurteilung der Stelle vom „Unglück" am 5. April kommt aber noch in Betracht, dass gerade im April 1826 ein Bankhaus, mit dem Beethoven in Verbindung stand, in allen Fugen krachte und leicht zu Bemerkungen über „Unglück" Anlass geben konnte. Ich meine das bekannte Wiener Bankhaus **Fries**, über dessen Geschichte man durch ein Buch „Die Grafen von Fries, eine genealogische Studie" vom Grafen August Fries (Wien 1884) verhältnismässig eingehend unterrichtet wird.[1]) Schon in der Zeit von 1815 bis 1819 galt es bedenkliche Schwankungen. Später ging es immer mehr zu Tal, und gerade im Lauf des April 1826 zeigte es sich, dass das Haus nicht mehr zu halten war. Am

---

[1]) Weitere Angaben über die Grafen Fries und ihre Kunstsammlung sind für die Fortsetzung meiner „Geschichte der Wiener Gemäldesammlungen" vorgemerkt.

28. April stürzte sich der Associé Mister Parish in die Donau, und am 1. Mai meldete Graf Moritz Fries den Konkurs an. Am 20. Mai 1826 schreibt Beethoven in einem Briefe an Schott auch mit dem Ausdruck „Unglück" von dem Zusammensturz des Friesschen Bankhauses. Er bittet Schott, die Anweisungen nicht an Fries, sondern an Arnstein und Eskeles zu richten. Beethoven mochte von dem unabwendbaren Sturz, vom Unglück, schon am 5. April bestimmte Kunde erhalten haben.

Beethovens letzter Landaufenthalt

Lass doch die Federn rutschen und schreiben, was sie wollen! So denke ich mir oft, wenn mir zu Zeiten jeden Tag einige Beethovenartikel über den Hals kommen und es nahezu jede Woche Hefte oder Bücher über den Giganten der Tonkunst zu lesen gibt. Man kann sich mit all dem nicht so tief beschäftigen, dass es dabei zu einer Teilnahme des Gemüts käme. **Nur weniges aus dem Einlauf ist sachlich haltbar, noch weniger es neu oder gar fesselnd.** Nicht selten stellt sich nach dem ersten kritischen Durchlesen die zwingende Überzeugung ein: das ist ohne Nennung der Quelle aufgewärmt, beziehungsweise gestohlen,[1]) das ist erlogen, das ist eine ungeheure Übertreibung, das ist missgünstige Entstellung, das ist Silbengetöne und Wortschwall, ohne jeden festen Mittelpunkt. Sich für, oder gegen diese hunderte von Beethovenarbeiten ausdrücklich zu erklären, gegen alles, das als verfehlt nachzuweisen ist, sofort kämpfend aufzutreten, übersteigt die Kräfte des einzelnen, besonders dann, wenn dieser einzelne es vorzieht, statt in der Öffentlichkeit zu räsonnieren, daheim die ernste Forschung zu pflegen. Hier und da wird nun freilich der Forscher laut angerufen und er muss

---

[1]) Nicht nur einzelne Stellen, Gedankenverbindungen, sondern auch ganze Hefte werden zusammengestohlen. Das ist z. B. auch der Fall mit einem Büchlein von C. K., das von Haydn, Mozart und Beethoven handelt. Herr C. K. hat auch nicht ein Körnchen von all dem selbst gefunden, was er über Beethoven mitteilt. Sogar das musikästhetische Gewäsch ist nicht immer neu.

gern oder ungern in der Öffentlichkeit antworten. Wenn die Leichtgläubigkeit zu weite Kreise zieht und Unrichtiges so lange wiederholt wird, bis es eine gewisse Geltung in der Öffentlichkeit erlangt hat, dann muss er sich rühren. Ein solcher Fall liegt nun vor.

Im Dezember 1900 erschien in der „Gartenlaube" ein Artikel „Erinnerungen an Beethoven". Ich las ihn alsbald nach dem Erscheinen, nahm ihn mit Misstrauen auf, aber beachtete ihn sonst nicht weiter. Es handelte sich um den Aufenthalt und die Wohnung Beethovens in Gneixendorf bei Krems im Herbst 1826. Der Artikel war in liebenswürdigem Tone gehalten, aber verfasst in vollendeter Unkenntnis alles dessen, was vorher in ganz anderem Sinne über dieselbe Angelegenheit mitgeteilt worden war. Kein Anklang an irgendwelche Kritik, Einfaches Erzählen, ob genaues Erzählen, ist nicht einmal verbürgt, von Erinnerungen eines Dorfmusikanten, dem man in seinem sechsundachtzigsten Lebensjahre sein Gedenken an Beethoven abgefragt hat. Der Dorfmusikant hiess Leopold Kaltenbrunner. Schwerhörig, wie er war, hat er wohl manche Fragen nur unvollkommen verstanden. Dass Kaltenbrunner den grossen Beethoven in Gneixendorf gesehen hat, steht wohl fest, aber die Einzelheiten, die der greise Musikant erzählt, wollen dennoch recht genau besehen sein, bevor wir sie als „Überlieferung" hinnehmen können. Da ist z. B. die Angabe merkwürdig, dass Beethoven in dem Schlossartigen Gebäude gewohnt habe, das jetzt dem Bildhauer Kneifel gehört und dagegen die weitere Mitteilung, dass das „Schloss" Eigentum des Apothekers Beethoven gewesen. Diese zwei Angaben widersprechen sich, wie wir noch sehen werden. Der Diener Beethovens Krenn wird mit dem Vornamen Mathias genannt, wogegen bessere Quellen ihn Michael nennen. Das hat übrigens keine sonderliche Bedeutung. Krenn hätte den kleinen Kaltenbrunner aufgefordert, Beethoven „die Noten nachzutragen". Der Komponist sei in auffälliger Weise durch die Felder gerannt, mit sich selbst redend, brummend den Hut in der Hand, Takt schlagend. „Da hab' i hin müssen mit 'n Notenpapier, aber immer hab' i zittert, wenn er so dag'standen is mit sein grossen G'sicht mit der breiten Stirn." Wie eine ältere bessere Aussage lehrt, steckt in einigen dieser Angaben etwas Richtiges. Man nahm aber das Gedächtnis des Greises im ganzen als untrüglich an, bekümmerte sich nicht darum, was ein Verwandter desselben Kaltenbrunner etwa vierzig Jahre früher aus noch viel frischerer Erinnerung ausgesagt hatte, man bekümmerte sich überhaupt sonst um nichts, sondern veröffentlichte nur so darauflos. Die Sache klappt aber nicht recht. Ich wollte mich nicht ereifern, da ich meine Ansicht über Musikerstätten schon veröffentlicht habe und da ich meinte, die Geschichte sei gedruckt und vergessen, wie so vieles andere. Aber leider, was vergessen wird, sind die guten älteren Quellen, und was in neuester Zeit stets wiederholt wird, ist die schwankende Angabe des greisen Kaltenbrunner. Einige Zeitschriften und Zeitungen sorgten für die Verbreitung der neuesten „Erinnerungen an Beethoven."[1])

Man gestatte mir, nun auch **die guten alten Überlieferungen** wieder hervorzusuchen; die nicht nur das ehrwürdigere Alter, sondern auch die grössere innere Wahrscheinlichkeit für sich haben. Die älteren Angaben lassen Beethoven im Sommer und in den ersten Herbstwochen des Jahres 1826 in den Räumen jenes Gutes in Gneixendorf wohnen, das Beethovens Bruder Johann sein eigen nannte. Das war der sogenannte Wasserhof,

---

[1]) Vergl. die „Österreichische Rundschau" 24. Mai 1903, „Österreichs illustrierte Zeitung" vom 4. Septbr. 1904, Neues Wiener Journal vom 14. August 1904. Viel vorsichtiger hielt sich das Blatt „Die Zeit" (Wien, 22. und 27. Mai 1906, R. Wallaschek).

ein ansehnliches in jedem Sinne schlossartiges Gebäude.[1]) Man zeigte das Zimmer, das dem Komponisten eingeräumt war. Der Wasserhof wurde 1819 von Johann van Beethoven erworben (1820 ist er schon darauf angeschrieben). Zur Zeit, als der Komponist in Gneixendorf weilte, also 1826, auch früher und später besass **Johann van Beethoven in Gneixendorf nur den Wasserhof.** — **Ein schlossartiges Gebäude nahe dabei, das heute dem Bildhauer Kneifel gehört, ist eine andere Örtlichkeit, die überhaupt niemals im Besitz Johanns van Beethoven gewesen.** Nach den Erhebungen, die in den Grundbüchern eingeleitet wurden, führte das heutige Kneifelhaus, es ist ein altes ansehnliches Klostergut, noch 1792 den alten Namen Adlersbacherhof. 1811 kam dieses Gut an einen Herrn Le Febre, 1824 an **Ignaz und Katharina Wisgril**. 1837 ist Josef Wisgril der Besitzer. 1836 ging auch der vorher Beethovensche Wasserhof an die Wigrils über. Aus den Zeiten Johanns van Beethoven hat man über den Aufenthalt des Komponisten in Gneixendorf mancherlei zuverlässige Angaben in Briefen, in den Konversationsheften, in G. v. Breunings Buch „Aus dem Schwarzspanierhause" und in Schindlers Beethovenbiographie. Alles geht in diesen Angaben darauf hinaus, dass Beethoven bei seinem Bruder gewohnt hat und dort verköstigt wurde. Man könnte sagen, er sei dort in Pension gewesen, denn er zahlte für seinen Auf-

---

[1]) Hierzu in erster Linie die Forschungen in den Grundbüchern. Frau Ida von Schweitzer hatte die grosse Freundlichkeit, mir eine Reihe von wichtigen Angaben zur Verfügung zu stellen. Vergl. ferner „Blätter des Vereins für Landeskunde von Niederösterreich" NF. XXXIV, S. 479 und die „Topographie von Niederösterreich", herausgegeben vom Verein für Landeskunde von N.-Ö., Artikel: Gneixendorf. Überdies Thayer, „Ein kritischer Beitrag zur Beethovenliteratur" (1877) passim, besonders S. 21.

enthalt und für die Kost täglich 4 Gulden in Einlösungsscheinen. So berichtet Jenger in einem Briefe vom 29. Dezember 1826 an Frau Marie Pachler Koschak. Am 13. Oktober 1826 wohnte er gewiss im Wasserhof bei Bruder Johann. Schreibt doch Beethoven an Tobias Haslinger an jenem Tage aus der „Burg des signor fratello". Im Konversationsheft No. 131 der Berliner Königlichen Bibliothek finden sich zahlreiche Stellen, die auf den Gneixendorfer Aufenthalt unmittelbar Bezug nehmen, S. 29 schreibt Bruder Johann dem Komponisten auf: „8 Monat kannst du immer hier sein. Vom Monat März bis November, du brauchst dan auch so kein grosses Quartier, und im Frühjahr und Somer ist es viel schöner hier". Es handelt sich also um Gespräche über mehrmonatliche Aufenthalte auf dem Gut des Bruders. Ganz ähnliches steht in einem anderen Konversationsheft aus derselben Zeit ohne besondere Signatur. In No. 131 finden wir dann wieder die Handschrift des Bruders Johann: „wen du willst bey uns leben, so kannst du alles monatlich für 40 C M das macht das ganze Jahr 500 f. C. M." Von einer Wohnung in fremdem Hause ist aber nirgends eine Spur zu entdecken.

Auch die Quellen aus späterer Zeit, als der Wasserhof schon aus Johann van Beethovens Händen in anderen Besitz übergegangen war, kennen nur den Wasserhof allein als Wohnort Beethovens. Viele Erinnerungen an den Komponisten, an Bruder Johann, den ehemaligen Apotheker und an dessen Familie sind gegen 1862 in Gneixendorf selbst und in Langenlois beim damaligen Apotheker Kallbrunner[1]) gesammelt und durch Doktor F.

---

[1]) Die Feststellung dieses Namens wird dem gegenwärtigen Herrn Apotheker von Langenlois Dr. pharm. Heinrich Regnier verdankt. — Die redigierende Aufsicht Thayers wird deutlich mitgeteilt in dem Heft „Ein kritischer Beitrag zur Beethovenliteratur". — Ganz obenhin ist von Gneixendorf die Rede in dem Artikel

L(orenz) veröffentlicht worden. Die Veröffentlichung geschah unter A. W. Thayers Aufsicht in der Zeitschrift „Deutsche Musikzeitung" (redigiert von Selmar Bagge) u. z. im III. Bande Seite 77 ff. Von den mit Vorsicht und Überlegung gesammelten und publizierten Überlieferungen hat später L. Nohl zweimal Gebrauch gemacht. Er liess sie mit geringen redaktionellen Änderungen mit einigen Erläuterungen wieder abdrucken 1866 im „Musikalischen Skizzenbuch" (S. 223 ff.) und 1877 in dem Buche „Beethoven nach den Schilderungen seiner Zeitgenossen" (S. 239 ff.). Durch die grosse Freundlichkeit der gegenwärtigen Besitzerin des ehemals Beethovenschen Gutes, F r a u I d a v o n S c h w e i t z e r, geborenen von Kleyle gelangte ich zur Kenntnis d e r u r s p r ü n g l i c h e n e i n g e h e n d e n F o r s c h u n g e n, d i e 1 8 6 1 o d e r g e g e n 1 8 6 2 g e p f l o g e n w u r d e n, u m a l l e s w e s e n t l i c h e z u e r f a h r e n, d a s s i c h a l s E r i n n e r u n g a n d e n g r o s s e n B e e t h o v e n i n G n e i x e n d o r f e r h a l t e n h ä t t e. Die Anregung dazu scheint vom damaligen Gutsbesitzer K a r l v o n K l e y l e oder von dessen Bruder F r i e d r i c h in Gneixendorf ausgegangen zu sein, vielleicht auch von dem oben erwähnten Dr. L o r e n z in Wien, später in W.-Neustadt, dem vielseitigen Kunstfreunde, der jahrelang über Haydn, Mozart und Beethoven gearbeitet hat.

Bewährt sich meine Vermutung, dass Dr. Lorenz der Verfasser des Artikels in der „Deutschen Musikzeitung" von 1862 ist, so wäre es eben dieser D r. (F r a n z) L o r e n z, der Beethoven noch von Angesicht zu Angesicht

---

„Die letzten Lebenstage" in L. Nohls „Mosaik" S. 297 ff. Reichlichere bessere Mitteilungen in Nohls Beethovenbiographie III, 715 f. — Ansichten des Wasserhofes in der Denkschrift von Dr. C a r l Schweitzer, „Das Gut Gneixendorf" (1898) und in meinem „Beethoven" (Berlin, Verlag der Harmonie).

gesehen hat. Dr. L. erzählt nämlich in der „Deutschen Musikzeitung von 1862" in einer Fussnote, dass Beethovens „Miene nichts weniger als blöde" war, „namentlich übertraf der wunderbare, fast unheimlich fremdartige Glanz seiner Augen alles in der Art". L. war von Beethoven missfällig bemerkt worden. „Als junger Mensch erst kürzlich vom Lande nach Wien verpflanzt, hatte ich mir noch nicht jene gelenkige tanzmeisterische Voltigirkunst, so nothwendig, um in dem Menschengewusel der Residenz ohne Anstoss sich durchzuwinden, zu eigen gemacht. So rannte ich doch eines Tages in einem Gässchen mit einem Menschen zusammen, der mich darob mit einem durchdringenden Blicke fixierte, dann weiterging. Nie werde ich dieses Menschenauge in dessen leuchtenden Abgrund ich so nahe geblickt, vergessen!" Der vernachlässigten Kleidung wegen „das gebräunte Antlitz mit diesem von Intelligenz und Überlegenheit zeugenden Blick zusammenzureimen suchend," hielt L. den grossen Beethoven für einen gefährlichen Gauner. In dieser Voraussetzung betrachtete er den Komponisten bei wiederholten Begegnungen „auf neugierige, nichts weniger als respektvolle Weise". „Er hatte es bemerkt, denn er richtete einmal seine kleinen, wetterleuchtenden Augen halb befremdet halb verächtlich auf mich, nahm aber dann weiter keine Notiz mehr von mir. Von einem Freunde zufällig belehrt, wen ich da vor mir gehabt, zog ich dann freilich bei jeder Begegnung den Hut vor ihm bis zur Erde, er aber ignorierte nun meine Höflichkeit wie früher meine Grobheit." — Zur Stütze für meine Vermutung, dass Dr. Lorenz der Erzähler war, führe ich an, dass ich vor Jahren, gegen 1872 in Wiener Neustadt davon reden hörte, Dr. Lorenz hätte Beethoven noch gesehen. Lorenz persönlich rechtzeitig zu fragen, habe ich leider versäumt. Nun ist der Mann längst tot.

Ohne auf diese für uns augenblicklich mehr nebensächlichen Umständen näher einzugehen, merke ich sogleich an, dass die Ergebnisse der erwähnten Erhebungen von 1861 oder 1862 in einem ziemlich ausführlichen Bericht zusammengestellt sind, den Friedrich von Kleyle zu Papier gebracht hat.[1]) Dieser Bericht enthält nicht weniges, das in den obengenannten Drucken vorkommt, bietet aber in manchen Abschnitten **mehr** u. z. gerade solche Mittellungen, die heute von besonderem Interesse sind. Aber auch die schon dreimal gedruckten Stellen sind, wie schon angedeutet, in neuerer Zeit gänzlich übersehen worden, und so brauche ich keine Vorwürfe zu befürchten, wenn ich den **ganzen** Bericht unverkürzt hersetze.

„Kirchberg, 25. Jänner 1862.

Euer Wohlgeboren!

Nachstehend theile ich Ihnen das Resultat meiner Erhebungen betreff des Aufenthaltes Ludwig Beethovens in Gneixendorf mit. Zuerst erkundigte ich mich, wer zur Zeit des Aufenthaltes B. in Gneixendorf damals bei dem Bruder J. v. Beethoven war. Leider sind diese Leute, insbesondere Michael Kren der Kellermann B.'s vor nicht langer Zeit gestorben. Seine 3 Söhne Michael, Joseph und Karl leben noch und Michael war Bedienter bei dem Kompositeur. Ich liess ihn rufen und er gab folgendes an. Beethoven war im Jahre 1826 in Gneixendorf und zwar 3 Monate vom Schnitte bis nach der Lese, er glaubt August, September, Oktober. Michael Kren wurde von der Frau Johann B's zur Bedienung des Compositeurs aufgenommen. Die erste Zeit machte die Köchinn das Bett B's. B. sass einmal bei seinem Tische, agirte mit den Händen,

---

[1]) Dass es Friedrich von Kleyle war, teilt mir dessen Nichte, Frau Ida v. Schweitzer freundlichst mit.

gab mit den Füssen den Takt, und sang oder brummte dazu. Die Köchinn lachte darüber. B. sah sich zufällig nach ihr um und als er sie lachen sah, jagte er sie zum Zimmer hinaus. Michael lief mit ihr hinaus. B. rief ihn zurück, sagte ihm, er solle sich nicht fürchten, schenkte ihm 3 Zwanziger und sagte, er müsse ihm von nun an aufbetten und aufräumen. Michael musste zeitlich früh hinauf kommen aber lange klopfen, bis B. ihm aufmachte. Um ½6 Uhr stand B. auf, setzte sich zu seinem Tisch, gab mit Händen und Füssen den Takt, sang und schrieb. Anfangs erschrak Michael darüber und lief hinaus, dann gewöhnte er sich aber daran. Um ½8 Uhr war gemeinsames Frühstück. Nach dem Frühstück gieng B. aus. Er gieng nur auf den Feldern herum, schrie, agirte mit den Händen, gieng einmal sehr langsam, dann wieder sehr schnell, und blieb plötzlich stehen und schrieb. Einmal bemerkte er wie er zu Hause gekomken war, dass er seine Schriften verloren habe. Er sagte Michael laufe und suche meine Schriften, du musst sie mir bringen. Die Schriften wurden auch gefunden. Um ½1 Uhr kam er zu Hause zum Essen, nach dem Essen gieng er in sein Zimmer und schrieb umgefähr bis 3 Uhr, dann gieng er wieder auf den Feldern herum kam er aber immer vor Sonnenuntergang zu Hause, nach Sonnenuntergang gieng er nie mehr aus. Um ½8 Uhr war Nachtmahl, dann gieng er wieder in sein Zimmer und schrieb bis 10 Uhr, um welche Zeit er sich niederlegte. Die Zeit, welche er am Schreibtische sass, brachte er nicht ruhig zu, sondern immer abwechselnd mit Takt schlagen und singen. Manchmal spielte B. auch Klavier; das Klavier stand nicht in seinem Zimmer sondern im Saal. In der Zeit als B. in der Früh spazieren gieng, musste Michael das Zimmer aufräumen, B. **wohnte und schlief in dem Eckzimmer gegen Garten und Hof**, wo jetzt das Billard steht.¹) Michael fand Geld auf der Erde liegen. Wenn er es B. gab, so fragte er ihn, wo er es gefunden habe. Michael musste ihm aufschreiben, wo er es gefunden habe, und B. sagte ihm darauf, behalte es. Diess geschah 3 bis 4 Mal, dann fand Michael aber kein Geld mehr. Abends musste Michael immer neben B. sitzen und, wenn er ihn etwas fragte, die Antwort aufschreiben. Meistens fragte er ihn über das aus, was bei Tisch gesprochen worden ist. Die Frau des Johann B. schickte Michael mit 5 Fr. nach Stein um Wein und einen Fisch zu kaufen. Michael war unachtsam und verlor das Geld. Er kam nach 12 Uhr nach Gneixendorf zurück. Die Frau fragte ihn, wo der Fisch sei, und als er ihr den Verlust des Geldes anzeigte, schickte sie ihn weg. L. B. fragte, als er zu Tische kam, wo Michael sei. Als ihm die Frau Johann's den Vorfall erzählte, war er sehr böse, gab ihr die 5 Fr. und liess Michael zurückkommen. Von der Zeit gieng er nicht mehr zum Frühstück zu seinem Bruder, sondern liess es sich von Michael machen.

Mit seiner Schwägerin hat er nie gesprochen, mit seinem Bruder sehr wenig. In sein Zimmer durfte Niemand kommen als Michael. Ausgegangen ist er auch immer allein, nie mit seiner Schwägerin oder seinem Bruder. Michael zweifelt daher sehr an der Parthie nach Lengenfeld.²) Er sagt die Frau Johann Beethoven's

---

¹) Ich lasse die Stelle durchschossen setzen, da sie aktuelles Interesse hat. Man beachte auch weiter unten die Angabe, dass ausser Kren niemand Beethovens Zimmer betreten durfte.

²) Dies bezieht sich auf eine Überlieferung, die zwar gedruckt ist, aber vielleicht nicht über jeden Zweifel erhaben steht. Bei Gelegenheit eines Ausfluges nach Lengenfeld zum Chirurgen Karrer hatte Johann es versäumt, seinen Bruder Ludwig vorzustellen. Frau Karrer tischte für alle übrigen reichlich auf. Den auf der Ofenbank sitzenden Komponisten hielt sie für einen Bedienten und reichte ihm ein Krügl Heurigen mit den Worten: „Na, da hat

sei nie zu Fuss ausgegangen, höchstens auf dem Kremser Weg eine kleine Strecke, wenn sie von daher Besuch erwartete, sonst sei sie immer ausgefahren. Wenn vor B. jemand die Kappe herabnahm und durch Zeichen um etwas bat, so gab er ihm etwas, sonst bekümmerte er sich aber um Niemand, den er begegnete, kaum dass er einen Gruss erwiederte. Michael sagt, dass er sich nicht entsinnen könne, dass B. jemals mit seinem Vater dem Kellermann Michael Kren gesprochen habe. Alle 3 Brüder Kren stimmen darin überein, dass ihr Vater nie etwas geäussert habe, mit B. gesprochen zu haben. Nach Michael's Aussage gieng sein Vater mit Johann Beethoven in den Keller füllen, aber sonst hatte er nichts im Hause zu tun, von Musik verstand sein Vater nicht viel, er kannte nicht einmal die Noten und spielte nur einige Stücke nach dem Gehör. Michael hat B. nie mit jemand sprechen gesehen, die Leute hielten ihn besonders Anfangs alle für einen Narren. B. war nach Michael's Angabe nur einmal in Gneixendorf im Jahre 1826. Michael sollte mit B. nach Wien gehen, B. wollte ihn mitnehmen. Dann kam aber die Köchinn von Wien um B. abzuholen und Michael blieb zurück. Nicht lange darnach starb B. Zwei der älteren Leute habe ich auch vernommen. Georg Wandl sagt, dass er B. nur auf dem Felde gesehen habe, wo er wie schon M. Kren angegeben hat, mit den Händen herum schlug, bald schnell, bald langsam gieng, dann stehen blieb. Sie hielten B. anfangs für einen Narren, und giengen ihm aus dem Wege. In der Folge gewöhnten sie sich,

---

er auch einen Trunk!" Als der Chirurg spät abends nach Hause kam, erriet er aus der Beschreibung, wen seine Frau für Johanns Bedienten angesehen hatte: „Liebes Weib, was hast du getan. Der grösste Tonsetzer unseres Jahrhunderts war heute in unserem Hause und du hast ihn so sehr missachtet". (Deutsche Musikzeitung 1862, S. 77 f.)

Wenn Wandl B. begegnete und ihn grüsste, dankte dieser sehr oft gar nicht oder nur mit einem kleinen Zeichen und gieng weiter als wenn er ihn gar nicht bemerkt hätte.

Anton Kaltenbrunner stimmt mit Wandl überein und erzählte ein kleines Abentheuer, welches er mit B. hatte. Kaltenbrunner fuhr mit zwei jungen Ochsen vom Ziegelofen gegen Schloss. Da kam ihm B. schreiend und mit den Händen herum schlagend entgegen. Kaltenbrunner schrie B. zu ‚No, a bisl stader'. B. nahm aber darauf keine Rücksicht und die Ochsen von K. schreckten sich und liefen über eine Gestätte hinauf. K. brachte sie mit Mühe zum Stehen, kehrte auf dem Felde um und fuhr wieder über die Gestätte herunter, da kam B. wieder vom Ziegelofen zurück ebenfalls singend und agierend. K. rief ihn wieder zu, aber umsonst und K.'s Ochsen liefen mit erhobenen Schwänzen gegen das Schloss fort, wo Gratzer sie aufhhielt. Als K. hinkam und Gratzer fragte, wer ist denn der Narr, der meine Ochsen scheu gemacht hat, sagte ihm Gratzer, dass das der Bruder des Gutsbesitzers sei. Worauf Kaltenbrunner erwiderte ‚a sauberer Bruder'.

Wandl und Kaltenbrunner sagen Beide, dass sie wohl manchmal gesehen, wie B. einem Bettler etwas geschenkt habe, dass er aber in die Armen-Cassa nichts gegeben und sich überhaupt um Niemand bekümmert habe. Der Schullehrer von Strotzing Fux, Vater des jetzigen Schullehrers, lebt noch, aber sein Erinnerungs Vermögen ist, wie er selbst sagt, schwach. Er sagt, dass er mit dem damaligen Pfarrer P. Sigismund Litschauer B. begegnet habe, dass er aber nie mit ihm gesprochen habe. Er wisse sich zu erinnern, dass B. zwei oder 3 mal beim Pfarrer war, etwas Wein getrunken habe, aber musicirt sei nie worden. Davon, dass ein Septet wie man sage im Strotzinger Pfarrhofe von B. komponirt worden sei, wisse er nichts und glaube es auch nicht, weil B. zu kurz sich dort aufhielt. Der P. Sigismund hat dem jetzigen Pfarrer P. Justin Wrkal erzählt, dass er, als er mit B. zusammentraf, ihm sagte, wie glücklich er sich schätze einen so grossen Compositeur kennen zu lernen, und dass ihn das Septet am meisten angesprochen habe. Auf diese Anrede drehte B. sich um ohne ein Wort zu erwidern, P. Sigismund glaubt deshalb, weil B. das Septet für eines seiner schwächeren Werke hielt. Zum Schlusse liess ich mir auch Prager kommen, obwohl alle Leute einstimmig aussagten, dass Prager zu der Zeit, als Beethoven in Gneixendorf, noch gar nicht in Gneixendorf war. — Prager sagte mir, dass er ein 5 Mal B. die Stiefel geputzt habe, dass er aber nie mit ihm gesprochen habe und dass er nichts weiter wisse, als dass B. der erste im Schlosse auf und der letzte im Bette war und manchmal einem Bettler etwas gegeben habe. Dann fragte ich Prager, wann B. in Gneixendorf gewesen sei. Er antwortete, das erste Mal im Jahre 1828, das zweite Mal im Jahre 1829, dann sei er von dort abgereist und in Italien gestorben. Auf meine Frage wann Prager selbst nach Gneixendorf gekommen sei, sagte er im Jahre 1828, die anderen Leute glauben aber diese Jahreszahl nicht richtig sondern dass er 1829 oder 1830 gekommen sei. Nachdem B. den 26. März 1827 gestorben ist, so kann der b i e d e r e Prager ihn im Jahre 1828 und 1829 nicht mehr in Gneixendorf gesehen haben. Wahrscheinlich hat er nach seiner Einwanderung in Gneixendorf etwas über B. gehört, sich gemerkt und jetzt gedacht, es gut verwerthen zu können. Mit dem schlichten aber aufrichtigen und ehrlichen Prager hat B. sich nicht gut und nicht schlecht vertragen können; weil sie sich nicht sahen. Übrigens war B. in seinem

Betragen auf dem Lande so wie in der Stadt; denn alle Aussagen stimmen darinn überein, dass er mit Niemandem sprach, und an nichts anderem Antheil nahm, als womit er gerade beschäftigt war. Was ich mit vielem Fragen aus den Leuten habe herausbringen können, theilte ich Ihnen mit, ich bitte Sie, sich das auszusuchen was Sie als Mittheilungswerth an Dr. Lorenz halten.[1])

Wegen unseres todtgeboren Vereines habe ich noch nicht Gelegenheit gehabt, zu sprechen, ich zweifle aber, dass es etwas nützt. Unter Versicherung meiner besonderen Hochachtung zeichne ich mich als

Euer Wohlgeboren
ergebenster Diener
F. Kleyle."

All das ist im Jahre 1861 festgehalten worden. Alles bezieht sich auf die Zeit, als Beethoven in Gneixendorf wohnte. Von 1826 bis 1861 sind fünfunddreissig Jahre verflossen. Das ist ja gewiss genug der Zeit, um manches zu vergessen, aber auch sicher nicht zu viel, um eine bestimmte Erinnerung auszuschliessen. Aber nun sollte sich im Jahre 1900, sage neunzehnhundert, also 74 Jahre nach den Begebenheiten, der alte Leopold Kaltenbrunner noch genau daran erinnern, wo Beethoven sein Wohnzimmer gehabt hatte!!

Wie bessere Quellen angeben, ist es fast sicher, dass Kaltenbrunner Beethovens Zimmer niemals betreten hat. Kaltenbrunners Erinnerung an die Zeiten Beethovens scheint schon sehr verblasst gewesen zu sein. Wie hätte er sonst die so auffällige Ochsenepisode, bei der einer

---

[1]) Dieser Hinweis auf Dr. Lorenz nötigt geradewegs zur Vermutung, dass der Dr. L. in der Deutschen Musikzeitung von 1862 Doktor Lorenz ist. Wir hätten also in den abgedrunkten Erhebungen die Vorarbeiten vor uns, die K. v. Kleyle dem nachforschenden Dr. Franz Lorenz zur Verfügung gestellt hatte.

seiner Verwandten, Anton Kaltenbrunner die Hauptrolle spielte, so gänzlich übersehen können? Ich setze weder bei Leopold Kaltenbrunner, dem man abgefragt hat, was er nicht mehr wissen konnte, noch bei Kneifel, der das unrichtige Wohnzimmer vorweist, die mindeste schlimme Absicht, etwa die zu täuschen, voraus. Aber man durfte doch die psychologische Tatsache nicht übersehen, dass einem greisen Gehirn keine feinen, genauen Erinnerungen zuzumuten sind. Dann ist's auch zweierlei, ob man einen geschulten greisen Gelehrten, etwa einen Historiker ausfragt, der wenigstens gewohnheitsmässig sein Denken überprüft, oder einen ungepflegten Denker, der gar nicht ahnt, wie nahe Irrtum und Wahrheit nebeneinander wohnen. Ich meine, es war von vornherein ein gewagtes Spiel, Leopold Kaltenbrunners Erinnerungen ohne jeden kritischen Vorbehalt abzudrucken.

Nach diesen Erörterungen muss ich nun selbst um so vorsichtiger sein, wenn ich eine Erhebung von Erinnerungen an Beethoven in Gneixendorf anführe, die noch ein kleinwenig später fällt, als das Verhör mit Leopold Kaltenbrunner. Ich bringe sie aber vor, um wenigstens ein Gegengewicht aus ungefähr derselben späten Zeit zur Angabe Kaltenbrunners zu bieten. Die erwähnte späte Erhebung spricht nämlich zugunsten der Wohnung Beethovens im Wasserhof. Die Sache verhält sich so:

Die gegenwärtige Besitzerin des Wasserhofes war durch den Artikel von 1900 in der „Gartenlaube" nicht wenig überrascht. Nachdem man jahrzehntelang nichts anderes erfahren hatte, als dass Beethoven im Wasserhof bei seinem Bruder Johann gewohnt hatte, sollte nun alles anders sein. Frau Ida von Schweitzer ging deshalb (mit Herrn Pfarrer von Brennkirchen P. Lambert Karner) im Oktober 1901 zu einem alten Manne nach Angern namens Leopold Hörhaber, der ehedem bei Johann van Beethoven bedienstet war. Hörhabers Erinnerung an die

Zeit Beethovens sei noch „deutlich" gewesen, was ich nur mit einiger Einschränkung annehme. Nach Hörhabers Erinnerung seien die Brüder Johann und Ludwig van Beethoven „harb" aufeinander gewesen. Das stimmt allerdings zu den Nachrichten aus Beethovens Zeit. Dem Gutsherrn Johann v. Beethoven sei es am liebsten gewesen, wenn Bruder Ludwig gar nicht mit ihm sprach. Hörhaber wusste auch darum, dass Beethoven einen Knaben (der Neffe Karl ist gemeint, der ja zugleich mit Beethoven in Gneixendorf war) studieren liess und ihm sein Vermögen vermachte. Man fragte den Alten danach, wo der Komponist Beethoven gewohnt habe, ob im Schloss (dem Wasserhof), oder im Kneifelhaus. Hörhaber antwortete: im S c h l o s s. Und als Herr Pfarrer Karner fragte, ob unten oder oben, erwiderte Hörhaber: „n i c h t i m z w e i t e n S t o c k", auch nicht unten (im Erdgeschoss) sondern im ersten Stock, rechts von der Stiege. Links sei man zu seinem Herrn Johann van Beethoven ins Zimmer gegangen. Dazu betont Frau Ida von Schweitzer, dass das Kneifelhaus, das ist das alte Klostergut, gar kein zweites Stockwerk hat. So weist denn Hörhabers Aussage entschieden auf den Wasserhof als Wohnort Beethovens. Die Aussagen Leopold Hörhabers und Leopold Kaltenbrunners widersprechen sich. Aber man kann nicht im Zweifel sein, nach welcher Seite die Wage den Ausschlag geben wird. Sie neigt sich schon nach der allgemeinen Wahrscheinlichkeit auf die Seite des Wasserhofes. Sollte der, ohne jeden Zweifel recht knauserige Johann van Beethoven seinem Bruder Ludwig eine eigene Wohnung gemietet haben neben seinem Schlosse, da doch im Schloss Zimmer genug frei waren, den Bruder zu beherbergen? Sollte der Komponist selbst, der keineswegs in guten Vermögensverhältnissen lebte, selbst in die Tasche gegriffen haben, um dann dennoch gerade wieder in unmittelbarer Nachbarschaft des wenig geschätzten

Bruders zu wohnen? Viel einleuchtender ist es, dass er, nun einmal im Wasserhof untergebracht — das weiss man ja sicher; er schreibt ja aus der „Burg des signor fratello" — dort auch verblieben ist, bis er wieder nach Wien zurückkehrte. Die guten alten Quellen wissen rein gar nichts von einer Wohnung Beethovens im alten Klostergut, jetzt Kneifelhaus. Die Erhebungen aus dem Jahre 1861 wissen wieder nichts davon und weisen deutlichst auf den Wasserhof, überdies auch noch die Hörhabersche Aussage von 1901.

Noch anderes wird mir durch Frau Ida von Schweitzer mitgeteilt: ein Mitglied der Familie Wisgrill, die zu Beethovens Zeiten das Haus dem Wasserhof gegenüber besessen hat, lebte lange in Krems. Dort verkehrte Friedr. v. Kleyle, der Besitzer des Wasserhofes viel mit ihm. Man sprach gelegentlich auch von Beethovens Anwesenheit in Gneixendorf. Wisgrill sprach von Zeichnungen an einer Zimmerwand im Wasserhof, die von Beethovens Hand gewesen sein sollen, die man aber nachträglich nicht mehr auffinden konnte. Kein Wörtchen aber sagte Wisgrill davon, dass Beethoven auch in seinem, dem Wisgrillschen, Hause gewohnt hätte. Wäre bei Wisgrills die mindeste Erinnerung an Beethovens Anwesenheit in ihrem Hause erhalten gewesen, so hätte diese Erinnerung damals an F. v. Kleyle mitgeteilt werden müssen.

Zieht man nun die Fäden zusammen, so ergibt sich ein regelrechtes logisch geflochtenes Gewebe, aus dem wir Sicherheit gewinnen: Beethoven hat zu Gneixendorf 1826 im W a s s e r h o f gewohnt und nirgends anders. Die Erinnerung, die man 1900 dem greisen Leopold Kaltenbrunner abgefragt hat, erweist sich in bezug auf die Wohnung Beethovens als unrichtig.

Noch seien die zeitlichen Grenzen des Landaufenthaltes in Gneixendorf etwas genauer gezogen, als es bisher in den obigen Mitteilungen geschehen ist. Auch andere Bemerkungen sind nachzutragen. Wie schon L. Nohl festgestellt hat, war Beethoven am 29. September 1826 noch in Wien, aber schon „im Begriff", sich „aufs Land zu begeben" (Brief an Schott). Am 2. Otkober befand sich der Meister schon in Gneixendorf (Brief an Haslinger). Dass er von dort, u. z. „von der Burg des Signor Fratello" aus an Haslingern am 13. Oktober einen Brief richtete, wissen wir schon. G. v. Breuning berichtet, dass wenige Tage nach Beethovens Ankunft in Gneixendorf schon Briefe an den Vater (Stephan) von Breuning gelangten, die von der „schnöden, gewinnsüchtigen, geizigen, herz- und gemütslosen" Art des Bruders Johann Zeugnis ablegten.[1]) Der Komponist mag im Unwillen manches übertrieben haben. Auch konnte er es niemals über sich bringen, mit den Verhältnissen, wie sie eben waren, zu rechnen. Aber das habsüchtige Wesen des Bruders ist doch zu klar erwiesen, um etwa in allen Punkten, wie es Thayer möchte, den Herrn Johann van Beethoven zu entschuldigen.

Trotz der vielen Zwistigkeiten mit Bruder, Schwägerin und dem Neffen, für den man noch immer keinen Beruf gefunden hatte, blieb Beethoven bis Ende November in Gneixendorf. Im Konversationsheft Nummer 131 finden sich Gespräche, die auf einen Streit zwischen Onkel und Neffen hinweisen. Beethoven hatte seinem Neffen ungerechte Vorwürfe gemacht. Nicht selten liest man in demselben Hefte von Ausflügen in die Umgebung. Bruder Johann besass Wagen und Pferde, doch scheint der Komponist davon kaum Gebrauch gemacht zu haben. Viel eher mag der Neffe an den gemeinsamen Fahrten teilgenommen haben. Für Onkel Ludwig ging er öfter zu Fuss nach Krems, um dort Aufträge zu besorgen. Nebstbei bemerkt, wurde oft von Weinen und ihrer Qualität gesprochen.

---

[1]) „Aus dem Schwarzspanierhause" S. 81.

Wiederholt klingt die Absicht an, nach Wien zurückzukehren. Auf keinen Fall war Bruder Johann sehr entgegenkommend mit dem Fuhrwerk. Schreibt doch der Neffe in das erwähnte Konversationsheft: „Von hier geht keine Post nach Wien sondern bloss nach St. Pölten. Von hier ist keine andere Gelegenheit, als Landkutscher." Zu den Annehmlichkeiten des Aufenthaltes dürfte es auch nicht gehört haben, dass verfügt wurde, statt der Fenster wieder Jalousien einzuhängen, die doch der kalten Herbstluft allzu freien Zutritt gestatteten. Irgendein Hausbewohner schreibt mit merkwürdiger Logik (!) dem Meister ins Konversationsheft: „Es ist nicht mehr nötig, dass wir bald fortgehen, und da möchten wir wieder Schalu einmachen, sonst schlägt der Hagel im Frühjahr die Fenster ein." Nach der Szene mit Krenn und den verlorenen 5 Gulden dürfte Beethoven für sich allein menagiert haben. Im Konversationsheft steht zu lesen: wen der Hr. Bruder bey ihnen speist so rechnet er es seiner Frau ab von dem Kostgeld ab." Bedarf es da noch etwa der Bestätigung von Verwandten, wie z. B. der Witwe des Neffen Karl, dass Johann van Beethoven knickerig war?[1])

Anton Schindler und Breuning, persönliche Feinde des Apothekers, dürften nun allerdings übertreiben, Breuning lässt z. B. Beethoven in einem „schlechten", „zum Bewohnen in der nasskalten Novemberzeit nur wenig geeigneten Gemach" untergebracht sein. Mit der Heizung sei gekargt, oder sie ganz verweigert worden. Beethoven hätte in Gneixendorf „elendes unzulängliches Essen" erhalten. Diese Vorwürfe können aber doch nicht ganz aus der Luft gegriffen worden sein. Augenscheinlich sind sie von Beethovens Briefen (seither ver-

---

[1]) Nach einer mündlichen Äusserung der Frau Karoline von Beethoven mir gegenüber war Johann v. Beethoven tatsächlich ein Knauser.

loren) abgeleitet, wie schon oben angedeutet wurde. Schindler hatte noch viel mehr Konversationshefte zur Verfügung, als heute erhalten sind. Seine Auffassung der Angelegenheit ist also doch nicht so ganz von der Hand zu weisen, wie Thayer möchte. Vielleicht ist die „Intimität des Neffen mit seiner Tante" zu streichen oder als ein Missverständnis anzunehmen. Intimität des Neffen wäre der angenommenen Tochter gegenüber viel wahrscheinlicher. Aber die Charakterisierung der Unterkunft des grossen Meisters bei seinem Bruder in Gneixendorf scheint doch die Scheibe nahe beim Schwarzen getroffen zu haben. Schindler bezeichnet das Vorgehen des Bruders Apotheker gegen den Komponisten als „eine unglaubliche Rücksichtslosigkeit auf des Meisters empfindliche Körperbeschaffenheit, so in Bezug auf Wohnung, wie auf Nahrung".[1])

Durch Schindler erfahren wir auch, dass Beethoven am 2. Dezember wieder in Wien eingetroffen ist.

A. W. Thayer, so sehr wir ihn auch in seinen sonstigen Forschungen zumeist bewundern, tritt ganz einseitig jedesmal für Johann v. Beethoven ein, so oft dessen banausische Natur hervortritt. Immer weiss er ein Sprüchlein, ihn rein zu waschen.[2]) Allerdings war es einmal nötig geworden, einigen Nohlschen Verleumdungen entgegenzutreten. Nun, man prüfe alles, um davon das beste zu behalten.

Sollte die oben skizzierte Erzählung vom Ausflug nach Lengenfeld den Tatsachen entsprechen, so würde es wenig Aufmerksamkeit des Bruders Johann für Ludwig v. Beethoven beweisen, dass er ihn unerkannt auf der Ofenbank habe sitzen lassen, während sich's die übrige Gesellschaft wohl sein liess. Ja, es verhielt sich vermut-

---

[1]) Schindlers Beethovenbiographie, IV. Ausgabe, II. S. 131.
[2]) Thayer, „Ein kritischer Beitrag zur Beethovenliteratur".

lich so: Der „Gutsbesitzer", dünkte sich was mehr, als der arme Komponist.

Eine weitere Geschichte, die mit Gneixendorf zusammenhängt, geht auf die Erhebungen von 1861 zurück und steht in der „Deutschen Musikzeitung" von 1862 (S. 78).

„Johann van Beethoven hatte zufällig bei dem Syndicus Sterz in Langenlois Geschäfte abzumachen. Ludwig begleitete ihn dahin. Während der ziemlich langen Verhandlungen blieb Ludwig regungs- und teilnahmslos an der Thüre der Amtskanzlei stehen. Beim Abschied machte Sterz gegen diesen viele Bücklinge und frug dann den Kanzellisten Fux, einen Enthusiasten für Musik, und namentlich für Beethovensche Musik: Wer, denken Sie wohl, mag der Mann gewesen sein, der dort bei der Thür gestanden? Fux erwiderte: Da ihm Herr Syndicus so viele Complimente gemacht hat, mag es wohl mit ihm eine eigene Bewandtnis gehabt haben, sonst aber hätt' ich ihn allerdings für einen Trottel halten müssen. Fux erschrack nicht wenig, als ihm sein Chef den Namen des Mannes nannte, den er für einen Idioten gehalten."

Die Erzählung, die hier wiederholt wurde, ist nie angezweifelt worden und dürfte sich bleibend halten. Sie bestätigt nicht nur die Geringschätzung des Komponisten durch Bruder Johann, sondern auch den auffallenden körperlichen Verfall Beethovens, der von mehreren Beobachtern in den letzten Jahren des Meisters festgestellt worden ist.[1] Der Landaufenthalt von 1826 war dann aber gar nicht dazu angetan, den beginnenden Rückgang aufzuhalten. Sogar die schöpferische künstlerische Tätigkeit litt unter all dem Ungemach, das den Meister im Jahre 1826 heimsuchte. Nur höchst angespannte innere Arbeit, streng gesammelte Aufmerksam-

---

[1] Siehe Band I dieser Studien S. 112 und 132.

keit konnte unter den ungünstigen Umständen ein künstlerisches Schaffen ermöglichen. So arbeitete Beethoven in Gneixendorf noch an der Vollendung des Quartetts Op. 135, das im Sommer 1826 war begonnen worden. Er nannte es selbst: „Der schwer gefasste Entschluss", „Muss es seyn", „Es muss seyn, es muss seyn", „Neuestes quartett von L. v. Beethoven, gneixendorf am 30. oktober 1826."[1]) Auch das zweite Finale des grossen B-Dur-Quartetts Op. 130 ist in Gneixendorf entstanden. Vielleicht ist es dort auch nur abgeschlossen worden. Stimmen, die Beethoven selbst ausgeschrieben hat (in Gneixendorf gab es keinen Kopisten, und eine Schreibkraft aus Wien kommen zu lassen, wäre zu kostspielig gewesen) enthalten die Datierung: Gneixendorf am 30. Oktober 1826.[2]) Es scheint, dass Beethoven in Gneixendorf auch an einem Quintett gearbeitet hat, das übrigens unvollendet geblieben ist. Nach den bisherigen Studien über die Sache (hierzu Nottebohm: Beethoveniana S. 79 ff. und zweite Beethoveniana S. 522 ff.) bleibt es unklar, ob die Ansätze zu diesem Quintett aus Gneixendorf oder Wien stammen. Kaum ernstlich begonnen wurde eine vierhändige Klaviersonate, von deren Bestellung und Betreibung G. v. Breuning zu berichten weiss (A. d. Schwarzspanierhause S. 82). Ein kleiner Kanon: „Erster aller Tobiasse" zählt kaum mit.[3]) Das waren also die ganzen Früchte dieses Landaufenthaltes, Freilich könnten viele froh sein, nur dieses geschaffen zu haben: aber verglichen mit den

---

[1]) Th. Helm wies mit Recht auf den Zusammenhang dieses Quartetts mit Gneixendorf hin (vgl. „Die Zeit" 27. Mai 1906). Faksimile bei Marx-Behnke: Beethoven, Bd. II. Als frühere Literatur neben den Beethoven-Katalogen vgl. auch Th. Helm Beethovens Streichquartette S. 282 und 217.

[2]) Nach dem Katalog der Bonner Beethovenausstellung von 1890 (S. 38, No. 221).

[3]) Thayer, „Chronologisches Verzeichnis" S. 194.

ergiebigen Jahrgängen in Beethovens Leben, ist's nicht viel.

Lassen wir nun zum Abschied im Gedanken die milde Herbstsonne sich über die Kremser Gegend ergiessen. Herbstflocken schweben, flattern über die Felder. In weisslicher Ferne verschwimmt die Landschaft. Beethoven blickt vom Sizzenbuche auf, in das er eben noch geschrieben hat. Gedanken an grosse Schöpfungen mögen ihn durchziehen. Er will ja noch wirken, grosses schaffen. Der Blick des Naturfreundes schweift liebevoll über die sonnige Gegend hin. Sie erinnerte ihn an die schöne Jugendzeit, verlebt in der Heimat am Rhein. — Dann wird's düster. Ein Wettersturz aussen — innen. Kaltes Herbstwetter bricht herein. Man friert in den Zimmern, im Freien. Beethoven kehrt, schlecht verwahrt, in die Hauptsadt zurück. Schon während der Fahrt erkrankt er. In Wien bleibt er ans Bett, ans Zimmer gefesselt. Beethoven hat danach die freie Natur überhaupt nicht mehr wiedergesehen, und der Sommer in Gneixendorf war sein letzter Landaufenthalt.

Beethovens Nachlass

Im Archiv des Landesgerichtes zu Wien wird ein ansehnliches Aktenbündel verwahrt, auf dessen Umschlag zu lesen steht:

„F. 2. $\frac{1610}{827}$ Abhandlungakten nach Ludwig van Beethoven. NB. Diese Akten sind wegen ihres historischen Interesses nicht zu skardiren

Laimegger."

Dem Archivsbeamten Laimegger, der ein tüchtiger Musiker war und den Namen Beethoven zu schätzen wusste, verdanken wir die Erhaltung der Urkunden, die sich in zivilrechtlicher Beziehung an den Tod des Tonkünstlers knüpfen. Einmal in die Stimmung der Dankbarkeit versetzt, will ich sofort erwähnen, dass ich für das freundliche Aufsuchen des Beethovenfaszikels und für das angenehme Studium desselben Herrn Offizial Halik im Archiv des Wiener Landesgerichtes zu vielem Danke verpflichtet bin. Bei dem Entgegenkommen und dem Interesse, das wissenschaftliche Arbeiten jederzeit in dem erwähnten Archive finden, lässt sich wohl annehmen, dass die Beethovensche Abhandlung auch künftig vor dem Skartieren sicher sein wird. Die Urkunden, die da beisammen sind, bieten ja eine so mannigfache Anregung, dass gewiss noch viele Forscher auf verschiedenen Gebieten sich die Einsicht in diese Papiere erbitten müssen. Diese Urkunden in allen Teilen für die „Beethovenstudien" vollständig abzudrucken, dürfte aber vorläufig kaum nötig sein. Handelt es sich doch dabei weniger um den Wortlaut, als um den Inhalt von Akten, in denen sich notwendigerweise vieles wiederholen muss und in denen durchaus nicht alles auf Beethoven Bezug nimmt. Die nachfolgende Studie soll also nur Auszüge aus den Abhandlungsakten vorführen, in dem Sinne, wie man Regesten aus alten Urkunden veröffentlicht. Nur einzelnes wird wörtlich wiedergegeben, sei es um für belangreiche Stellen eine besondere Genauigkeit zu sichern, sei es um das Zeitkolorit zu wahren. Auf eine lückenlose Wiedergabe lasse ich mich nur ein bei den eigentlichen N a c h l a s s v e r z e i c h n i s s e n. Ein wichtiges Stück aus diesem Material ist allerdings schon bekannt. Es ist das Verzeichnis der Musikalien und Bücher aus Beethovens Nachlass. J. v. Seyfried hat es mitsamt der „Licitations-Kundmachung" im Anhang zu seinem Buche „Beethovens Studien im Gerneralbasse, Contrapuncte und der Compositionslehre" (1832, S. 41 ff.) mitgeteilt. A. W. Thayer nahm denselben Katalog in den Anhang des chronologischen Verzeichnisses der Werke Beethovens auf (1865). Er fügte die Schätzungen und Verkaufspreise hinzu. Schindler spricht in der Beethovenbiographie von der Versteigerung und Breuning bringt einige Erinnerungen an die Sache bei, von anderen Erwähnungen in der Literatur ganz zu schweigen. Um den Forschern die Übersicht zu erleichtern, wird weiter unten das ganze Verzeichnis der Bücher und Musikalien nochmals abgedruckt, und zwar unter Beifügung einiger alter Vermerke. Auch das Verzeichnis der Mobilien wird ausführlich mitgeteilt.

Wie alle analogen Abhandlungen jener Zeit beginnt auch die Beethovensche mit dem ausgefüllten Formular der „S p e r r s - R e l a t i o n". In der Rubrik „C o n d i t i o n" heisst es da einfach „Musik-Compositeur", eine Angabe, die in ihrer dürren Trockenheit ungeheuer viel sagt. Soweit hat es also ein Beethoven in Wien gebracht, dass er schliesslich nur als „Musik-Compositeur" gebucht wurde. Den Titel konnte allerdings auch der Talentloseste und der jüngste vom Fach beanspruchen. Beethoven ist als einfacher Musikant ins Grab gesunken. Herum lagen eine Menge von Leuten begraben, die, wie es nach einem bösen Scherzwort heissen könnte „mit wenig Mitteln so gar nichts geleistet haben". Ganze lange Zeilen von Titeln und Würden sind hinter ihren Namen zu finden. Beethovens Leistungen, mit Beethovens geistigen Mitteln hervorgebracht, haben nicht genügt, ihn über den „Musik-Compositeur" hinaufzuheben keinerlei Stellung, nicht einmal der Titel Kapellmeister war dem Grossen vergönnt worden; nur eine Art Almosen oder Gnadengehalt wurde ihm von drei hochgestellten Persönlichkeiten gereicht. Auch auf diese Angelegenheit nimmt die Abhandlung Bezug, weshalb einige Worte davon sogleich gesagt werden sollen. Genaue Angaben sind über die Sache in den Biographien des Meisters zu finden. Wir erinnern uns auch bald, dass im Jahre 1809 Beethoven ein nennenswertes Gehalt durch Erzherzog Rudolf und die Fürsten Lobkowitz und Kinsky verbrieft erhalten hat. Beethoven sollte dadurch an Österreich gefesselt bleiben. Für das Jahr 1809 ganz reichlich bemessen, erwies sich aber das Jahresgehalt im Laufe der Zeit, besonders seit der Finanzkrisis von 1811 doch als unzureichend im Verhältnis zur Bedeutung eines Beethoven.

Die Rubrik „Ob ein Testament vorhanden" bringt folgendes: „ein eigenhändiger Brief an Hrn Doctor Bach, in welchem er seinen Neffen Karl van Beethoven zu seinen [NB. statt: seinem] Universalerben ernennet, welches er durch eine spätere eigenhändige Anordnung von [NB. statt: vom] 23te März 827 mit der Beschränkung bestättigt, dass das Kapital seines Nachlasses an dessen natürlichen oder testamentarischen Erben fallen solle."¹)

Rubrik „Nächste Anverwandte": „ein leib(licher) Bruder H(err) Johann van Beethoven Gutsbesitzer zu Gneixendorf bei Krems und 1 m(inderjähriger) Neffe Karl van Beethoven 19 Jahre alt Kadet bei E(erz) H(erzog) Ludwig Inf(anterie) Regiment No. 8 zu Iglau in Mähren". Dann eine Bemerkung: „Der für den m(inderjjährigen) Neffen gerichtlich aufgestellte Vormund ist der .. Herr Hofrath v: Breuning No. 197 in der Alservorstadt".

Rubrik „Vermögen": Dieses „wird die von Amtswegen zu verrichten kommende Inventur zeigen. Es wurde die enge Sperre angelegt. Wien den 27. März 1827." Nach den Amtspersonen sind unterschrieben Stephan von Breuning, der Vormund des Neffen, ferner der Advokat Dr. Bach und Anton Schindler als Zeugen. Dr. Bach war Kurator und Schindler ist der bekannte unbesoldete Geheimsekretär Beethovens, der spätere Biograph des Meisters.

Einen guten Überblick über das, was Beethoven an prosaischen Werten hinterlassen hat, vermittelt uns am besten ein Verzeichnis, das bisher noch in keinem Beethovenbuch vollständig mitgeteilt worden ist.²) Ich lasse es folgen und mache sofort auf die Posten mit der französischen goldenen Medaille und mit den Musikinstrumenten aufmerksam. Auch die Pistolen mögen schon im voraus erwähnt werden, da es zweifellos

---

¹) Die Einzelheiten zu dieser Testamentsangelegenheit ergeben sich aus dem, was in meinem „Beethoven" (Berlin, „Harmonie"-Verlag) zusammengestellt ist.

²) 1901 habe ich das Verzeichnis in der Wiener „Montagsrevue" veröffentlicht (Nummer vom 27. Mai). Wie ich bemerken konnte, ist diese Veröffentlichung nicht beachtet worden.

dieselben sind, die sich der Neffe zum Zweck des beabsichtigten Selbstmordes gekauft hatte.

Zu den Musikinstrumenten sei angedeutet, dass das englische K l a v i e r in der nächsten Studie besprochen wird. Das S t r e i c h q u a r t e t t des Nachlassverzeichnisses ist dasselbe, das Beethoven vom Fürsten Karl Lichnowsky zum Geschenk erhalten hatte. Es wird schon 1802 im Heiligenstädter sogenannten Testament erwähnt. Gegenwärtig befinden sich die vier Instrumente im Beethovenhaus zu Bonn.[1])

Die goldene französische Medaille, ein W e r k G a t t e a u s, ist in den Besitz der Gesellschaft der Musikfreunde in Wien übergegangen.

Von der hinterlassenen K l e i d u n g, nach der jeder fragen wird, dem auch das Äussere Beethovens interessant ist, hat sich meines Wissens kein einziges Stück erhalten. Breuning schreibt aus eigener Anschauung: „Eine jämmerliche Anzahl von Trödlern hatte sich eingefunden, und die unter den Hammer gebrachten Kleidungsstücke wurden herumgezerrt, die Meubel beschnuppert, kurz Alles herumgestossen und verfeilscht."

Das S a l z f a s s gelangte an Dr. Pachler nach Graz, kam dann mit dessen Sohn, Dr. Faust Pachler, nach Wien und gehört jetzt dem Fräulein I d a K ü h n l ebendort. Erwähnt ist es in der Schrift von Faust Pachler über Marie Pachler-Koschak, wo die Erwerbung durch Jengers Vermittlung erzählt wird.[2])

---

[1]) Vgl. den Katalog der Bonner Beethovenausstellung von 1890 und die Festschrift des Vereins Beethovenhaus vom Febr. 1904 (Abbildung). Nach Beethovens Tagen waren die Brüder Jokits Besitzer dieses Quartetts, deren einer die kostbaren Reliquien nach Berlin verschenkt hat. Vgl. L. A. Frankls „Sonntagsblätter" von 1846 (S. 1174f. Al. Fuchs). 1888 wurden die Instrumente viel besprochen (vgl. u. a. die „Neue freie Presse" vom 27. Juni 1888).

[2]) Das kleine Gerät ist Wiener Arbeit aus der Zeit um 1800.

Maelzels Metronom aus Beethovens Nachlass befindet sich ebenfalls im Besitz des Fräuleins Kühnl.[1])

Nun sehen wir das Verzeichnis im einzelnen durch:

„Gerichtliche Inventur und Schätzung."

„Über das Verlassenschaftsvermögen des den 26ten März 827 mit Testament verstorbenen H. Ludwig van Beethoven Tonsetzer No. 200 in der Alservorstadt seel(ig) durch 8 Tage."

	C. M. fl x	W. W fl x
„An baarem Gelde Hatte sich nach dem Hintritt des Erblassers vorgefunden:		
an Banknoten	1215	
an Einlösscheinen		600
Summa	1215	600

wovon dem Vormunde des m. Neffen Herrn Hofrath v. Breuning zur Bestreitung der Leichen und andern Auslagen übergeben wurden 650 fl C. M. daher zu Depositirung verblieben 565 fl Con. Mz. u. 600 fl W. W.

An Bankakzien:

Eine Actie der priv. österr. Nationalbank Nr. 2 a. Fol. 3099 dto. 13. July 819 mit Coupons Nr. 28624 auf Ludwig van Beethofen lautend, nach dem Course vom 26. März 827 als dem A. Sterbtag laut Börszettel A. mit	1063	
mit 8 Stück Coupons vom 1. Semester 1827. Eine do. Nr. 3 A Foll. 3099 dto. eodem mit Coup. Nr. 28625 auf do. lautend pr.	1063	

Dosenartig geformt, mit zwei Fächern und je einem Deckel dazu; steht auf vier Kugelfüsschen. Silber, innen vergoldet. Leider ist die Punzierung nicht so deutlich, dass man die Jahreszahl unterscheiden könnte.

[1]) Vgl. die „Neue freie Presse" vom 26. März 1906.)

	C. M.		W. W.	
	fl	x	fl	x

mit 8 St. do. von do.
Eine do. Nr. 4 A Foll. 3099 dto. eodem mit
 Coupons Nr. 28626 auf do. lautd. pr. 1063
mit 8 do. von do.
Eine do. Nr. 5 a Foll. 3099 dto. eod. mit Coup.
 Nr. 28627 auf do. lautend pr. 1063
mit 8 St. do. von do.
Eine do. Nr. 6 a Foll. 3099 dto. eod. mit Coup.
 Nr. 28628
auf do. ltd. pr. 1063
Eine do. Nr. 7 a Fol. 3099 dto. eod. mit Coup.
 Nr. 28629
auf do. lautend pr. 1063
mit 8 Stück Coupons von do.
Eine Actie der priv. österr. Nazionalbank Nr. 8
 a Foll. 3099 dto. 13. July 819 mit Coupons
 Nr. 28630 auf Ludwig van Beethoven lautd. per 1063
mit 8 Stück Coupons vom 1. Semester 827
 Summa 7441

An ausständigen Unterhaltsbeiträgen
In dem geheimen Zahlamte Sr. k. k. Majestät
 aus der Privatkasse Sr. kais. Hoheit des H.
 Erzherzogs Rudolph vom jährlichen 600 f. C.M.
 vom 1. bis 26. März 827 mit . . . .   43 fl 20 kr.
In der Hochfürstlich Lobkowitzischen Kassa in
 Wien von jährl. 700 fl W. W. oder 280 f. C. M.
 ein Betrag ausständig pr   66   53
Aus der Rudolph Fürstlich Ginskyschen Prager
 Hauptkasse von jährlichen 1200 fl w. w. oder
 480 f C. M. vom 1. bis 26. März 827 mit . .   34   40
 Summa 144 fl 53 kr.

An Präziosen:
1 ovaler Ring mit Smaragd Brillanten und Rosett   90
 [verkauft um 152 fl C. M.]
1 gold. Medaille mit dem Bildnissen Ludwig des
 18 w. 41 ℔   164
 [verkauft um 184 fl C. M.]
1 silb. Minutenuhr   8
1 do. Vorleglöffel w. 10 ½ Lth.   10   30

	C. M. fl x	W. W. fl x
1 do. Obersschapfer w. 4¹/₄ Lth.	4 15	
8 do. Esslöffel w. 27¹/₂ Lth.	27 30	
5 do. Kaffeelöfferl w. 4¹/₂ Lth.	4 30	
1 do. Salzfassel w. 5³/₄ Lth.	5 45	
Summa	314 30	

Vorstehende Baarschaft, Bankakzien und Präziosen wurden laut fürzuhalten B. B. zu Gerichtshanden erlegt.

An der Leibeskleidung und Wäsche:

2 tüchene Fraks 2 Spenser 5 Gehröke 1 blau tüchener Mantel	15	
16 verschiedene Gillee u. Beinkleider	6	
2 Hüte 6 paar Stiefel 3 Hosenträger 6 Barbiermesser 2 kleine Pistollen 1 ord. Stock 1 Schlafrock	6	
14 Hemden und 20 Hemden 20 Hals u. Sacktüchel 18 Pr. Sökel 8 Nachtleibln 14 Gatien 6 Schlaf-Hauben	10	
Summa	37	

An der Hauswäsche und Einrichtung:

2 Tischtücher 10 Servieter 10 Handtücher 6 Leintücher 4 Ziechen	4	
2 harte Bettstedte samt Strohs. 4 Matratzen 7 Pölster 1 Tuchet 3 alte abgenähte Decken 1 Kotzen	12	

im 1. Zimmer:

4 harte Tischeln 8 lederne Sesseln	4	
3 harte Schubladkästen 1 Nachtkastel 2 weiche Stellen 1 Ofenschirm 1 Schreibpoult	6	
1 Spiegel in vergoldt. Rahm. 2 Fensterplachen 2 Chatoull	2	

im 2. Zimmer:

2 alte Tische 2 alte Sesseln 1 harter Schreibkasten 1 do. Hängkasten 1 weicher Thürlkasten Nachtkastel 5 weiche Stellagen 1 Fensterplache . .	6	

im 3. Zimmer:

1 lederner Schlafsessel 1 alte Soffa, Reisekoffer 2 Fensterplachen	4	

	C. M.		W. W.	
	fl	x	fl	x

in der Küche:
14 Stück Porzlainteller einiges Steingutgeschier,
   1 blechene Tasse, einige Gläser, Flaschen,
   und Blützer   4
4 messing. Leuchter 1 do. Mörser 1 kupfern.
   Waschkestl 1 Federbratter verschiedenes Eisen-
   geschier u. die ord. Kücheneinrichtung . . .   6
Melzels Metronom   8
1 Pianoforte von John Broadwood und Sohn aus
   London in Magahonikasten 100
     [verkauft 181 fl C. M.]
                   Summa 156

   An Instrumenten:
1 Violoncello — Peter Quaneri 40
    [verk. 52 fl 48 x]
1 Viola — Vinzenz Reschner 10
    [verk. 10 fl]
1 Violinen von Jos. Quaneri 16
    [verk. 24 fl]
1   do.   Nikolaus Amati 12
    [verk. { 16 fl 30 x
             2 „ 6 „ }]
                   Summa 78

   An Musikalien Manuskripten und
Musikalienbücher:
Diese wurden vermög Protokoll welches dem
   Lizitationsausweis beyliegt, geschätzt auf . . 480 30
                   Summa perse

   An Büchern:
Solche wurden laut Protokoll, so ebenfalls dem
   Lizitations-ausweis beyliegt, geschätzt auf 45 fl
   50 x W. W. oder in C. M. 18 20
                   Summa perse

   Das inventirte Verlassenschaftsvermögen beträgt demnach

	C. M.		W. W.	
	fl	x	fl	x

Neuntausendachthundert achtzig fünf Gulden
13 x C. M.
(9885 fl 13 x C. M.)
und
Sechshundert Gulden W. W.
(600 fl)
und besteht

	C.M. fl	C.M. x	W.W. fl
An baarem Gelde	1215		600
„ Bankakzien	7441		
„ ausständ. Unterhaltsbeyträgen	144	53	
„ Präziosen	314	30	
„ Leibskleidung u. Wäsche	37		
„ Hauswäsch u. Einrichtung	156		
„ Instrumenten	78		
„ Musikalien und Manuskripten	480	30	
„ Büchern	18	20	
Summa wie oben	9885	13	600

Urkund dessen nachstehende Fertigungen:

Wien den 4. Oktober 1827.

Dr. Bach m. p. Curator
Jakob Hotschevar k. k. m. p. Hofkonzipist als Vormund des m. Karl van Beethoven, und als Zeuge
Jos. Leop. Krembs m. p. als Zeuge
Franz Horny m. p. als Zeuge

Ferd. Prandstetter m. p.
Ignaz Schleicher m. p. Sperrkommissär
Franz Deimmel m. p. Prätiosen Schätzmeister
Franz Ant. Haussmann m. p. Präziosen Schätzmeister
G. & Ferdinand Leicht m. p. Uhrenschätzmeister
Tobias Spannagel m. p. Effekten Schätzmeister
Seb. Zimmermann m. p. Effekten Schätzmeister
Martin Stoss m. p. Schäzmeister der bürgl. Geigenmacher."

Das Verzeichnis enthält nicht alles, ja es kann nicht alles enthalten, was jetzt noch in verschiedenen Sammlungen als Beethovenreliquie bewahrt wird. Der berühmte Sammler Carl Meinert früher in Dessau, jetzt in

Frankfurt a. M., das Beethovenhaus zu Bonn, N. Manskopf in Frankfurt a. M., die Familie von Breuning in Wien besitzen Stücke, die grösstenteils in ihrer Beglaubigung nicht anzufechten sind als Gegenstände, die einst in Beethovens Besitz gewesen. Das sind Kleinigkeiten, wie Brillen, Möbel, Petschafte, aber auch bedeutungsvolle Dinge, wie die Hörvorrichtungen, die Mälzel für den ertaubenden Meister hergestellt hat. Schindler hatte einiges als Andenken angesprochen. Anderes ist eben noch vor dem Ableben Beethovens in andere Hände übergegangen. Hier und da sind freilich auch angebliche Beethovenreliquien aufgetaucht, deren Zusammenhang mit dem berühmten Meister ein äusserst lockerer oder überhaupt ein gänzlich eingebildeter gewesen sein muss. Vor Jahren wollte mir jemand Beethovens Flöte verkaufen. Die Tabaksdose angeblich Beethovens ist 1890 in der Wiener Rotunde ausgestellt gewesen. In beiden Fällen und in noch anderen mehr fehlte jede überzeugende Beglaubigung.

Zu den Unterschriften merke ich an, „dass Stephan von Breuning am 4. Juni 1827 gestorben und dass an seiner Statt der k. k. Hofconcipist J a c o b H o t s c h e v a r Vormund des Neffen geworden war. Daher fehlt Breunings Handzeichen. Hotschevars Unterschrift trat dafür ein. Curator Doktor Bach hatte nach dem Ableben Breunings zum Vormund vorgeschlagen entweder den erwähnten Hotschevar, als Verwandten des Neffen, oder „den Herrn Magistrats- und respec(tive) Criminalrath Math. Tuscher, welcher ein grosser Freund und Verehrer des seel(igen) Ludwig van Beethoven war". Die Erledigung der Bachschen Eingabe beim Wiener Magistrat geschah am 26. Juni 1827 zugunsten Hotschevars „wohnhaft No. 695 am alten Fleischmarkt".

Die Akten der Beethovenschen Nachlassabhandlung noch weiter durchnehmend, stossen wir auf einen „V e r -

mögens-Ausweis" vom 9. Februar 1828. In diesem Ausweise ist für uns von einigem Belang der auf Beethovens Leben zurückweisende „Passiv-Stand". Allerlei Quittungen, die als Belege beigefügt sind, beziehen sich zum Teil noch auf Ereignisse aus der letzten Lebenszeit Beethovens. Anderes knüpft wieder an das Leichenbegängnis an. Auf Beethoven selbst bezieht sich eine Forderung der Firma Artaria & Cie. Diese hatte noch 150 fl. zu erhalten. Graf Somsich hatte Anspruch auf den Zins für die Wohnung im Schwarzspanierhause (204 fl.). Das Steueramt erhielt noch 21 fl. Die Fischhändlerin Therese Ernest erhob Anspruch zuerst auf 2, dann auf 5 fl. für gelieferte Fische (Fogosch, Karpfen und „Scharn", welch letzteres Wort wohl: Schaidn bedeuten dürfte). Beethoven liebte Fische ungewöhnlich, worüber mancherlei Zeugnisse von Zeitgenossen vorliegen. Die „Krankheitskosten" betrugen 432 fl., die „Leichenkosten" 404 fl. Von diesen Ausgaben hören wir noch Näheres.

Im „Passivstand" wiederholen sich dann auch noch die Forderungen, die Musikalien betreffen und die schon oben angeführt worden sind. Diese Forderungen der Genannten sind befriedigt worden.

Die „Krankheitskosten" betrafen 150 fl., die an „Johann Seibert Primarchirurg und Operateur im k. k. allgemeinen Krankenhause" bezahlt worden waren „für die chirurgische Besorgung in der letzten Krankheit" (Beethovens). Der Meister, leberkrank und dadurch wassersüchtig, musste sich viermal zu einer Punktion entschliessen. Diese Operationen sind in der Quittung gemeint. 250 fl. waren an Dr. Andreas Wawruch zu zahlen „für den ärztlichen Beistand". Nach einer heute nicht mehr verständlichen Logik wurden den „Krankheitskosten" auch verzeichnet, die 20 fl., welche „Dr. Joh. Wagner, Assist(ent) beym pathologischen Musaeum" erhalten hatte „für die an dem Leichname des Herrn L. van Beethoven vollführte Section".

Im Passivstande kommen als Belege auch zwei alte „Rezepisse" vor über zwei Schreiben, die kurz nach Beethovens Ableben (am 12. April) nach Mainz an Schotts und nach Berlin an Schlesinger gesendet worden waren. Verlagsangelegenheiten dürften diese Briefe veranlasst haben, die vermutlich von Schindler geschrieben waren. Der Brief an Schotts mag auch mit jener Sendung von Rheinwein und Arzneien zusammenhängen, an die sich nach der Meinung vieler Beethovens letzte Worte knüpfen. Beethoven hatte Schotts um guten Wein gebeten u. z. wiederholt. Am 1. März 1827 schrieb er den genannten Verlegern: „Weshalb ich schon gebethen habe, wiederhole ich hier noch einmahl, nemlich meine Bitte wegen alten weissen Rhein- oder Moselwein". Wann die Sendung, die tatsächlich erfolgte, von Mainz abgegangen ist, kann ich nicht sagen, aber die „k. k. Einfuhrs-Bollete vom Hauptzollamt", die im Abhandlungsakt erhalten ist, trägt den 23. März 1827 als Datum. Sie lautet über 2 Kolli mit Rheinwein und „Arznywurzen" „aus dem Auslande". Einen Tag lang mag es wohl gedauert haben, bis die Sendung bei Beethoven im Schwarzspanierhause einlangte. Und so stimmt es mit dem überein, was Schindler berichtet, dass nemlich Wein und Arznei am 24. März an Beethovens Krankenlager gestellt wurden. „Schade, schade — zu spät", sagte dann noch der Leidende, der bald darauf in Agonie verfiel.

Für die „Leichenkosten", d. h. für die Begräbniskosten sind in der Verlassenschaftsabhandlung alle Belege erhalten. Das Deutsch in den meisten Quittungen ist geradewegs bewunderungswürdig schlecht, ungefähr so wie wir es schon im Nachlassverzeichnisse kennen gelernt haben. Im ganzen hat das Begräbnis (IIer Classe) 404 fl. gekostet. Der Trauerwagen wurde von vier Pferden gezogen. Die Überführung in den Währinger Friedhof erfolgte im „ganz schönen Gallawagen". Nennenswert waren die Ausgaben für 36 Stücke „feine Wachsfackeln" à 1 fl. 24 Kr. für mehr als 10 Pfunde Wachskerzen. Man verbrauchte sie an drei Altären, für Geistliche, Messner, „für die Musik und Conductansager" (zusammen 65 fl.). 50 fl. hatte man an die Pfarre, Kirche und das Armeninstitut Währing zu zahlen „für Todtengräber, Träger, Ansager und Vorbether, Messner, Ministranten, Ausläuter, für mitgehende Institutsarme und Schulkinder sammt Aufsichtstragenden Schulgehülfen für das Miserere und Motteten, für Libera und Assistenz". Die Quittung vom 28. März 1827 ist unterfertigt von „Johann Hayek Pfarrer". Die Benutzung des Bartuches kostete 6 fl.; für Messen zahlte man 12 fl. 30 kr., für die Grabstätte 30 fl., für die Steinarbeiten der Gruft 80 fl. Dazu kamen noch Auslagen für den Hausmeister im Schwarzspanierhause. Breuning hatte den Hof „putzen" lassen aus Anlass des Leichenbegängnisses. Schindler legte endlich noch eine Quittung über 16 fl. für Fuhrwerk vor.

Die Verlassenschaftsabhandlung Beethovens enthält noch viele andere Dokumente, die vielleicht bei Gelegenheit von Interesse sein könnten. Diesmal weise ich nur noch in aller Kürze auf die erhaltene „Convocation der Erben und Gläubiger" Beethovens hin, die in der Zeit vom 26. bis 31. Mai 1827 veröffentlicht wurde, ferner auf die Feilbietung der Musikalien. Am 16. August 1827 wurde dieser wichtigste Teil des Nachlasses gerichtlich geschätzt. Dr. Bach wendete sich an den Magistrat, um die Versteigerung auf den Oktober zu verschieben, da im August und September alle kaufkräftigen Musikfreunde auf dem Lande seien. Das Gesuch wurde bewilligt. Danach fand die Versteigerung am 5. November statt u. z. in der inneren Stadt „am Kohmarkte im Klein-Baron-Brandauschen Hause No. 1149 auf der hinteren Stiege links, im zweyten Stocke links."

Das Verzeichnis der damaligen Versteigerung ist folgendes:

„Gerichtliche Inventur und Schätzung
d. d. 16. August 1827,

der zur Verlassenschaft gehörigen Musikalien und Bücher des am 26. März 1827 in Wien im Schwarzspanierhause No. 200 verstorbenen Tonsetzers L u d w i g v a n B e e t h o v e n."

Gegenwärtige:
Brandstätter (Ferdinand), Magistrats-Sekretär,
v. Ortowitz (Franz), Sperr-Commissär,
Ohmeyer, in Vertretung des Dr. Bach als Curator,
Hotschevar (Jacob), k. k. Hof-Concipist und Vormund [des Neffen].

Ferner
an hiezu besonders Eingeladenen:
Czerny (Carl), Compositeur und erbethener Zeuge,
Piringer (Ferdinand), k. k. Hofkammer-Registr.-Dir.-Adjunct,
Haslinger (Tobias), privil. Kunst- und Musikalienhändler.

Und die beyden Schätzmeister
Artaria (Dominik), privil. Kunst- und Musikalienhändler,
Sauer (Ignatz), gewesener Kunst- und Musikalienhändler.

Angesprochene Werke.
Für Graf Lichnowsky: 1 Band geschriebener Inventionen und Praeludien von Bach, 6 Bände von Händels's Werken, cartonirt.

Für H. Schindler: Messe von Beethoven D in 3 Hymnen geschrieben.
Herrn von Zmeskall: Glucks Iphigenie auf Tauris. Orpheus und Eurydice ist abgängig.
Herrn von Kuffner: Text zu einer Cantate, 1ste Abtheilung Saul kehrt nach glänzenden Siegen etc.
Für das K. K. Hof-Theater: Textbuch zu Fidelio. Textbuch zu der edelste Mann.
Hrn. v. Piringer: Gradus ad Parnassum von Fux.
Steiner und Compag.: Vollständige Originalpartitur der 7ten Symphonie A . Siegessymphonie von der Schlacht bei Vittoria. Originalpartitur. Finale der 8ten Symphonie. F-dur. Der heilige Augenblick. Cantate in Partitur. Ausgeschriebene Stimmen einer Cantate und Partitur für den Chordirektor in 2 Pacqueten.
Artaria und Compag. gehörig, weil solche H. v. Beethoven geliehen worden: 6 Bände von Metastisio's Werken. Partitur des Ballets Prometheus. Rondo, primo Amore für Gesang. Terzetto für 2 Oboe e Corno (anglaise). Ouverture von Fidelio. Andante Vivace mit Gesang. Sonate für Pianoforte.
F. Starke, Kapellmeister: No. 175. Kleinigkeiten für Klavier zu Starke's Klavierschule.
No. 204. Reutter. Graf Lichnowsky. [NB. Reutters Cantate wurde vom Grafen Lichnowsky beansprucht.]

Auctions-Catalog.

Rubrik I.
Beethovens eigenhändige Notirungen und Notirbücher.

No.		Geschätzt fl. kr.	Verkauft fl. kr.
1	Notirungen und Notirbücher. . . .	1 —	1 15
2	„ „ „	1 —	1 15
3	„ „ „	1 —	1 15

No.		Geschätzt fl. kr.	Verkauft fl. kr.
4	Notirungen und Notirbücher	1 —	1 16
5	„ „ „	1 —	1 15
6	Notirbuch	1 —	1 15
7.	„	1 —	1 30
8.	Notirungen	1 —	1 25
9.	„	1 —	1 15
10.	„ und Skizzen	1 —	1 15
11.	Notirbuch	1 —	2 12
12.	Notirungen und Skizzen	1 —	1 15
13.	Notirungen	1 —	1 16
14.	„	1 —	1 15
15.	„	1 —	1 15
16.	„	1 —	2 06
17.	Notirbuch	1 —	2 50
18.	Notirungen	1 —	1 22
19.	„	1 —	1 30
20.	„	1 —	2 10
21.	Notirbuch	1 —	2 02
22.	„	1 —	3 —
23.	Notirungen	1 —	
24.	Notirbuch	1 —	3 01
25.	Notirungen	1 —	
26.	„	1 —	1 30
27.	„	1 30	1 30
28.	Notirbücher	1 —	2 10
29.	Notirbuch	1 —	2 36
30.	Notirungen	1 —	
31.	2 Notirbücher	1 —	2 03
32.	Notirbuch	1 —	2 03
33.	Notirungen	1 —	2 —
34.	„	1 —	1 30
35.	Notirbuch	1 —	2 44
36.	Notirungen	1 —	1 30
37.	„	1 —	1 15
38.	„	1 —	1 15
39.	Notirungen und Notirbuch	1 —	1 30
40.	Notirbuch	1 —	2 —
41.	Grosses Notirbuch . . . . . . ,	1 —	2 —
42.	Notirungen	1 —	1 —
43.	Notirbuch und Notirungen	1 —	1 —

No.	Geschätzt fl. kr.	Verkauft fl. kr.
44. Notirbuch und Notirungen	1 —	1 30
45. 2 Notirbücher	1 —}	2 30
46. Notirungen	1 —}	
47. Notirbuch	1 —	1 10
48. Notirungen	1 —	1 10
49. Notirbuch	1 —	1 10
50. Notirungsbuch	1 —	1 10
51. Soufleurpart aus der Oper Fidelio, 2 Acte, Abschrift mit eigenhändigen Bemerkungen	2 —	2 30

Rubrik II.

Brauchbare Skizzen, Fragmente und zum Theil unvollständige noch ungedruckt und eigenhändig geschrieben.

No.	Geschätzt fl. kr.	Verkauft fl. kr.	
52. Quartett-Skizzen	2 —	2 36	
53. Skizzen	2 —	2 30	
54. Quartett-Skizzen	2 —	2 30	
55. Vollständige Piecen und Skizzen	3 —	3 30	
56. Vollständige Skizzen	3 —	3 01	
57. Quartett-Skizzen	2 —	3 —	
58. Italienische Ariette	2 —}	6 30	
59. Skizze eines Quintetts, noch unbekannt	2 —}		
60. Brauchbare Skizzen	2 —		
61. Abschrift des Clavier-Trio Op. 1, arrangiert wie Quintett von Anonym	1 —	1 —	
62. Abschrift des Trio No. 2	2 —	3 —	(In der Abschrift bei Artaria die Bemerkung „Spina".)[1]
63. Messen-Skizzen	2 —	3 —	(A. b. A. „Spina" 2 fl.)
64. Quartett-Skizze, Bagatellen für P.-F.	2 —	2 30	(A. b. A. „2 f. 30 Artaria".)
65. Skizze eines Klavierconcerts	2 —}	3 —	
66. Bagatellen	2 —}		
67. Gesangstück mit Orchester vollständig aber nicht gänzlich instrumentirt	3 —	9 30	

---

[1] A. b. A. bedeutet in der Folge die Notizen, die aus der Abschrift bei Artaria beigefügt sind.

No.	Geschätzt fl. kr.	Verkauft fl. kr.
68. Lied	1 —	1 16
69. Sextett	2 —	2 30
70. Original-Lieder	3 —	3 30

Rubrik III.
Eigenhändige Manuscripte von gestochenen Werken.

No.	Geschätzt fl. kr.	Verkauft fl. kr.
71. Sonate für Pianoforte	— 30	2 33
72. Manuscript bei Simrock gestochen	1 —	1 24
73. 2 Clavier-Trio bei Breitkopf sammt Abschrift	2 —	3 40
74. An die Hoffnung, Lied	— 20	1 30
75. Gesang der Nachtigal, Lied	— 10	1 —
76. Manuscript für Pianoforte und andere Instrumente, wahrscheinlich Schottische Lieder	1 —	1 30
77. Quartettstück, bei Schott	— 30	1 —
78. Quartettstück	1 —	3 03
79. „	— 30	1 06
80. Finale aus der Pastoral-Symphonie in Partitur	1 30	2 06
81. Partitur aus der 4ten Symphonie 1stes Stück	1 30	5 —
82. Ein Stück aus der Oper Fidelio in Partitur	— 40	2 06
83. Abendlied	— 30	1 15
84. Fuge im Quartett	— 30	3 —
85. Fantasie-Sonate	— 45	1 40
86. Sonate für Klavier und Violine	— 45	2 59
87. Kyrie der 1sten Messe in Partitur	1 —	1 24
88. Marsch aus Fidelio. Partitur	— 40	1 40
89. Clavierconcert in Es. Partitur	2 —	3 45
90. Variationen für Pianoforte	1 —	1 30
91. Sonate für P.-F. u. Violoncelle	1 —	2 30
92. 54ste Sonate für Pianof., nicht vollständig	— 30	— 36
93. Romance für Violin. Partitur	— 30	3 45
94. Quartett-Stück	— 40	— 52

No.		Geschätzt fl. kr.	Verkauft fl. kr.	
95.	Violin-Quartett-Stück, wahrscheinlich bei Schlesinger	5 —	5 —	(A. b. A. „Holz".)
96.	Aus Leonore ein Stück in Partitur	— 20	— 24	
97.	4te Symphonie in Partitur	4 —	5 —	
98.	Schottische Lieder	— 40	1 —	
99.	Lieder	— 40	— 48	
100.	Opferlied. Partitur	— 40	1 —	
101.	Sonate für Pianoforte	1 —	1 30	
102.	Violin-Quartettstück	4 —	4 —	(A. b. A. „Artaria".)
103.	Christus am Oelberg. Partitur	6 —	7 —	
104.	Gloria aus der ersten Messe. Partitur	3 —	5 55	
105.	5te Symphonie. Partitur	5 —	6 —	
106.	Andante aus der Pastoral-Symphonie Partitur	3 —	1 18	
107.	Bagatellen für Pianoforte	1 —	2 03	
108.	Finale des Concerts in Es. Partitur	2 —	2 20	
109.	Festouverture in Partitur	2 —	2 30	
110.	Quintett für Violin	2 —	2 30	
111.	Pièces aus Egmont	— 20	— 50	
112.	Quartett von Haydn in Partitur, geschrieben von Beethoven	— 40	1 —	
113.	Symphonie in Partitur	4 —	5 —	
114.	Fuge von Sebastian Bach im Quartett, geschrieben von Beethoven	— 30	— 40	
115.	Concert für Pianoforte in C dur. Partitur	3 —	4 13	
116.	Sonate für Pianoforte in As	1 —	2 —	
117.	Bruchstück zu einem Quartett	— 45	1 36	
118.	Finale des Quartetts in Cis moll	1 —	1 20	
119.	Quartettstücke	2 —	3 —	
120.	Skizzen aus einer Claviersonate	1 —	2 05	
121.	Varationen für Klavier	1 20	2 —	
122.	Original-Partitur des Septetts	3 —	18 —	
123.	Quartettstück	— 40	1 —	
124.	Sonate für Pianoforte u. Flöte	1 —	1 30	
125.	2tes Clavier-Concert in Partitur	3 —	4 —	
126.	Letzte Messe in Partitur	6 —	7 —	
127.	Quartettstück	— 40	1 —	
128.	Lied an Chloe	— 30	1 06	
129.	Zwey Finale aus der Oper Leonore	4 —	5 —	

	Geschätzt fl. kr.	Verkauft fl. kr.
No.		
130. Zwey Quartettstücke	1 30	5 10
131. Zwey Gesangstücke	1 —	2 48
132. Agnus Dei in Partitur	1 30	2 —
133. Lieder von Gellert	— 30	1 —
134. Lieder von Goethe	— 30	1 20
135. Zwei Sonates für Pianoforte	1 30	2 —
136. Stück aus einer Sonate für P.-F. u. Violin	— 30	— 45
137. Entr'Actes zu Egmont	2 —	3 —
138. Sonate für Pianoforte u. Violoncello	— 45	1 30
139. Quintett in Es	1 —	2 30
140. Sonaten für Pianoforte und Violin	1 30	3 12
141. Concertstücke für Pianoforte	5 —	4 — (A. b. A. „4 f. Haslinger".)
142. Der Wachtelschlag	— 30	2 —
143. Chor aus der Guten Nachricht	— 40	4 30
144. Fremde Abschrift der Sinfonie Eroique in Partitur mit eigenhändigen Anmerkungen	3 —	3 10
145. Fremde Abschrift der Ouverture zu Egmont in Partitur (1810)	1 —	1 09
146. Fremde Abschrift des Chors der Ruinen von Athen	— 40	1 —
147. Fremde Abschrift des Triumph-Marsches zu Tarpeja in ausgeschriebenen Stimmen	1 —	1 45
148. Fremde Abschrift der Fantasie mit Chor in Partitur	1 —	1 20

Rubrik IV.

Hinterlassene, nicht vollständige und eigenhändige geschriebene, noch nicht gestochene Originalmanuscripte von Ludwig v. Beethoven.

	Geschätzt fl. kr.	Verkauft fl. kr.
No.		
149. Contrapunktische Aufsätze, wahrscheinlich anderer Meister, mit seinen eignen Anmerkungen, 5 Pakete	10 —	74 — (A. b. A. „Haslinger 74 f.".)

No.		Ge- schätzt fl. kr.	Ver- kauft fl. kr.	
150.	Recitative u. Gesangstück mit Orchester in Partitur	5 —	6 03	
151.	Italienische Gesänge, wahrscheinlich unbekannt	3 —	4 —	
152.	Vollständiger Satz eines Quintetts für Violine	3 —	4 —	(A. b. A. „Artaria".)
153.	Vollständiges Gesangstück, Prüfung des Küssens	5 —	6 —	(A. b. A. „Haslinger".)
154.	Italienisches Duett in Partitur	5 —	6 12	(A. b. A. „Artaria".)
155.	Canon und vierstimmiges Lied	2 —	2 30	(A. b. A. „Artaria".)
156.	Mehrere Lieder, scheinen unbekannt	1 30	1 45	
157.	Zwey vollständige kleine Stücke für P.-F., aus seiner früheren Zeit	1 —	1 —	
158.	Lied und Kirchensatz	1 —}	6 36	(A. b. A. „Kirschbaum".)
159.	Zwei Zapfenstreiche in Partitur	5 —}		
160.	Bruchstück eines unbekannten Trios für P.-F.	1 —	1 20	(A. b. A. „Haslinger" 1,26?.)
161.	Original-Cadenz zum 1sten Concert in C dur (nur der Schluss fehlt)	— 20	— 45	(A. b. A. „Haslinger" 24 kr.)
162.	Marsch für die Harmonie	2 —	2 20	(A. b. A. „Haslinger" 2 fl. 20".)
163.	Zwei Lieder	1 —	1 12	(A. b. A. „Stein".)
164.	Ruinen von Athen in Partitur, unvollständig	10 —	8 —	(A. b. A. „Artaria".)
165.	Skizze, wahrscheinlich für Quartett oder Gesang	2 —	2 20	(A. b. A. „Artaria".)
166.	Drey Originalsätze eines Quartetts für Pianoforte, 2 Violinen u. Violoncelle	2 —	4 06	(A. b. A. „Artaria".)
167.	Vollständiges Gesangwerk	6 —	9 03	(A. b. A. „Kerschbaum".)
168.	Scene und Arie, Italienisch in fremder Abschrift, aber Original von 1796	2 —	5 10	(A. b. A. „Haslinger".)
169.	Einige Nummern aus König Stephan in Original-Handschrift und einige in Abschrift	5 —	3 —	(A. b. A. „Haslinger".)
170.	Sammlung unbekannter, zum Theil vollständiger Sätze	3 —	6 36	(A. b. A. „Spina".)
171.	2 vollständige Manuscripte vom 12ten Jahre des Compositeurs — 1 Fuge und ein Concert für's Pianoforte	2 —	2 —	(A. b. A. „Artaria".)

No.	Geschätzt fl. kr.	Verkauft fl. kr.	
172. Claviersätze	2 —	3 09	(A. b. A. „Kirschbaum".)
173. Bruchstück eines neuen Violinquintetts vom November 1826, letzte Arbeit des Compositeurs	10 —	30 30	(A. b. A. „Spina".)
174. Canon a due Voce	— 20	1 —	(A. b. A. „Stein".)
175. (Starke)			
176. Kleinigkeiten, vollständig fürs P.-F.	3 —	2 —	(A. b. A. „Artaria".)
177. Rondo mit Orchester fürs P.-F., unbekannt	10 —	20 —	(A. b. A. „Spina".)
178. Märsche für Orchester, nicht gewiss ob selbe bekannt sind	5 —	10 50	
179. Unbekanntes Trio für P.-F. u. Flöte u. Fagott, frühere Arbeit noch in Bonn	8 —	20 —	(A. b. A. „Haslinger".)
180. Orchesterstück mit Chor, unbekannt	5 —	6 —	(A. b. A. „Haslinger".)
181. Menuette fürs Orchester nebst Abschrift	3 —	8 06	(A. b. A. „Artaria".)
182. Satz eines unbekannten Violinconcerts	2 —	10 —	(A. b. A. „Spina".)
183. Lied, unbekannt	1 —	3 50	(A. b. A. „Spina".)
184. Clavierstücke mit Begleitung, zum Theil unbekannt	2 —	6 31	
185. Leichte Caprice für das P.-F., unbekannt	1 —	20 30	(A. b. A. „Spina")
186. Sehnsucht, Lied, wahrscheinlich unbekannt	1 —	— 48	(A. b. A. „Stein".)
187. Arie mit Clavier-Begleitung, vollständig	2 —	3 24	(A. b. A. „Haslinger".)
188. Lied mit fünfstimmiger Begleitung, vollständig	2 —	8 43	(A. b. A. „Artaria".)
189. Sinfonie von Haydn in B, Partitur scheint Handschrift von Haydn zu sein	3 —	3 30	(A. b. A. „Artaria".)

Rubrik V.
Ausgeschriebene Stimmen zu Beethoven'schen Werken.

No.	Geschätzt fl. kr.	Verkauft fl. kr.
190. Zur letzten Sinfonie	3 —	3 30
191. Zu Christus am Oelberg	2 —	2 30

Beethovenstudien. II.

No.		Ge-schätzt fl. kr.	Ver-kauft fl. kr.
192.	Zur Sinfonie in A dur	2 —	3 —
193.	Chorstimmen zu Schiller's Lied An die Freude	1 —	1 12
194.	Wellington's Schlacht	1 30	1 45
195.	Ouverture zu Leonore	1 —	3 —
196.	2 Packete zur Ouverture bei Aufführung im Johephstädter Theater (Op. 124)	— 30	— 40
197.	Zu zwey Sinfonien. 2 Packete	— 20	— 40
198.	Zur Messe	— 30	1 —
199.	Zu einer Sinfonie, Tänze, Marsch	— 30	— 40

Geschriebene Musikalien verschiedener Compositeurs.

200.	Madrigali von Lughini, nebst 17 verschiedenen Stücken	— 30	1 —
201.	18 verschiedene Piecen	— 20	— 24
202.	Leonore von Paer, Partitur	1 —	1 20
203.	Abschrift des Quartetts für Violine in Partitur von Beethoven an H. Schlesinger verkauft, nebst 19 verschiedenen Piecen	1 30	2 50
204.	Reutter, Cantata, Parnasso-Partitur	1 —	1 — (A. b. A. „Artaria".)
205.	24 verschiedene Piecen	— 30	— 35
206.	13 „ „	— 20	— 30
207.	Bach's Kunst der Fuge	— 30	1 03
208.	17 verschiedene Stücke	— 20	— 40 (A. b. A. „Artaria".)
209.	Beethoven's Sinfonie in B u. mehrere Stücke aus Fidelio in Partitur-Abschriften	1 —	4 30
210.	Fanisca von Cherubini. Partitur in 4 Livr.	3 —	4 40 (A. b. A. „Artaria".)
211.	21 verschiedene Piecen	— 30	4 50
212.	Fidelio in Partitur, complett nebst Textbuch	8 —	15 — (A. b. A. „15 f. „Artaria".)
213.	Ouverture in Partitur. — 3 u. 4 stimmige Gesänge von Haydn. — nebst 17 verschiedenen Stücken	1 —	2 10 (A. b. A. „Artaria".)

	Geschätzt fl. kr.	Verkauft fl. kr.	
No.			
214. Clavierconzert von Beethoven in Partitur mit einigen Original-Correcturen, nebst 10 verschied. Piecen	1 —	2 —	
215. 15 verschiedene Piecen	1 —	3 45	(A. b. A. „Artaria".)
216. Mozarts Zauberflöte in Partitur	3 —	5 36	

Rubrik VI.
Gestochene Musikalien.

217. Beethoven's Wellington's Sieg bei Vittoria in Partitur	1 —	4 —	
218. Dasselbe Werk	1 —	4 30	
219. Beethoven's Messe in Partitur, nebst 25 verschiedenen Stücken	— 30	3 06	
220. 18 verschiedene Stücke	— 30	1 30	
221. Messias von Händel u. Mozart. Le deux petits Savoyards von Dalairac Idomeneo von Mozart in Clavier-Auszug. Mozart's Requiem in Partitur	2 —	7 30	
222. Beethoven's Christus am Oelberg in Partitur Fidelio in Clavier-Auszug. Le Cadi dupé (Gluck). Partitur	2 —	3 15	
223. Beethoven's Sinfonie in Partitur Nr 1, 2 Guilio Sabino von Sarti Preindel Gesanglehre	1 —	3 03	
224. Haydns Schöpfung in Partitur	3 —	4 —	
225. Haydn. Messe Nr. 3. Partitur „ „ „ 1. „ Beethoven. Christus am Oelberg. Partitur	1 30	4 —	
226. Beethovens Fidelio in Clavier-Auszug Select collection of Irish Melodies by Beethoven. 2 Volumes. Edinburgh	2 —	15 49	(A. b. A. „Kirschbau"[m].)
227. Mozart. Don Juan in Partitur, nebst 15 anderen Stücken	2 —	8 34	
228. Mozart. Cosi fan tutte in Partitur, nebst 9 verschiedenen Stücken	1 —	6 12	

No.		Geschätzt fl. kr.	Verkauft fl. kr.
229.	Beethoven. Christus am Oelberg in Partitur .... Fugen von Reicha und Medea von Cherubini in Partitur .	2 —	12 —
230.	Mozart. Titus in Partitur, nebst 10 verschiedenen Stücken......	1 —	3 —
231.	Haydn. Jahreszeiten in Partitur . Dalairac. „La Soirée orageuse." Partitur............ Salieri. „Les Danaides." Partitur	2 —	7 12
232.	The Mount of Olives by Beethoven . Mozart's Quartetten in Partitur . . Felix in Partitur......... Valentine de Milan par Mehul. Partition	2 —	8 40
233.	Beethoven Leonore und Christus am Oelberg im Clavier-Auszug nebst 6 verschiedenen Stücken......	1 —	5 03
234.	Sinfonie von Beethoven, Op. 125, in Partitur, nebst 12 verschied. Stücken	1 —	7 03
235.	Bach's Kunst der Fuge, nebst 12 verschiedenen Stücken........	1 —	2 32
236.	Händel's Clavier-Suiten, nebst 15 verschiedenen Stücken........	— 40	2 18
237.	Beethoven. Sinfonie, Op. 125, in Partitur, nebst 15 verschiedenen Stücken	1 30	— 06
238.	Intermezzo. La Serva Padrona von Paisiello .... 2 Entr'Actes d'Egmont von Beethoven, nebst verschiedenen Musikalien .	1 —	1 —
239.	Händel's Werke in 40 Franzbänden. London-Ausgabe	50 —	102 — (A. b. A. „Haslinger 102 f.")
240.	(Ausgestrichen.)		
241.	Händel's Julius Caesar.......	1 —	2 10
242. 243. 244.	(Ausgestrichen.)		
245.	Händel's Alexander's Fest. Partitur Ms.	1 30	2 —
246.	Chöre aus Händels Oratorien . . .	— 30	— 40

		Geschätzt fl. kr.	Verkauft fl. kr.
No.	Musikalische Bücher.		
247.	Knecht's Orgelschule und Bach's Art das Clavier zu spielen	1 —	3 40
248.	1 Pack musikalischer Zeitungen	— 30	3 15

249.	Camphuysens Rymen. Amsterdam 1647
	Collection of Songs
	Riepel's Tonordnung
	  „ Contrapunkt 5 Bände Folio
	  „ Setzkunst
		1 30	2 —

250.	Kienberger's Werke, 6 Bände Koch. Harmonie Vogler. Choralsystem Türk. Organist	1 —	2 40
251.	Oeuvres de Haydn en partition. 14 Volumes 8. Paris	2 —	14 03
252.	Traite de la Fugue par Marbourg et diverses autres pièces	1 —	1 37

       Clavier, verkauft von Spina 181 fl.
       Medaille.......
       2 Violinen....... 33 fl.

Zu diesem Verzeichnis muss beachtet werden, was Schindler über geschehene Einschübe mitteilte (IV. S. 367 f. und S. 308 und 128 und 180 ff.). Während Schindler sagt „Von Jos. Haydn und Cherubini war keine Note da, von Mozart ein Theil der Partitur von Don Giovanni und viele Sonaten", führt das Verzeichnis der Inventur des Beethovennachlasses Cherubinis Fanisca drei Werke von Haydn und noch vieles andere an, das Schindlern stutzig machte. „Über solche Reichhaltigkeit allein in der musikalischen Abtheilung (bei notorischem Abgange selbst eines kleinen Musik- oder Bücherschrankes in des Meisters bescheidener Wohnung) hat der Verfasser alsbald seine Verwunderung unverholen ausgesprochen, als ihm dieses Verzeichnis in Wien zu Gesicht gekommen war; mit voller Sicherheit konnte er sich äussern, dass diese und jene in demselben mit aufgeführten Werke Beethoven nicht besessen und dass selbe durch irgend jemanden widerrechtlich eingeschmuggelt worden, um bei der Versteigerung ansehnliche Preise dafür zu erzielen; dass dergleichen bei Nachlassversteigerungen berühmter Leute oft zu geschehen pflegt, ist ja bekannt. Nichts leichter aber als ein Einschmuggeln fremder Gegenstände in den Nachlass jeglicher Art unseres Meisters, da der Verlassenschafts-Curator das Abhandeln dieser wichtigen Angelegenheit einem Manne übertragen hatte, der mit den Hauptagenten bei dem Versteigerungsacte auf vertrautem Fusse gestanden und in Rechtssachen überhaupt sehr geringen Vertrauens genossen — wenn nicht mehr zu sagen . . ."

Diese Angelegenheit soll, da ich Schindler gelesen haben muss, angedeutet werden, ohne dass ich sie weiter durchzuarbeiten gedächte. Ich halte es so, wie in der Streitigkeit über die Geschichte von Op. 29. Juristen mögen sich einarbeiten und dann den ganzen Fall klarlegen, der weder die Lebensgeschichte des Meisters klären hilft, noch das Verständnis seiner Werke fördert.

Die Schätzung der einzelnen Stücke des Nachlasses war eine auffallend niedrige, aber immerhin eine, die der damaligen Wertschätzung Beethovenscher Autographe entsprach. Denn auch bei der Versteigerung wurden keine hohen Preise erzielt. Heute zahlt man das Hundertfache für die meisten der Handschriften, die damals geradewegs verschenkt wurden. Meistens waren es nur wenige Gulden, die für ganze Autographenbände gezahlt wurden. Kleinere Stücke waren oft nur mit einigen Sechsern bewertet worden. Das meiste gelangte in die Hände der Firmen Artaria u. Compagnie und Haslinger. Im übrigen sind die Blätter, Hefte und Bände, die damals noch beisammen waren, nach allen Richtungen der

Windrose verteilt, sogar der Haslingersche Anteil ist zersplittert. Nur die Artariasche Beethovensammlung ist, einige Stücke ausgenommen, beisammen geblieben und auf dem Umwege über Dr. Erich Priegers Besitz als Ganzes nach Berlin gewandert. Wie sehr wir nun auch bedauern, dass schon 1827 der musikalische Nachlass Beethovens zerrissen worden ist, so dient uns doch als Trost der Gedanke, dass die künstlerischen Werte, die uns Beethoven hinterlassen hat, dadurch nicht vermindert werden. Sie bestehen ja in den grossen Hauptwerken, die längst vor Beethovens Ableben entweder durch den Druck vervielfältigt oder durch Abschriften festgehalten worden sind. Fehlt uns auch der Nachweis gar manchen Blättchens aus dem Nachlasse, ist es auch schwer, ja sicher unmöglich, alles bis auf die kleinste Notierung wieder zusammen zu finden, was überhaupt an Beethovenschen Musikhandschriften auf uns gekommen ist, so entschädigt uns dafür die Erhaltung aller wesentlichen Werke, die Beethoven noch selbst abgeschlossen hat und die als Riesendenkmal musikalischer Schöpferkraft vor uns stehen.

Der Klavierspieler Beethoven

Für alle Zeiten verklungen sind die Tongestaltungen, die Beethoven dem Klavier entlockt hat. Allerdings sind sie nicht alle ganz vernichtet in dem Sinne, als wären es lauter Einziggestalten gewesen, von denen nach ihrem Hinausklingen überhaupt gar nichts mehr zurückgeblieben ist. Aber sie können durch uns im besten Falle nur auf Umwegen wieder belebt werden. So günstig steht es um Beethovens Spiel seiner niedergeschriebenen Kompositionen. Die freien Phantasien Beethovens zählen jedoch leider zu dem gänzlich Verlorenen. Alles Lob, alle begeisterte Bewunderung, die durch die Musikgeschichte überliefert sind, haben uns von diesen Erzeugnissen augenblicklicher Eingebung nicht einen Ton gerettet. Gab es doch zu Beethovens Zeiten noch keine brauchbaren Vorrichtungen, eine Improvisation festzuhalten, und wir sind auf mehr oder weniger gefestete Vermutungen angewiesen, auf Hypothesen, die von den gedruckten Kompositionen ohne Zweifel auszugehen haben. Ungefähr kann man sich ja vorstellen, in welchen Stilarten Beethoven als Knabe, als Jüngling in Bonn phantasiert hat und welchen musikalischen Charakter sein freies Spiel in verschiedenen Abschnitten seiner Wiener Zeit an sich getragen haben dürfte. Wahrscheinlichkeiten hohen Grades können unsere Vermutungen leiten, und hier und da halten wir uns an sogenannte „Gewissheiten", die für unsere Wiederaufbaue immerhin bestimmte Grenzen abstecken. Derlei Grenzen sind beispielsweise gegeben im Bau, in der Schallstärke und besonders im Umfang der Klavierinstrumente, die Beethoven benutzt hat. Wer hätte nicht Gelegenheit gehabt, Klaviere aus Beethovens Zeit zu versuchen, wer hätte nicht die weiche runde Klangfarbe alter Streicherscher Klaviere kennen gelernt? Die Eindrücke von den Klangfarben dieser Instrumente wären z. B. Steinchen, kleine Steinchen zu dem Versuchsbau, den ich aufrichten möchte, um den Klavierspieler Beethoven uns wieder lebendig zu machen. Etliche Baumittel ergeben sich aus zeitgenössischen Berichten. Verkittet wird alles dann durch Wahrscheinlichkeiten, die aus Beethovens innerem Wesen, aus seinem Temperament entnommen werden. Man gestatte eine Art Einteilung in Bedingungen und Anregungen, die a u s s e r h a l b des Spielers und in solche, die i n ihm gelegen haben. Von vornherein lässt sich aussprechen, dass wir Beethoven, so eigenartig er war, nicht aus dem Rahmen seiner Zeit herausheben dürfen. Dann wieder wird uns der Mensch Beethoven selbst, der innere und der äussere, bestimmte Richtungen weisen, die bei der Arbeit inne gehalten werden müssen.

In bezug auf die Einflüsse der Zeit Beethovens wird uns die Frage angehen, aus welcher Schule Beethovens Klavierspiel hervorgegangen ist. Seine Lehrzeit und die Betrachtung des Klavierspiels zur Zeit seiner Jugend gewinnen hier besondere Bedeutung.

In Beziehung auf die Bedingungen, die durch Beethoven selbst gegeben waren, hat uns die Persönlichkeit des Künstlers die nötigen Anhaltspunkte zu liefern, seine kräftige, untersetzte Gestalt, die breite Hand von verhältnismässig geringer Spannweite, das lebhafte, auffahrende, dann wieder grübelnde Wesen. Hat doch gewiss das allgemeine Naturell Beethovens auch in seinem Klavierspiel Widerhall gefunden. Endlich kennen wir ja auch in vielen Fällen den Inhalt dessen, was der Künstler gespielt hat; auch wie schon angedeutet, haben wir einige Kenntnis von den Instrumenten, die ihm als Werkzeuge seines Vortrages dienten. Wir werden also von vornherein bei Beethoven nicht die Leistungen der eisernen Riesenhand eines Liszt erwarten dürfen, die in allen Anschlagsformen fast gleicherweise ausgezeichnet war, und im Fingersatz ganz neue Bahnen gebrochen hat, auch nicht die etwas tonschwachen Gebilde der weichen, nervös beweglichen Hand eines Chopin, sondern eine noch bescheidenere Technik, bedingt durch eine wenig umfangreiche und wenig widerstandsfähige Klaviatur, diese Technik aber durchblitzt von einem überaus erfindungsreichen eigenartigen Feuergeiste und ausgeübt von einer kraftvollen, nicht selten rücksichtslosen Hand.

Wollen wir dem Thema näher zuleibe rücken, so muss von der Biographie des Meisters ausgegangen, muss dem Kinde die grösste Aufmerksamkeit gewidmet werden, als es in Bonn zum Klavierspiel angehalten wurde, dem Jüngling, als er zielbewusst sich in seiner Kunst vervollkommnete.

Beethoven war ein früh entwickeltes Talent, aber kein Wunderkind etwa im Sinne Mozarts, obwohl ihn Vater Beethoven zu einem solchen durch falsche Angabe des Alters machen wollte. Aber den Beginn des Musikunterrichtes durch Johann van Beethoven muss man doch in die Zeit zwischen dem vierten und dem sechsten Lebensjahre Beethovens zurückversetzen. Mehrere Bonner Zeitgenossen haben den Kleinen noch auf einem Schemel am Klavier während des Unterrichtes stehen gesehen, gelegentlich weinend infolge der Strenge des väterlichen Lehrers.[1]) Auch sei eines späteren Zusam-

---

[1]) Von diesem Unterrichte erfahren wir durch Cäcilia Fischer, durch Oberbürgermeister Windeck und Dr. Wegeler. Vgl. Thayer I. S. 111, 338, und die neue von Deiters bearbeitete Auflage S. 120 ff. — Über die Jugendzeit Beethovens haben die trefflichen

menhanges wegen erwähnt, dass der kleine Ludwig damals auch täglich Lehrstunde im Violinspiel erhielt, später auch im Violaspiel. Noch in seiner ersten Wiener Zeit war Beethoven auf die Vervollkommnung seines Violinspieles bedacht.[1]) Endlich, als einige Fertigkeit auf dem Klavier erreicht war, begann auch der Unterricht an der Orgel in der Franziskanerkirche, wo dem Kinde die Behandlung des Instrumentes zunächst von dem Franziskanerfrater Willibald Koch beigebracht wurde, der als guter Organist gelten konnte.[2]) Späterhin versuchte sich Ludwig auch auf der grösseren Orgel des Minoritenklosters.

Wenngleich der Klavierunterricht beim Vater hier und da ganz zweckmässig und auch streng gewesen sein mochte, so war er doch gewiss kein hinreichend regelmässiger. Ein bedeutender Lehrerfolg konnte zudem auch nur von einem an und für sich tüchtigeren Musikpädagogen erwartet werden, als es Johann van Beethoven war. Nach einem solchen wurde denn auch gesucht. Allerdings der Tenorist Tobias Friedrich Pfeiffer,[3]) eine Figur von etwas undeutlichen Umrissen, der nun als Lehrer auftaucht, scheint auch kein solcher ge-

---

Forschungen A. W. Thayers ein vorher ungeahntes Licht verbreitet. Thayer hat mit grösster Sorgfalt das Material gesammelt und verarbeitet, aus welchem man sich ein nach Möglichkeit klares Bild von dem Bonner Musikleben bilden kann. Der Lehrgang Beethovens ist erst auf diese Weise klar geworden.

[1]) Thayer I. S. 339, II. S. 48. (Daneben auch zu beachten „Schweizerische Musikzeitung und Sängerblatt" XXIX. No. 19 — zur erfundenen Anekdote mit der Spinne.)

[2]) Vgl. das Fischersche Manuskript, mitgeteilt bei Thayer I. S. 339 ff.

[3]) Das Fischersche Manuskript spricht von einem (sonst nicht nachweisbaren) Meister Santerrini, der nicht lange ins Haus kam (Thayer I. S. 344) und der wohl nur einem Gedächtnisfehler seine Existenz verdankt. Über Pfeiffer vgl. Thayer I. S. 69 f.

wesen zu sein, denn, soweit wir den Unterricht kennen, den der nunmehr neunjährige Ludwig durch Pfeiffer genoss, lässt er sich durchaus nicht als ein methodischer bezeichnen. Eine in A. W. Thayers Beethoven-Biographie mitgeteilte Aufzeichnung des Cellisten Maurer, der 1777 nach Bonn gekommen war, sagt: „... oft, wenn Pfeiffer mit Beethovens Vater in der Weinschenke bis Elf oder Zwölf gezecht hatte, ging er mit ihm nach Hause, wo Louis im Bette lag und schlief; der Vater rüttelte ihn ungestüm auf; weinend sammelte sich der Knabe und ging ans Clavier, wo Pfeiffer bis zum frühen Morgen bei ihm sitzen blieb, da er das ungewöhnliche Talent desselben erkannte." Man erinnerte sich indes, dass sie beide, der kleine Beethoven auf dem Klavier und Pfeiffer ausnahmsweise auf der Flöte, so „schöne Musik" gemacht hätten, dass die Leute auf der Strasse stehen blieben und aufmerksam zuhörten.[1]) Pfeiffer verbrachte nur ein Jahr in Bonn. Sein Unterricht hat wohl keine tiefen Spuren in dem kleinen Ludwig zurückgelassen.

Der alte Van der Eden unterrichtete den Knaben hierauf im Orgelspiel, vielleicht auch ein wenig in der Komposition. Von massgebender Bedeutung dürfte für Beethoven auch Van der Eden nicht gewesen sein. Schade, dass über das Spiel des Kleinen in einer Bonner Akademie von 1778 so wenig, ja für unsere Zwecke nahezu gar nichts bekannt ist.[2])

Als eigentlich ernsten Unterricht können wir wohl erst den auffassen, den Beethoven mehrere Jahre hin-

---

[1]) Vgl. hauptsächlich die Angaben des Fischerschen Manuskriptes (Thayer I. S. 69, 113f., 344f.). Pfeiffer war vielleicht nur deshalb als Lehrer genommen worden, weil er in demselben Hause wie Beethoven wohnte.

[2]) Die Akademie ist besprochen in der Kölnischen Zeitung von 1870 (18. Dezember), bei Thayer II. S. 408 und bei Thayer-Deiters S. 120.

durch bei Christian Gottlob Neefe[1]) erhielt, einem Musiker, der damals geradezu berühmt war, wenngleich seine Kompositionen längst nicht mehr auf unseren Pulten zu finden sind. Neefe war 1779 nach Bonn gekommen und 1781 in kurfürstliche Dienste getreten. Um jene Zeit, also im 12. Lebensjahre Beethovens ungefähr, mag der Kursus bei diesem Lehrer begonnen haben. Neefe kann in bezug auf das Klavierspiel als Vertreter der Bachschen Schule betrachtet werden, insbesondere der Carl Philipp Emanuel Bach'schen. In der Selbstbiographie, die uns Neefe hinterlassen hat, spricht er von seinen eigenen ersten Klavier-

---

[1]) Neefe ist am 5. Februar 1748 zu Chemnitz im sächsischen Erzgebirge geboren. Er sollte ursprünglich Schneider werden, wollte jedoch durchaus nicht auf eine höhere geistige Ausbildung verzichten. Er studierte in Leipzig Jura. Daneben wurde er tüchtiger Musiker, wobei ihn namentlich J. A. Hiller förderte. Zu Anfang der siebziger Jahre erwähnt ihn Burneys „Tagebuch einer musikalischen Reise" (III., 1773, S. 264) unter den vier Komponisten, die sich neben Hiller in Leipzig aufhalten. Neefe wird als Schöpfer „einiger hübscher Sonaten" für das Klavier genannt. „Hat auch schon eine komische Oper mit Beyfall drucken lassen." Einige Klaviersonaten (unter Hillers Aufsicht komponiert) hatte Neefe dem Hamburger (C. Ph. E.) Bach gewidmet. 1776 war Neefe bei der Seilerschen Gesellschaft eingetreten. Nach deren Auflösung (1779) ging er zur Grossmann-Helmuthschen Gesellschaft nach Bonn. Neefe starb in der ersten Hälfte des Jahres 1798. Vgl. Neefes Autobiographie (bis 1782) in der „Allgemeinen musikalischen Zeitung" vom 16. Januar 1799 No. 16 sowie in den zwei folgenden Nummern. Fétis, Grove und Mendel schöpfen aus dieser Quelle. Vgl. ausserdem C. Fr. Cramers „Magazin der Musik" 1783 S. 90 und 381 (ein Verzeichnis von Neefes bis dahin im Drucke erschienenen Werken, darunter viele Klavierkompositionen). Thayer hat im I. Bande seiner Beethoven-Biographie neues Material über Neefe beigebracht. Viele Anhaltspunkte ergeben sich auch aus den Titelblättern und Widmungen seiner Werke. Vgl. auch Nottebohm, „Beethovens Studien bei Haydn, Albrechtsberger und Salieri" S. 1 ff., H. Lewy, „Chr. G. Neefe". Dem Meister Neefe wird eine gesonderte Studie in einem der nächsten Bände zu widmen sein.

meistern, die unbedeutend waren, und fügt dann hinzu: „Das meiste hab ich in der Folge aus M a r p u r g s Anleitungen und aus C. Ph. E. B a c h ' s Versuch gelernt." Neefes Mitteilung ist für uns von Wichtigkeit, da sie uns sofort einen Wink gibt für Beurteilung dessen, was der junge Beethoven im Klavierspiel von seinem Meister überkommen hat. Da über Neefes eigenes Spiel keine ausführlichen Berichte vorliegen, müssen wir wohl auf Marpurg und Bach zurückgreifen und ihre Ansichten und Vorschriften, das Klavierspiel betreffend, zu Rate ziehen. Besonders C. Ph. E. B a c h wird uns für Beethovens Klavierspiel von Wichtigkeit sein. Wir lassen indes Marpurg den Vortritt, da seine „Kunst, das Klavier zu spielen" früher erschienen ist als Bachs Lehrbuch. In Marpurgs 1750 in erster Auflage erschienenem Werke lesen wir:

„Man muss in einer gewissen gehörigen Höhe vor dem Clavier sitzen," und zwar so, „dass der untere Theil des Ellenbogens mit dem unteren Theile des Gelenkes, das die Hand vom Arme absondert, und mit den niedergebogenen F i n g e r s p i t z e n eine h o r i z o n t a l e oder gerade Linie bildet." In der Folge heisst es:

„Wenn man in der gehörigen Stellung und Lage vor dem Clavier sitzet und die H ä n d e auf selbiges gesetzt hat: s o m u s s m a n s e l b i g e a l l e z e i t i n g l e i c h e r H ö h e n e b e n e i n a n d e r f o r t b e w e g e n. Man hebe die Finger, aber nicht die Hände, hurtig auf, so bald der Werth der Noten sich endiget. Man gehe mit einem gleichen Druck oder Anschlage von einer Taste zur andern auf dem Flügel fort, ohne gewaltsame Bewegungen und fürchterliche Luftsprünge mit den Händen zu machen, ohne die Hände zu werfen; ohne die Finger aus ihrer gebogenen Lage zu bringen . . ."[1]

---

[1] Hier nach der IV. Auflage, Berlin 1762. Dieselben Regeln kehren wieder in Marpurgs „Anleitung zum Klavierspielen".

Näher an Beethoven heran als Marpurg reicht C a r l
P h i l i p p E m a n u e l B a c h mit seinem „Versuch
einer wahren Art das Clavier zu spielen". (Erste Auflage 1762.) Ungleich genialer in jeder Beziehung als
Marpurg gestattet Bach auch für die Bewegung der
Hände beim Klavierspiel mehr Freiheit als der strenge
Theoretiker. Wir werden das bald sehen.

Vorher aber sei noch die Vermutung begründet, dass
es doch hauptsächlich die Carl Philipp Emanuel Bachsche Spielweise war, in welche Neefe den halbwüchsigen
Ludwig eingeführt hat.¹) Auf die Bachsche Schule im
allgmeinen weist hier schon eine Notiz, die 1783 in
Carl Friedrich Cramers „Magazin der Musik"²) zu lesen
war. Sie lautet: „Louis van Beethoven, Sohn des . . .
Tenoristen B., ein Knabe von 11 Jahren und von vielversprechendem Talent. Er spielt sehr fertig und mit
Kraft das Clavier, liest sehr gut vom Blatt, und um alles
in einem zu sagen: er s p i e l t g r ö s s t e n t h e i l s
d a s w o h l t e m p e r i r t e C l a v i e r v o n S e b a-
s t i a n B a c h, welches ihm Herr Neefe unter die Hände
gegeben . . ."

Die Stelle bezeugt also zunächst, dass J o h. S e b.
B a c h die hauptsächliche Vorlage Beethovens in jener
Entwicklungsperiode gewesen ist. Aber auch dafür, dass
dem jungen Komponisten schon damals C. Ph. E. Bachs
Werke und seine Klaviertechnik bekannt geworden sind,
gibt es genug Anhaltspunkte. Beethovens Vater hatte,
wie man weiss, zum mindesten e i n e C. Ph. E. Bachsche
Kantate kopiert.³) Späterhin hat Beethoven den jungen

---

¹) Neefe als Opernkomponist gehört der J. A. Hillerschen
Richtung an. Seine Klavierstücke „haben" (wie Nottebohm sagt)
„die damals übliche Schreibart, wie wir sie ... bei Hasse, Hiller,
Gretry, Ph. Em. Bach, G. Benda und anderen finden".

²) Korrespondenz vom 2. März 1783 a. a. O. S. 394.

³) Vgl. Thayer I. S. 121, Nottebohm, „Beethovens Studien"

Carl Czerny nach C. Ph. E. Bachs „Versuch einer wahren Art das Clavier zu spielen" unterrichtet. „Vor Allem... verschaffen sie ihm Emanuel Bach's Lehrbuch ..., das er schon das nächste mal mitbringen muss", sagte Beethoven zu Vater Czerny, als er den jungen Carl zum Unterricht angenommen hatte.[1]) Das war im Jahre 1800 oder 1801. Noch 1812 strebt der Meister danach, Emanuel Bachsche Werke zu erhalten. Er schreibt an Breitkopf und Härtel: „Die C. P. Emanuel Bach's Sachen könnten Sie mir wohl einmal schenken, sie vermodern ihnen doch".[2]) Durch Nottebohm ist ferner erwiesen, dass Beethoven bei der Zusammenstellung seiner „Materialien für den Contrapunkt" vielfach C. Ph. E. Bachs erwähntes Buch benützt hat.[3])

Ohne Wagnis können wir also annehmen, dass es hauptsächlich die Grundsätze des C. Ph. E. Bachschen Klavierspieles waren, nach denen der junge Beethoven durch Neefe unterrichtet wurde. Marpurgs Anweisungen, die wir schon kennen gelernt haben, sind wohl nicht von derselben Bedeutung. Auch mit Mozarts Klavierspiel lässt sich eine Verbindung nur in sehr beschränktem Masse annehmen, da der Unterricht, den Beethoven bei Mozart in Wien (1787) genossen hat, doch allzu kurz war, um eine lange Nachwirkung hervorbringen zu können. Zudem ist es nicht einmal ganz sicher, dass Beethoven den grossen Vorgänger überhaupt hat spielen gehört.[4]) So zahlreich die

---

(1873) S. 13 Anm. Die Handschrift war eine Zeitlang im Besitz von Joh. Brahms.

[1]) Vgl. Pohl im „Jahresbericht des Wiener Konservatoriums 1870" S. 6 (Autobiographie von Karl Czerny) und Thayer II. S. 107, 348.

[2]) Vgl. La Mara, „Musikbriefe" (1887) II. S. 11.

[3]) Vgl. „Beethoveniana" S. 162 ff.

[4]) Es gibt hierüber zwei Ansichten, die einander widersprechen, die aber beide auf Beethoven zurückgehen. Beethoven war in

Spuren sind, die Mozarts M u s i k bei Beethoven hinterlassen hat, so wenig scheint ein solches Verhältnis für Beethovens Klavierpiel annehmbar. H a u p t s ä c h l i c h   w i r d   a l s o   d o c h   a n   d i e   C. P h. E. B a c h s c h e   S c h u l e   z u   d e n k e n   s e i n.

Schlagen wir demnach den „Versuch einer wahren Art das Clavier zu spielen" auf, um zu erfahren, dass seit Vater Bach der Daumen als Hauptfinger zu Ehren gekommen, eine runde und ruhige Haltung der Finger zur Regel geworden war. „Man spielet mit gebogenen Fingern und schlaffen Nerfen" schreibt C. Ph. E. Bach in seinem von Beethoven so hoch gehaltenen Lehrbuche. (Mit den „Nerfen" meint er gewiss die Sehnen und dem Zusammenhange nach die Sehnen hauptsächlich der Fingerstrecker.) „Die Steife ist aller Bewegung hinderlich", heisst es weiter, „besonders dem Vermögen, die Hände geschwind auszudehnen und zusammen zu ziehen, welche alle Augenblicke nötig ist ... Wer mit ausgestreckten Fingern und steifen Nerven spielt erfähret ausser der natürlich erfolgenden Ungeschicklichkeit, noch einen Hauptschaden, nämlich er entfernt die übrigen Finger wegen ihrer Länge zu weit vom D a u m e n, welcher doch so nahe als möglich beständig bei der Hand seyn muss und benimmt diesem H a u p t - Finger . . . alle Möglichkeit seine Dienste zu thun. Wenn der Spieler die wahre Applicatur versteht, so wird er, wenn anders er sich nicht unnötige Geberden angewöhnt hat, d i e   s c h w e r s t e n   S a c h e n   s o   s p i e l e n,   d a s s   m a n   k a u m   d i e   B e w e g u n g   d e r   H ä n d e   s i e h t, . . .

---

seinen mündlichen (oft auch in seinen schriftlichen) Äusserungen nicht von grosser Zuverlässigkeit, ja nicht einmal von skrupulöser Wahrheitsliebe. Vgl. Wegeler-Ries, „Notizen" S. 86, Thayer II. S. 409, I. S. 164f., Otto Jahn, „Mozart" (passim), ferner Fr. Kullak im Vorwort zur Steingräberschen Ausgabe der Klavierkonzerte Beethovens (1881) und meinen „Beethoven" (Verlag „Harmonie").

dahingegen ein anderer die leichtesten Sachen oft mit vielen Schnauben und Grimassen ungeschickt genug spielen wird."[1]) Wohl ist sonst noch zu beachten, was zwei andre Paragraphe bei C. Ph. E. Bach vom Klavierspieler verlangen.

„§. 10. Ein Klavirist muss mitten vor der Tastatur sitzen, damit er mit gleicher Leichtigkeit sowohl die höchsten wie die tiefsten Töne anschlagen könne" und

„§ 11. Hängt der Vordertheil des Armes etwas weniges nach dem Griffbrete herunter, so ist man in der gehörigen Höhe."[2])

Davon, dass die ruhige Haltung der Hände von Emanuel Bach nicht übertrieben wurde, erfahren wir aus mehreren Stellen desselben Buches. Man müsse dem „Niederdruck allezeit eine gewisse K r a f t geben. D i e ses kann nicht leicht geschehen, ohne dass man die Hände etwas hoch aufhebet. Wenn dieses nicht zu Holzhackermässig geschiehet, so ist die Erhebung der Hände nicht allein kein Fehler, sondern vielmehr g u t u n d n ö t h i g . . ." So lesen wir im Kapitel „Vom Vortrage."[3]) C. Ph. E. Bach

---

[1]) Vgl. die zweite vermehrte und verbesserte Ausgabe von 1797 S. 13. — Vgl. auch S. 2f. S. 12 heisst es u. a.: „Mein seliger Vater hat mir erzählt, in seiner Jugend grosse Männer gehört zu haben, welche den Daumen nicht eher gebrauchten, als wenn er bey grossen Spannungen nöthig war."

[2]) Ich erinnere daran, dass Marpurg eine horizontale Lage verlangt.

[3]) C. Ph. E. Bach ist hier durchaus Mann des Fortschrittes. Noch 1789 gestattet D. G. Türk kaum dieselben Freiheiten. § 42 in seiner Klavierschule lautet: „Die drey längern (mittlern) Finger müssen immer etwas eingebogen, der Daumen und kleine aber gerade vorwärts (ausgestreckt) gehalten werden, damit man, wegen der Kürze dieser letzteren, nicht die Hände und Arme bald vorwärts schieben, bald wieder zurückziehen muss..." — „D i e H ä n d e m ü s s e n i m m e r (z i e m l i c h) g l e i c h h o c h ü b e r d e m G r i f f b r e t t s e y n ; es ist daher u n r e c h t, wenn man

gestattet also schon grössere Freiheit in der Bewegung der Hände als Marpurg.

Was das Spiel des jungen Beethoven anbelangt, so müssen wir uns seine Haltung dabei ungefähr so vorstellen, wie sie von C. Ph. E. Bach verlangt wird.

Auf seine Handhaltung und auf die Art des Anschlages wird ausserdem gewiss auch das Orgelspiel den grössten Einfluss ausgeübt haben, und zwar sogar einen üblen Einfluss im Hinblick auf leichtes, elegantes Spiel, dagegen einen sehr fördernden im Hinblick auf gebundene Spielweise von polyphoner Musik und auf weichen Vortrag von Passagen. Das Bestreben, es den Streichinstrumenten gleich zu tun, ist ebenfalls bemerkbar.

Hierzu ist wohl zu beachten, was Beethoven eigenhändig zu einem Entwurf für eine Klavierkomposition angemerkt hat: „Das Schwere hiebei ist, diese ganze passage so zu schleifen, dass man das Aufsetzen der Finger gar nicht hören kann, sondern, als wenn mit dem Bogen gestrichen würde, so muss es klingen". (Nach dem Autograph der Auktion Liepmannssohn vom Mai 1904.)

Für die Unabhängigkeit der Finger der linken Hand hat zuverlässig das eigene Spiel Beethovens auf Streichinstrumenten vorgesorgt.

Eine ruhige Fingerhaltung offenbar im Sinne von Emanuel Bachs Schule dürfte Beethoven bis ins reifere Alter beibehalten haben. Wenigstens ist es durch C. Czerny bezeugt. „Seine Haltung beim Spiel war meisterhaft ruhig, edel und schön, ohne die geringste Grimasse[1]) (nur bei zunehmender Harthörigkeit gebückt) ... Er hielt auch beim Unterricht sehr auf

---

sie z. B. bey abgestossenen Tönen zu merklich in die Höhe hebt oder bei gezogenen (geschleiften) Stellen fast auf den Tasten liegen lässt..."

[1]) Beethoven selbst sagte, er sei gelehrt worden, sich ruhig

schöne Fingerhaltung (nach der Emanuel Bachschen Schule, nach der er mich unterrichtete); er selber spannte kaum eine Decime."[1]) Auch Mählers, des Dilettanten in Musik und Malerei, Schilderung von des Meisters Spiel spricht davon, dass Beethoven mit ruhiger Handhaltung gespielt habe (noch 1803). „So ruhig," sagt er, „dass, so wundervoll auch sein Vortrag war, doch kein Werfen (der Hände) hierhin und dorthin, nach oben und unten sichtbar gewesen wäre. Man habe dieselben nur nach rechts und links über die Tasten gleiten sehen, während die Finger allein die Arbeit thaten." (Vergl. Thayer II, 236.)

Wer sich daran erinnert, dass Emanuel Bach nicht wegen seiner virtuosen Technik allein als berühmter Klavierspieler galt, sondern hauptsächlich wegen der hinreissenden Art seines Vortrages, namentlich in der freien Phantasie, dem kommt wohl der Gedanke, dass Beethoven eben dieselben Vorzüge wohl auch wieder über Anregung von C. Ph. E. Bachs Schule[2]) bei sich so hoch ausgebildet hat. Wie dem auch sei, gewiss war Beethoven von Neefe auf diesen guten Weg hingewiesen worden, auf welchem seine theoretischen und praktischen Studien auch bald zu äusseren Erfolgen führten. Mit 11½ Jahren schon vicariiert er für Neefe an der Orgel; mit 12 Jahren wird er Cembalist im kurfürstlichen Orchester. Im Frühjahre 1784 erhält er überdies die Stellung eines zweiten Hoforganisten. Auch sei daran erinnert, dass er später im 18. Lebensjahre die Bratsche sowohl im Theater als auch in der Kapelle spielte.[3])

---

und gleichmässig beim Spiele auf der Orgel und auf dem Klaviere zu halten. Thayer I. S. 114.

[1]) Vgl. Thayer II. S. 348.

[2]) Bach spricht sich des breiteren über die freie Phantasie und über gefühlvollen Vortrag in seinem „Versuche" aus.

[3]) Vgl. Thayer I. S. 120, 183f., 204. Besonders hier ist Thayer zu schätzen, da sogar die Quellenschriften über diese Verhältnisse

Hören wir nun, was von Beethovens Klavierspiel in seiner Bonner Zeit berichtet wird. Wegeler, des Künstlers Jugendfreund, ist in erster Linie zu beachten. In seinen „Biographischen Notizen" macht er folgende Angaben, die sich auf das Jahr 1791 beziehen:

„Beethoven, der bis dahin noch keinen grossen, ausgezeichneten Clavierspieler gehört hatte, kannte nicht die feineren Nuancirungen in Behandlung des Instrumentes; sein S p i e l war r a u h und h a r t. Da kam er auf einer Reise von Bonn nach Mergentheim, . . . wo er zu S t e r k e l gebracht wurde . . . Sterkel spielte sehr leicht, höchst gefällig und . . . etwas damenartig. Beethoven stand in der gespanntesten Aufmerksamkeit neben ihm." Auch er musste spielen und tat dies „zur Überraschung der Zuhörer, vollkommen und durchaus in der nämlichen gefälligen Manier, die ihm an Sterkel aufgefallen war. So leicht ward es ihm seine Spielart nach der eines andern einzurichten." (S. 17.)

Diese zuverlässigen Angaben Wegelers lassen erkennen, dass Beethovens Spiel schon damals, in seinem 21. Jahre also, nur ausnahmsweise gefällig, gewöhnlich aber rauh und hart war, demnach seinem Naturell im allgemeinen entsprochen habe. Zum Teile mag allerdings die Rauhigkeit und Härte des Spieles, die auch durch andere beglaubigt ist, auf Rechnung des vielen Orgel-

---

falsche Angaben bringen. Wegeler unterschätzt den Einfluss Neefes und bezeichnet ohne Begründung Pfeiffer als den wichtigsten Lehrer Beethovens. Über die Schule Pfeiffers sind wir gar schlecht unterrichtet, ebenso über die des alten Joh. van Beethoven. Deshalb können wir uns auch nur eine ganz allgemeine Vorstellung von dem Spiele des jungen Beethoven machen, ehe er Neefes Unterricht genossen hatte. Er war übrigens vorher schon öffentlich aufgetreten. So in einer Akademie am 26. März 1778 (siehe oben). Auch hat man Kenntnis von e i n e r K o n z e r t r e i s e n a c h H o l l a n d, die Deiters in den Winter 1781 auf 1782 verlegt (vgl. Thayer I. S. 116 und Anhang VII).

spielens gesetzt werden. Beethoven hat das selbst in späteren Jahren behauptet.[1])

Voll Begeisterung wird das Spiel des jungen Virtuosen vom Kaplan Carl Ludwig Junker geschildert.[2]) Dieser nennt Beethoven, nachdem er ihn hatte phantasieren hören, schon damals „einen der grössten Spieler auf dem Klavier". In einem sehr langen Abschnitte über das Spiel des „lieben, guten Beethoven" hebt er u. a. neben der Fertigkeit besonders den sprechenden und bedeutenden Ausdruck hervor. „Man kann die Virtuosengrösse dieses lieben, leise gestimmten Mannes, wie ich glaube, sicher berechnen, nach dem beinahe unerschöpflichen Reichthum seiner Ideen, nach der ganz eigenen Manier des Ausdrucks seines Spieles und nach der Fertigkeit mit der er spielt... Sein Spiel unterscheidet sich auch so sehr von der gewöhnlichen Art das Klavier zu behandeln, dass es scheint, als habe er sich einen ganz eigenen Weg bahnen wollen..."

Hier ist es zum erstenmal ausgesprochen: Beethovens Spiel war originell. Wenn es „rauh und hart" klang, wie es ungefähr auch von Bernhard Romberg (für die Zeit von 1790 bis 1792) geschildert wird,[3]) so war es dafür charakteristisch und kraftvoll. Offenbar ordnete sich schon damals bei Beethoven durchaus das Spiel dem Gedanken unter;

---

[1]) Anton Schindler, „Biographie von Ludwig van Beethoven", 4. Aufl., I. S. 12.

[2]) In einem Briefe in „Bosslers musikalischer Korrespondenz" vom 23. November 1791 (mitgeteilt bei Thayer I. S. 209, 213). Junker war als Schriftsteller auch für C. F. Cramers „Magazin" sowie für Meusels „Neues Museum" tätig.

[3]) Schindler I. S. 11. — Thayer I. S. 187. — Romberg sprach 1834 über diesen Punkt mit Schindler.

leere, glatte Technik, um derentwillen er einen musikalischen Geistesblitz unterdrückt hätte, war also beim jungen Beethoven nicht zu finden.

Das Bild, welches wir uns nunmehr von dem Klavierspiele des jungen Künstlers machen können, gewinnt noch an Bestimmtheit durch einen Blick auf seine ersten Klavierkompositionen und durch Betrachtung der Instrumente, die Beethoven damals benützt haben mag. Unter den ersten Klavierwerken hebe ich die Variationen über einen Marsch von Dressler hervor, die drei Sonaten mit der Widmung an den Kurfürsten Max Friedrich, die Variationen über „Vieni amore" und die zwei Präludien durch alle Tonarten. (Alle ohne Opuszahl.) Sie charakterisieren wohl hinreichend die Summe von Figuren und Handgriffen, die dem angehenden Meister in den achtziger Jahren des vorigen Jahrhunderts geläufig sein mochten. Passagen meist noch ziemlich gewöhnlich. Indes schon Anwendung scharfer Kontraste. In seinen Phantasien ist er wohl über all das hinausgegangen. Als Beispiele für die Zeit, auf welche sich Wegelers und Junckers Urteil beziehen, können die Klavierwerke mit den niedrigsten Opuszahlen gelten. Ihre Anlage fällt gewiss schon in die letzten Bonner Jahre des Komponisten, wenngleich sie erst viel später fertig gestellt und erschienen sind.[1])

---

[1]) Vgl. hierzu Thayer I. S. 139 f. und Nottebohms „Zweite Beethoveniana" No. III und LXI. An dem zeitlich geordneten Verzeichnis der Frühwerke Beethovens, wie es von Thayer zusammengestellt worden, sind nach neuen Funden und Forschungen einige Änderungen auszuführen: Die Bagatellen für Klavier Op. 33 sind erst 1802 abgeschlossen worden. Nach den Kurfürstensonaten ist einzuschalten die zweistimmige Fuge für Orgel, die 1783 entstanden sein dürfte und nach Nottebohms Vermutung von Beethoven bei der Prüfung für die Anstellung des stellvertretenden Hoforganisten gespielt wurde. Ich meine, dass in jene Zeit auch das Lied „Klage" fällt. Etwa 1786 ist das Trio

Sehr beherzigenswert sind auch die Entwürfe von Klavierübungen au der Zeit von zirka 1785 bis 1795, deren Kenntnis wir Nottebohms fleissigem Studium verdanken. Dass Beethoven sich längere Zeit mit dem Gedanken trug, eine Klavierschule zu schreiben, berichtet schon Schindler.[1])

Nun zu den Klavieren, die Beethoven in seiner Jugend benützt haben mag. Verglichen mit unseren modernen Flügeln waren sie gewiss zart im Ton und schwächlich in der Mechanik. Zuverlässig waren es aber in den letzten Jahren, die Beethoven in Bonn verbracht hat, schon **Pianofortes** und keine Klavichorde mehr. Eine Korrespondenz aus **Bonn** vom Jahre 1787[2]) spricht davon, dass es dort schon damals „**mehrere steinische Hämmerclaviere von Augsburg und andere denen entsprechende Instrumente**" gegeben hat. Beethoven dürfte also damals auch schon das Spiel auf diesen neuen Instrumenten gepflegt haben, die ja schon seit zehn Jahren vom grossen Mozart sanktioniert waren.[3])

In seiner Kindheit wird Beethoven noch auf **Klavichorden** und **Kielflügeln** gespielt haben. So wenig sich das auch direkt beweisen läst, so spricht

---

für Klavier, Flöte und Fagott entstanden, das im Supplementband zur Leipziger Gesamtausgabe als No. 294 gedruckt ist. 1787 dürften die Elegie auf den Tod eines Pudels und ein „Trinklied" fallen (Supplementband No. 284 und 282). Um 1790 ist ein Klavierkonzert anzusetzen' über das G. Adler geschrieben hat. In jene Zeit gehört auch die „Prüfung des Küssens" und „Ich, der mit flatterndem Sinn", womit wir in der Periode von Opus 1 angelangt sind.

[1]) Vgl. Anton Schindler II. S. 183, 212, ferner F. G. Wegelers Nachtrag zu den Biographischen Notizen S. 22 f. und Nottebohm, „Zweite Beethoveniana" S. 346 und 356 ff.

[2]) Nach Cramers „Magazin" II. S. 1386.

[3]) Dass Beethoven sie gekannt hat, ist so ziemlich selbstverständlich und überdies noch verbürgt. (Vgl. Thayer I. S. 166.)

doch vieles dafür, was über die Verbreitung der verschiedenen Klavierinstrumente in jenen Jahren bekannt ist. Vater Beethoven, in dürftigen Verhältnissen lebend, hat sich kaum den Luxus eines neuen Hammerklavieres gegönnt, eines Instrumentes, dessen System zwar schon längst erfunden war, das aber gerade damals einen harten Daseinskampf mit den älteren Klavierinstrumenten, namentlich mit den Clavichorden zu bestehen hatte.[1])

---

[1]) C. Ph. Em. Bach († 1788) bevorzugte noch die (Silbermannschen) Klavichorde (vgl. „Versuch", 2. Aufl., S. 6 ff. und 3. Aufl., Einleitung). Zu beachten sind auch Burneys Mittteilungen über den Hamburger Bach. Über die Klavierinstrumente jener Zeit vgl. auch Jos. Fischhof, „Versuch einer Geschichte des Klavierbaues" (1853) S. 5 ff., die einschlägigen Artikel in den Musiklexika, Weizmann, „Geschichte des Klavierspieles" S. 65 f., 374 (auch die Neubearbeitung von Seyffert und Fleischer); Osc. Paul, „Geschichte des Klavieres" S. 78, 87; die „Zeitschrift für Instrumentenbau" (P. de Wit), besonders 1882 „Die Presse", Wien, 30. Juli 1892, über die Klaviersammlung Steinert und neuestens die Bücher von O. Bie uud Eugène Rapin. Für die Zeit vor 1789 gilt eine Stelle in Türks „Klavierschule" (1. Aufl. 1789), die in der Einleitung eine Übersicht über die damals gebräuchlichsten Klavierinstrumente gibt. Flügel, Spinett, Fortepiano (mit Hammermechanik) werden beschrieben, beim Klavichord aber heisst es: „Das Klavier oder Klavichord ist so allgemein bekannt, dass ich die Leser mit einer überflüssigen Beschreibung nicht aufhalten will." Noch herrschte also das Klavichord. Ein Zeitraum von wenigen Dezennien genügte, um dem Fortepiano die erste Stelle zu sichern. Carl Czerny sagt in seinem „Umriss der ganzen Musikgeschichte" (1851): „Bis um 1770 gab es für Claviermusik nur Kielflügel und Clavichorde. Um diese Zeit wurde das Fortepiano (Hammerclavier) allmählich bekannt. Anfangs sehr unvollkommen, fing es doch bald an, die früheren Tasteninstrumente zu übertreffen und um 1800 waren die Clavichorde und Flügel bereits ganz verdrängt. — Clementi und Beethoven trugen (zwischen 1790 und 1810) durch die Anforderungen ihres Spieles sehr zur Vervollkommnung des Fortepiano bei, und Clementi nahm in London selbst an deren Verfertigung Theil. Um 1802 kamen die Pedale (früher Mutationen genannt) in Gebrauch."

Zudem wird in mehreren Klavierschulen, die um jene Zeit sehr verbreitet waren, bei (Marpurg) C. Ph. E. Bach, bei D. G. Türk und auch in anderen Schriften, wie in Burneys „Tagebuch einer musikalischen Reise" ausdrücklich davon gesprochen, dass für Anfänger das Klavichord anderen Klavierinstrumenten vorzuziehen sei.[1]) Es scheint also in jener Zeit des Überganges vom Klavichord zum Fortepiano gebräuchlich gewesen zu sein, den ersten Unterricht auf dem zarteren älteren Instrumente zu geben. Zudem weist in C. F. Cramers „Magazin" eine Korrespondenz aus Bonn, datiert vom 2. März 1783, ziemlich deutlich darauf hin, dass um jene Zeit die Hammerklaviere dort noch nicht allgemein verbreitet waren.[2]) In der

---

[1]) Marpurg a. a. O. „Vorbereitung" § 5. — Em. Bach, „Versuch", Einleitung, § 11. — Türk, „Klavierschule" S. 11, § 20. — Burney II. S. 205 ff. — Marpurg fordert für den Anfänger nicht gerade durchaus ein Klavichord, doch sagt er immerhin: „Zum Instrumente bediene man sich im Anfange für sehr junge Personen eines blossen Klavichords, eines Spinettes oder eines einzigen Registers auf einem Flügel." Dem Flügel gibt er sogar den Vorzug. Zu beachten ist aber, dass bei ihm für Anfänger von einem Pianoforte gar nicht die Rede ist.

[2]) S. 395 „... Noch muss ich eines geschickten Mechanikus erwähnen, den wir ohnlängst erst hierher bekommen. Er heisst Gottl. Fr. Riedlen, zu Tutlingen im Würtembergischen 1749 gebohren. Er verfertigt alle Gattungen von Clavierinstrumenten, als: 1. Bekielte Flügel, nach der gewöhnlichen Art. — 2. Flügel mit stählernen Federn, anstatt der Rabenfedern, und nach einer noch unbekannten Einrichtung. — 3. Besonders gute Instrumente mit neu erfundenen Hämmern, von denen sich der Spieler alle Zufriedenheit versprechen darf. — 4. Instrumente nach einer neuen Erfindung mit Federn und Hämmern zugleich. — 5. Instrumente mit Darmsaiten...." Ausserdem wird eine Erfindung erwähnt, Klaviere unverstimmbar zu machen und 6. von einem Instrument mit Notierungsapparat Erwähnung getan — die Aufgabe der mechanischen Notierung von Improvisationen ist nebenbei bemerkt erst viel später in einer befriedigenden Weise gelöst worden.

ersten Auflage der A. E. Müllerschen Klavierschule von 1804 (es ist die umgearbeitete sechste Auflage der Löhleinschen) wird aber schon ausdrücklich auch für den Anfänger das Pianoforte empfohlen.

Weiters scheint ein Umstand, der von psychologischem Interesse ist, darauf hinzuweisen, dass Beethoven in seiner Jugend noch mit dem Spiel auf dem feinfühligen gesangvollen Klavichord vertraut geworden ist. Das Klavichord ist nämlich das einzige Tasteninstrument, das die sogenannte B e b u n g (durch Punkte über der Note angedeutet, ein Verändern der Tonstärke, während der Finger auf der Taste liegt, auszuführen gestattet.) Nun finden sich in des Meisters späteren Klavierwerken Stellen, die, auf dem Hammerklavier unausführbar, von Beethoven aber so geschrieben sind, dass man notwendigerweise an die alte Bebung denken muss. Die eine Stelle findet sich im Rezitativ des Adagio von Op. 110,[2]) die andere im Scherzo der Violoncellsonate Op. 69 (Themagruppe). Kaum ist die Vermutung zu gewagt, dass sich hier alte Erinnerungen an die Lehrstunden am Klavichord eingeschlichen haben.

Erst für die Zeit um 1791 wissen wir mit Bestimmtheit zu sagen, dass es zumeist S t e i n ' sche Hammerklaviere waren, die der junge Bonner Virtuose benützt hat. (Kaplan Juncker erzählt davon 1791.) Ein solches mag auch das gewesen sein, das der junge Beethoven 1787 vom Grafen Ferdinand Waldstein zum Geschenk erhalten hat (Thayer I. 179). Später, in der Zeit seines Wiener Aufenthaltes hat er um 1800 auf

---

[1]) Hierzu die oben genannte Literatur zu den Klavierinstrumenten. Überdies C. F. Pohl, „Jos. Haydn", S. 130 f. mit Hinweis auf G. F. Wolf.

[2]) Vgl. hierüber Tappert im „Musikalischen Wochenblatt" von Fritzsch, II. Jahrgang (1871), S. 338 f.

einem Walter'schen Pianoforte gespielt.¹) 1814 sah Tomaschek bei Beethoven in Wien ein aufrechtstehendes Pianoforte. Man kennt solche alte Wiener Typen aus der De-Wit'schen Sammlung. Vielfach bevorzugte er die Streicherschen Flügel. Im Sommer 1816 war Dr. Bursy bei Beethoven, wo er zwei verschlossene Flügel bemerkte. Auch 1817 fand C. F. Hirsch zwei Klaviere beim Meister. (Siehe oben S. 63.)

Beethoven besass unter anderen seit etwa 1803 einen Erard, später einen Graf und einen Broadwood. Diese drei Klaviere sind uns erhalten geblieben. Das älteste darunter, der Erard gehört seit vielen Jahren dem Museum Francisco-Carolinum in Linz a. d. Donau. Wir haben es da mit dem Klavier zu tun, das Beethoven seinem Bruder Johann geschenkt hat. Johann war Apotheker in Linz geworden, und durch ihn kam das Instrument an das genannte Linzer Museum, das schon 1833 gegründet worden ist. Eine Abbildung dieses Flügels nach einer Photographie des Linzer Amateur-Photographen-Vereins wird am Schlusse des Bandes eingefügt. Der Erardsche Beethovenflügel des Linzer Museums ist datiert. Er stammt aus dem Jahre 1803. Der Umfang des etwas schwächlichen Instrumentes reicht nur von F

---

¹) So berichtet Czerny in seiner „Autobiographie", mitgeteilt von Pohl im „Jahresberichte des Wiener Konservatoriums". Um 1802 verkehrte Beethoven mit dem Klavierfabrikanten Walter (Thayer II. S. 197). Damals spielte er auch gelegentlich auf einem Piano von Jakesch. „Der ganze Klaviermacherschwarm" drängte sich um Beethoven, und jeder wollte für ihn ein Klavier machen (Brief an Zmeskall ehedem in Thayers Besitz). Die Beziehungen zu Streichers sind noch bei Gelegenheit des besonderen zu erörtern. Der erste Band dieser Studien hat sie schon gestreift. Über Streichersche Klaviere auch Reichardt, „Vertraute Briefe" (Briefe vom 7. Februar 1809). Zu Beethovens Interesse für Neuerungen des Klavierbaues Hans Volkmann, „Neues über Beethoven" S. 45 ff.

fünf Oktaven hinauf und überdies noch bis $\overline{\overline{c}}$. Vorn auf dem Stimmstock ist die Adresse zu lesen:

Erard Frères, Rue du Mail No. 37 à Paris 1803."

Einer Ludwig Nohlschen Rezension (die sich in der Augsburger Allgemeinen Zeitung vom 11. März 1880 findet und in Nohls „Mosaik" wiederholt ist), verdankt man die Mitteilung einer sonst übersehenen Erwähnung des Erardschen Flügels in einem Briefe Beethovens vom 16. August 1824. Ich setze die Anführung sogleich hierher. Beethoven schrieb: „Da man aber einem Verwandten, wenn sie einem auch gar nicht verwandt sind, auch etwas vermachen muss, so erhält mein Herr Bruderé mein französisches Klavier von Paris". Es ist doch wohl klar, dass es sich hier um den Erardschen Flügel handelt, der übrigens nicht als Erbschaft an den Bruder gekommen ist, sondern als Geschenk und zwar vermutlich zur Zeit, als Beethoven durch Graf ein besseres und stärkeres Instrument erhalten hatte. Wie man aus der eben mitgeteilten Briefstelle entnimmt, besass Beethoven den Erard noch am 16. August 1824. Der Broadwood gehörte ihm seit 1818. Als nun in der Zeit gegen 1825 der Grafsche Flügel auch noch hinzu kam, mochte der Meister das Bedürfnis fühlen, das älteste und schwächste der drei Instrumente wegzugeben. Gegen 1825 dürfte also der Erardsche Flügel dem Bruder geschenkt worden sein. Dem Knaben Gerh. v. Breuning, der im Schwarzspanierhause bei Beethoven so vertraut war, ist dort kein dritter Flügel mehr aufgefallen. Beethoven war zwischen dem 29. September und 12. Oktober 1825 ins Schwarzspanierhaus gezogen, womit denn die nötigen Grundlagen für die obige Annahme gegeben wären.

Der Erardsche Beethovenflügel war 1873 auf der Wiener Weltausstellung zu finden. Dort erregte eine Beischrift vieles Missfallen, die verkündete, Beethoven hätte das Instrument von der Stadt Paris zum Geschenk bekommen.¹) Vermutlich geht diese höchst unwahrscheinliche Angabe auf den grosssprecherischen Bruder Johann zurück. Nohl meint, dass nicht die Stadt Paris, sondern die Firma Erard Frères die Spender waren. Ich möchte dagegen die Vermutung äussern, dass der Flügel weder von der Stadt Paris noch vom Fabrikanten dem Künstler geschenkt worden ist, ich fände dafür keinerlei fassbaren Grund, sondern dass einer der vielen steinreichen Freunde Beethovens in Wien als Geber zu betrachten sein wird. Sollte es ein Zufall sein, dass sich im fürstlichen Hause Lichnowsky ebenfalls ein Erardscher Flügel mit der Datierung 1803 erhalten hat? Es ist ein Klavier, von dem eine gute Überlieferung sagt, dass Beethoven darauf bei Lichnowsky gespielt hat.²) 1803 stand die Freundschaft zu Lichnowsky noch in bester Blüte, und es kommt mir recht wahrscheinlich vor, dass Beethoven seinen Erard vom Fürsten Lichnowsky erhalten hat, dem er doch auch so viele andere Freundlichkeiten zu danken hatte.

Beethoven, der englische Flügel schon 1796 in Berlin kennen gelernt hat u. z. beim Prinzen Louis Ferdinand von Preussen, der solche Instrumente bevorzugte, erhielt 1818 von mehreren Freunden einen **Broadwood** zum Geschenk. Das Instrument ist wiederholt abgebildet worden.³)

---

¹) Hierzu besonders L. Nohls Beethovenbiographie III. S. 812 f. — In den Führern durch das Museum Franzisko-Carolinum in Linz wird das Instrument auf S. 68 erwähnt, auf das auch Baron W. W e c k b e c k e r im Handbuch der Kunstpflege in Österreich Rücksicht nimmt.

²) Vgl. den oben angeführten Fachkatalog der grossen Wiener Ausstellung von 1892.

³) Z. B. in meinem „Beethoven" (Berlin, Verlag der „Harmonie"), später in der Zeitschrift „Die Musik" (II. Heft 14). Zu den englischen Flügeln des Prinzen Louis Ferdinand von Preussen vgl. „Die Musik" III. Heft 12, S. 423.

Eine dieser Nachbildungen stellt einen Einblick in Beethovens Klavierzimmer im Schwarzspanierhause zu Wien dar und geht auf eine Zeichnung zurück, die nach dem Tode Beethovens im genannten Hause angefertigt worden ist. Vorn sieht man das Klavier. Eine andere Nachbildung gibt eine Zeichnung des englischen Flügels[1]) allein, ohne den Innenraum des Klavierzimmers. Die Beischriften, obwohl alt, sind ungenau und wohl nur aus dem Gedächtnis beigefügt. Der Künstler ist meines Wissens nicht genannt, und meine Vermutung, dass Josef Danhauser das Blatt gezeichnet habe, lässt sich heute noch nicht beweisen.[2]) Danhauser hat nach Beethovens Ableben und nachdem man den Körper, besonders das Antlitz des Meisters bei der Obduktion böse zugerichtet hatte, eine Maske abgenommen und die Züge Beethovens auf dem Totenbett in einer Zeichnung festgehalten.[3]) Sollte er, der selbst musikalisch und, nebstbei bemerkt, Sohn eines Möbelfabrikanten war, sich nicht auch für Beethovens Klavier interessiert haben? Die Inschriften lauten: „Beethovens Fortepiano am Tage nach seinem Begräbnisse . . ." und „. . . aus der Fabrik des M. Broadwood (und Sohn) . . .
    von Hern Ferd. Ries
    „   John Cramer
   Sr. Georg Smart
               als Geschenk
               über(geben)
            im J. 1823   "

Die Namen sind nicht alle richtig, und die Jahreszahl 1823 ist irrigerweise statt 1818 genannt. Wir schlagen allerlei Quellen nach und besehen uns das Instrument

---

[1]) Siehe die Beilagen dieses Bandes.
[2]) Hierzu Frimmel, „Blätter für Gemäldekunde" Bd. I.
[3]) Hierzu Band I der „Beethovenstudien".

selbst, das gegenwärtig dem Budapester Nationalmuseum gehört. Dorthin ist nämlich Beethovens englischer Flügel nach etlichen Wanderungen 1887 gelangt. Es war nach dem Tode Franz Liszts, als das merkwürdige Instrument durch die Fürstin Marie Hohenlohe, die Tochter der Fürstin Sayn-Wittgenstein, an das genannte Museum geschenkt wurde. Vorher hat es Liszt in Weimar besessen. Noch weiter zurückgreifend, gelangen wir auf Spina in Wien als den früheren Besitzer dieses Flügels. Spina hat es bei der Versteigerung des Beethovenschen Nachlasses um 181 Gulden erstanden. In der gerichtlichen Schätzung war es noch geringer bewertet. „Pianoforte von John Broadwood und Sohn aus London in Mahagonikasten, 100 fl.", so heisst es in der Urkunde.[1]) 1845 war es als Geschenk Spinas an Liszt gekommen. Gehen wir noch weiter zurück, so gelangen wir zu dem Zeitpunkt 1818, als Beethoven den Flügel aus London zum Geschenk erhielt. Ich habe dieses Instrument wiederholt gesehen und besitze aus zweiter Hand als Geschenk eines Klaviermachers einen Hammer daraus, eine freilich unbedeutende Reliquie, die gelegentlich einer Ausbesserung des Flügels durch ein neues Stück ersetzt worden ist.

Das interessante Instrument wurde in der Öffentlichkeit viel besprochen, als es 1887 im Pester Nationalmuseum ausgestellt wurde und nochmals, als es 1892 einen Bestandteil der grossen internationalen Ausstellung für Musik und Theaterwesen in Wien bildete.[2]) Am

---

[1]) Vgl. die vorhergehende Studie über Beethovens Nachlass. Zu Spina als dem Käufer des Flügels siehe A. W. Thayer, „Chronologisches Verzeichnis der Werke Beethovens" (Anhang) und C. F. Weitzmann, „Geschichte des Klavierspiels" S. 294, und danach „Neue Zeitschrift für Musik" 1879, S. 511. La Mara, „Fr. Liszts Briefe an Fürstin Seyn-Wittgenstein" V. S. 58. Lina Raman, „Franz Liszt" II. 2. Abt. S. 37.

[2]) Als ältere Literatur sei genannt: „Schindlers Beethoven-

genauesten ist wohl die Zeitschrift „Musical News" von 1892 (S. 197) auf den genannten Flügel eingegangen. Dort wird die schon etwas undeutlich gewordene Widmungsschrift ergänzt und die Reihe der Spendernamen im Gegensatz zu anderen Angaben vervollständigt. Diese Namen lauten: Ferd. Ries, J. B. Cramer, G. G. Ferrari (dieser Name ist nicht mehr ganz zu lesen) und C. Knyvett. Ferrari hatte (nach Angabe des „Musical News") den Klavierfabrikanten Broadwood nach Wien begleitet, als dieser in Angelegenheit des Beethovenflügels dahin reiste.

Zur Beschreibung des Broadwoodschen Klaviers gebe ich folgendes: Dreichöriges Instrument von einem Umfang bis nahezu 6 Oktaven: C bis h. In den Stimmstock eingelassen folgende alte Inschriften: „BEETHOVEN" oben; darunter die Firmatafel „John Broadwood and Sons, Makers to his Majesty the Princesses. Great Pulteney Street. London golden Square". Anderswo steht: „Hoc instrumentum est Thomae Broadwood (Londini) donum propter ingenium illustrissimi Beethoven". Dabei die schon erwähnten Unterschriften von Ferd. Ries, J. B. Cramer, Ferrari und Knyvett.

Der Broadwood Beethovens hat d r e i Pedale. Beim oberflächlichen Hinsehen meint man nur zwei zu sehen.[1]) Wer näher tritt und die zwei vermeintlich nur vorhan-

---

biographie" IV. Ausgabe, II. S. 187, Breuning „Aus dem Schwarzspanierhause" S. 58, 66, 124, L. Nohl, „Beethoven nach den Schilderungen seiner Zeitgenossen" S. 125 und 141, und „Beethovenbiographie" III. S. 835, 838, wo einige alte Angaben benutzt sind. Als neuere Literatur „Neue Wiener Musikzeitung" Oktober 1890, S. 9; Frimmel, „L. v. Beethoven" (Verlag „Harmonie") 2. Aufl. S. 82, Kalischer, „Neue Beethovenbriefe" S. 27, und in Bausch und Bogen die Literatur über die oben erwähnte grosse Ausstellung von 1892.

[1]) Daher die unrichtige Angabe im „Fachkatalog der musikhistorischen Abteilung für Deutschland und Österreich-Ungarn" von 1902.

denen Pedale versucht, wird aber gewahr, dass rechts zwei verschiedene Dämpfungspedale angebracht sind; eines besorgt das Aufheben der Dämpfung in den tiefen, das andere in den hohen Oktaven. Das grosse Pedal links besorgt die Verschiebung.

Zu den Schicksalen dieses Instrumentes, die in grossen Zügen schon oben gezeichnet wurden, bemerke ich noch, dass der junge Moscheles 1823 den Flügel aus Beethovens Besitz für ein Konzert geliehen erhalten hat, das am 15. Dezember abgehalten wurde. Er fand das Klavier vom tauben Meister schon tüchtig zerhackt. Es wurde für das Konzert instand gesetzt und Moscheles benützte es für eine freie Phantasie, die nicht besonders geistreich gewesen sein soll. In demselben benützte er auch einen Flügel von Leschen. (Vergl. Aus Moscheles Leben, Leipzig 1872, und die Sonntagsbeilage zur Vossischen Zeitung vom 16. April 1893.) Schindler (II. S. 187.) spricht davon, dass der Broadwood 1824 eine Wanderung nach Baden mitgemacht hat, als dem Meister seine Wohnung in Penzing unangenehm geworden war. Als selbstverständlich kann man es annehmen, dass die verschiedenen Wohnungen Beethovens seit 1818 den englischen Flügel jedesmal beherbergt haben. Nach Wien war das Instrument über Triest gelangt, wohin es zu Schiff aus London befördert worden war. —

Bei Beethoven im Schwarzspanierhause standen z w e i Flügel. Breuning spricht davon nach bestem Wissen und Gewissen, und nach anderen Quellen kann dasselbe mitgeteilt werden, obwohl es scheinbar im Widerspruch steht mit der Innenansicht des Klavierzimmers, die nur ein Klavier abbildet, und mit dem Nachlassverzeichnis Beethovens, wo nur vom Broadwood allein die Rede ist. Allerlei sichere Anhaltspunkte verhelfen zu einer Klärung des Zusammenhanges, der schon bei Breuning angedeutet ist, wie folgt: „Inmitten des ersten (zweifensterigen) Zimmers standen in einander, Bauch an Bauch gesetzt, zwei Klaviere. Mit der Klaviatur gegen den Eintritt zu jener englische Flügel, welcher ihm einst von den Philharmonikern aus England zum Geschenk gemacht worden war. Die Namen der Geber, von denen ich mich auf jenen Kalkbrenners, Moscheles', Broadwoods genau erinnere" (NB. die Erinnerung hat sich nicht vollkommen bewährt, oder sind etwa irgendwelche Namen gänzlich verblichen?) „standen eigenhändig mit Tinte geschrieben auf dem Resonanzboden unterhalb der Primsaiten. Dies Klavier aus der Fabrik Broadwoods reichte nach oben nur bis zum c. Nach der anderen Seite — mit der Klaviatur gegen die Türe des Kompositionszimmers sehend — stand ein Flügel des Klavierfabrikanten G r a f in Wien, Beethoven zur Benutzung überlassen, oben bis f reichend. Über dessen Klaviatur und Hammerwerk befand sich ein, gleich einem gebogenen Resonanzbrette aus weichem dünnen Holz konstruierter, einem Souffleurkasten ähnlicher Schallfänger aufgestellt." In der Besprechung der Ereignisse nach Beethovens Tod schreibt Breuning dann weiter: Grafs Klavier ward von dem Fabrikanten zurückgenommen." Breunings Angaben erweisen sich wenigstens in den Hauptpunkten als zutreffend. Conrad Graf selbst hat im Jahre 1849 die Zurücknahme seines Beethovenflügels bestätigt. Aus Grafs Händen ging das Instrument in den Besitz des Wiener Buchhändlers Franz Wimmer über. Mit dessen Tochter Lotte, die Herrn Widmann (nachmals Pfarrer in Liestal) heiratete, kam der Grafsche Flügel in die Schweiz nach Bern. 1889 wurde er vom „V e r e i n B e e t h o v e n h a u s" in Bonn erworben, in dessen Sammlung er denn auch bis heute verblieben ist. Die den Beilagen mitgegebene Abbildung wurde ursprünglich der freundlichen Vermittlung des Herrn Oberbürgermeisters Ebbinghaus in Bonn verdankt.¹) Dieser Flügel ist vierchörig, reicht von C bis f und trägt die Adresse des Klavierbauers:

„Conrad Graf
Kaiserl. König. Hof-Fortepianomacher
Wien
nächst der Carlskirche
im Mondschein
No. 102."

Einem Briefe²) des Sohnes von Pastor Widmann in Bern entnehme ich noch einige Einzelheiten über die Wanderungen des Instrumentes und eine alte Überlieferung, die sich auf Beethoven bezieht. Herr J. V. Widmann schreibt: Das Grafsche Klavier „war soeben aus Beethovens Behausung zu Graf zurückgebracht worden, als mein Grossvater mütterlicher Seite, der Buchhändler Franz Wimmer in Wien, es für seine jüngere Tochter Lotte, meine nachmalige Mutter, kaufte. Beethoven selbst hatte das Phantasieren meiner Mutter, der er einmal in Mödling oder Sparbach bei Wien auf der Strasse stehend, und dann ins Haus tretend, zuhörte, mit ein paar lobenden Worten gebilligt. Sonst h a s s t e meine Mutter als kleines Mädchen Beethoven, der ihr mit seinem graulichen Schnupftuch. die Schmetterlinge vertrieb

---

¹) Zum Grafschen Beethovenflügel sind einzusehen die Kataloge der Beethovensammlung in Bonn, die Festschrift von 1904, ferner zahlreiche Zeitungsnotizen vom Dezember 1889 und Januar 1890, die „Hamburger Signale" vom 20. Januar 1890 und „Dur und Moll" II. Jahrgang Heft 3, S. 42. Als Dr. Spicker 1827 in Wien bei Beethoven war, fiel ihm der Grafsche Flügel auf. Vgl. L. Nohl, „Beethoven nach den Schilderungen seiner Zeitgenossen" S. 236. Siehe auch Bettelheim, „Ein Widmann-Abend" (1898, S. 9) und Westermanns „Illustrierte Monatshefte" (Oktober 1901).

²) Gerichtet an Herrn Kapellmeister Bernhard Schuster mit der Datierung Bern, 6. Januar 1903, Unterschrift J. V. Widmann.

(aus gutherziger Tierfreundlichkeit), die das etwa 13jährige Mädchen mit einem Fanggarn verfolgte."

Die Grafsche Bescheinigung, die oben erwähnt wurde, lautet folgendermassen:

„Unterzeichneter bestädigt (sic!) hiermit, dass das das Fortepiano ist, welches die Frau von Widmann geborene Wimmer besitzt, welches ich einige Jahre vor dem Tode dem Beethoven Eigens verfertigt und Ihm zu seinem Vergnügen stelt (sic), nach seinem Tode es wieder zurück nahm, und an die Familie Wimmer verkaufte.

Wien den 26. Juny 849.
       Conrad Graf
       K. K. Hof-Klaviermacher."

Wie man sieht, war dem schlichten Manne ein klarer Stil versagt. Indes liest man ja doch aus dem verworrenen Zeug heraus, dass er mit seiner Erklärung das Grafsche Instrument[1]) im Besitz der Familie Widmann für dasselbe anerkennt, das er für Beethoven gefertigt hatte. Ein Bildnis des Klavierfabrikanten Graf, von Josef Danhauer 1840 gemalt, gehört der Wiener Akademie der bildenden Künste[2]) (No. 1141 der akademi-

---

[1]) Ein weiterer Brief in Angelegenheit der Beglaubigung für den Grafschen Beethovenflügel befindet sich bei Frl. Raff, der Tochter Joachim Raffs, in München. Der Brief ist datiert „Liestal in der Schweiz, 1. April 1853", richtet sich an Franz Liszt und trägt die Unterschrift „J. V. Widmann ref. Pfarrer".

[2]) Graf bestellte 1840 bei Danhauser auch das interessante Bild mit Fr. Liszt am Klavier, umgeben von zahlreichen Musikern. Es war zuerst im Atelier des Malers, dann 1841 in der Wiener akademischen Ausstellung, 1845 im ersten Wiener Kunstverein, 1872 bei Gelegenheit der Gsellschen Versteigerung, 1876 in einer Posonyischen Auktion, 1892 in der internationalen Ausstellung für Musik und Theaterwesen, 1897 in der Schubertausstellung in Wien öffentlich zu sehen. Auch Friedrich Gauermann wurde durch Graf beschäftigt. Graf besass auch Gemälde von G. F. Waldmüller und K. Markó. Vgl. mein Heft „Danhauser und Beethoven" (1892) und

schen Galerie). Hängt die Bekanntschaft Danhausers und Grafs wohl mit den Ereignissen bald nach Beethovens Ableben zusammen? Es mag sein. Denn, als sich die Kunde von Beethovens Tod verbreitete, verfügte sich Danhauser ins Schwarzspanierhaus, um die Maske abzunehmen, und Graf, gewiss nicht unbekannt mit den unerquicklichen Verhältnissen in der Verwandschaft des Komponisten, mochte zur selben Zeit eilen, sich sein Recht auf das Klavier zu sichern, das er dem Meister geliehen hatte.

Ein weiteres altes Klavier, das mit Beethoven irgendwie zusammenhängt, ohne dass man es als Eigentum des Komponisten mit Sicherheit nachweisen könnte, ist im ersten Bande dieser Studien erwähnt worden (S. 22), da es mit einem Beethovenbildnis geschmückt ist. Als Firma ist S. A. V o g e l in P e s t darauf vermerkt. Der Umfang beträgt nahezu 6 Oktaven von F aufwärts.[1])

Den Klavieren folgend, sind wir in der Zeit voraus geeilt. Wir hatten den jungen Beethoven in Bonn verlassen. Nun müssen wir ihn in W i e n wieder finden. Wie bekannt, war Beethoven im November 1792 in die alte musikberühmte Hauptstadt an der Donau gezogen, die er seitdem nicht mehr auf längere Zeit verlassen hat.

Wie sollen wir uns nun das Spiel des jungen Rhein-

A. Trost in den Berichten und Mitteilungen des Wiener Altertumsvereins 1898 S. 48. Das Bild ist neuestens reproduziert worden durch die „Gesellschaft für vervielfältigende Kunst". Dazu der Artikel „Liszt am Klavier" von A. Trost in den „Graphischen Künsten" 28. Jahr (1905) S. 78 ff.

[1]) Das Instrument war 1892 in der Internationalen Ausstellung für Musik- und Theaterwesen in Wien öffentlich zu sehen. Neuerlich sah man es bei einem Wiener Klavierhändler. Darauf nahmen Bezug das Wiener Neuigkeits-Weltblatt vom 20. März 1904, das Wiener Illustrierte Extrablatt vom 25. März 1904 und die Neue freie Presse vom 13. Oktober 1905.

länders in seinen ersten Wiener Jahren vorstellen, das Spiel, das ihn viel rascher berühmt gemacht hat als seine Kompositionen? Bei Beantwortung dieser Frage muss jedenfalls daran festgehalten werden, dass jene Jahre dem Klavierspieler Beethoven zwar sehr viele Anregung und Aneiferung zum Wettstreit mit Fachgenossen, aber keine Eindrücke geboten haben, die für sein Spiel hätten von irgendwelcher ausschlaggebenden Bedeutung sein können. Mozart weilte seit 1791 unter den Unsterblichen; und was ausser Beethoven damals in Wien Klavier spielte, dürfte durchaus **unter** dem Niveau des damaligen Beethoven gestanden haben. Als Komponist nahm er noch Unterricht bei Haydn, Schenk, Albrechtsberger, Salieri, ohne sich dadurch in seiner Eigenart beirren zu lassen. Im **Klavierspiel** aber war der junge Künstler weiter vorgeschritten und schon ganz selbständig. Jedenfalls ist der **Klavierspieler Beethoven im wesentlichen fertig von Bonn herüber gekommen.** Seine grossen Triumphe hat er freilich erst in **Wien** gefeiert. Schon im Verlaufe weniger Jahre genoss er im kleinen Kreise der Kenner den Ruf eines **Pianisten ersten Ranges**, eines grossen Künstlers, dessen a vista-Spiel auch aus Partituren bewunderungswürdig, dessen freie Phantasie ganz einzig sei.[1]) Von flottem Transponieren,[2]) von überaus

---

[1]) Wegeler-Ries S. 28 f., 30 f., 36. Thayer I. S. 294, 380; II. S. 347 und 411. Czerny hat uns überliefert, dass Beethoven gelegentlich in der Form des ersten Sonatensatzes phantasierte, auch in Rondoform, in freier Variationsform und in der Art eines Potpourri.

[2]) Vgl. Wegeler und Ries, „Biogr. Notizen" S. 36. Wegeler erzählt von Transponieren des C-dur-Konzertes um eine halbe Stufe. Nottebohm in seiner „Zweiten Beethoveniana" No. VIII, macht wahrscheinlich, dass Wegeler das C-dur-Konzert mit dem B-dur-Konzert verwechselt. (Neue Ausgabe der Beethoveniana S. 67.) Das Transponieren um eine halbe Stufe ist übrigens keine

rascher Orientierung in allen musikalischen Dingen wird berichtet. Die Leistungen Beethovens auf dem Piano haben naturgemäss viel früher Anerkennung gefunden als die in der Komposition. Abbé Gelinek meinte, dass eine solche Virtuosität, wie die Beethovens „ausser bei Mozart, niemals gehört worden" sei.[1])

S c h e n k (der Komponist der „Weinlese", des „Dorfbarbier" und vieler anderer Opern) äusserte sich mit höchster Begeisterung über die freie Phantasie und das Spiel des jungen Meisters in jenen ersten Wiener Jahren. Eine lange Schilderung schliesst er mit den Worten: „Sein Spiel war vollkommen, wie seine Erfindung."

S c h ö n f e l d s J a h r b u c h der Tonkunst für 1796 nennt: „Bethofen, ein musikalisches Genie, welches seit zween Jahren seinen Aufenthalt in Wien gewählt. Er wird allgemein wegen seiner besonderen Geschwindigkeit und wegen den ausserordentlichen Schwierigkeiten bewundert, welche er mit so vieler Leichtigkeit exponirt." (S. 7.)

Als hauptsächliche Quelle für die ersten Wiener Jahre[2]) muss uns W e g e l e r gelten, der oft erwähnte

---

Hexerei. Wölffl hat das Kunststück sogar in einem Konzerte produziert. Beethovens Transponieren fand bei der Probe statt. Vgl. Thayer II. S. 26, nach der „Allg. M. Ztg." I. S. 560.

[1]) Vgl. Pohl, „Jahresbericht" S. 4, Nohl, „Beethovens Leben" II. S. 30 f., 461.

[2]) Die Wiener Periode von Beethovens Klavierspiel hat in der Literatur mehr Beachtung gefunden als die Bonner Zeit. Vgl. E. H a n s l i c k , „Geschichte des Konzertwesens in Wien" S. 34 f., 127, 208 ff.; ferner desselben „Beethoven in Wien" in der Festschrift zur Feier der Enthüllung des Wiener Beethoven-Monumentes (wieder abgedruckt in Suite, „Aufsätze über Musik und Musiker", Wien, Teschen 1885, Prohaska). A. B. M a r x , „Anleitung zum Vortrage Beethovenscher Klavierwerke". T h a y e r a. a. O. I. S. 282 ff. „Beethovens Auftreten als Virtuos und Komponist." W e i t z m a n n , „Geschichte des Klavierspieles" (auch die neue Auflage). L. N o h l , „Beethoven als Pianist" in der „Caecilia" vom 15. Sept. 1880. Ein

Freund Beethovens aus Bonn. Er hat mit dem jungen
Meister in der Zeit zwischen dem Oktober 1794 und ungefähr Juni 1796 auch in Wien im vertrautesten Verkehre
gestanden. (Vergl. Wegelers Vorrede zu den biographischen Notizen S. XII f.) Für die ersten Jahre unseres
Jahrhunderts[1]) bildet F e r d i n a n d R i e s eine ergiebige
Fundgrube, die gerade für uns von Gewicht ist, da Ries
als Fachmann im Klavierspiel urteilt und als Schüler
Beethovens mehr Einblick in dessen eigenstes Spiel gewinnen konnte, als viele andere, die ihn nur in Konzerten
oder im Salon zu hören bekamen. (Seine Notizen dienen
zur Ergänzung derer von Wegeler. Mit diesen sind sie,
wie man weiss, zugleich veröffentlicht worden.) Einiges
wird uns auch durch S c h i n d l e r bekannt über Beethovens Spiel in seinen ersten Wiener Jahren. Seine Angaben sind übrigens für diese Periode von geringerem
Werte, da er 1814 erst in Beethovens persönlichen Umgang eintrat. Auch ist Schindler mit dem Instrumente
nicht so innig als Virtuos vertraut, dass er hier grosse
Beachtung als Quellenschriftsteller beanspruchen dürfte.[2])

Die angedeuteten Quellen sind in weiten Kreisen bekannt. Dadurch ist es mir möglich gemacht, in vielen
Fällen mich auf einen kurzen Hinweis zu beschränken
und das Hauptgewicht auf weniger bekannte Quellen und

Artikel „Beethoven als Klaviervirtuose" in der „Neuen Berliner
Musikzeitung" vom 14. April 1881 ist nichts als der Wiederabdruck
einer alten Rezension von 1799 aus der „Allg. musik. Zeitung".
Siehe auch F. K u l l a k im Vorwort zur Steingräberschen Ausgabe
der Klavier-Konzerte (1881) und Gust. J e n s e n , „Anhang zu den
Beethovenschen Klaviersonaten" (Berlin, Boto und Bock), endlich
„Der Klavierlehrer" 1884 No. 8 ff., 18 und 19.

[1]) Ungefähr von Oktober 1801 bis Oktober 1805. Thayer II.
S. 160 ff. 1809 war Ries abermals in Wien.

[2]) Schindler tritt in der Einleitung zur ersten Auflage seiner
Beethovenbiographie (S. 13 ff.) gegen die Riesschen Mitteilungen
auf. Mit wenig Glück.

auf neue Gedankenverbindungen zu legen. Rasch gehe ich deshalb an den Nachrichten vorüber, die von Beethovens ausserordentlich vollkommenem Vortrage von Joh. Seb. Bachs Fugen im Hause van Swieten überliefert sind.[1]) Einen vielleicht annähernden Begriff davon, w i e Beethoven das w o h l t e m p e r i e r t e K l a v i e r gespielt hat, erhalten wir aus den Tempoangaben und den dynamischen Bezeichnungen in der Peters-Ausgabe. Denn diese Winke sind von Carl Czerny beigegeben „nach der wohlbewahrten Erinnerung", wie er „eine grosse Anzahl dieser Fugen einst von Beethoven vortragen hörte". (Czernys Vorwort.) Ich deute nur an, dass der junge Virtuos in den ersten Jahren seines Wiener Aufenthaltes einstweilen nur in Privatkreisen zu hören war. Das Spielen in Gesellschaften war ihm übrigens von jeher zuwider; er spielte und phantasierte nur gern, wenn er ungestört war. (Nach Wegeler.) Durchaus wollte er beim intimeren Spiele nicht belauscht sein, wie das Ries, Baron Trémont und später auch Grillparzer ganz bestimmt mitteilen, und wie es Cramer 1799 schon als bekannt voraussetzt.[2])

Öffentlich trat er in Wien zum erstenmal 1795 auf und zwar mit seinem C-Dur-Konzert in einer Akademie der Tonkünstlergesellschaft".[3])

Zu Beginn von 1796 (am 8. Jänner) spielte er wieder

---

[1]) Durch Schindler, auch durch eine von Hüttenbrenner festgehaltene Tradition von 1816. Vgl. Thayer III. S. 421.

[2]) Grillparzer erzählt eine Szene in seinen „Erinnerungen an Beethoven" bezüglich Cramers. Vgl. Thayer II. S. 36. Von Trémont weiter unten.

[3]) Nottebohm (Zweite Beethoveniana S. 72) hat versucht, wahrscheinlich zu machen, dass bei der erwähnten Gelegenheit das B-dur-Konzert gespielt worden. Andere denken an das C-dur-Konzert, das später als Op. 15 veröffentlicht worden. Hierzu meinen „Beethoven" (Berlin 2. Aufl. S. 25 f.).

in Wien im Konzert der Signora Bolla.[1]) „Il signore Bethofen suonerà un concerto sul pianoforte", heisst es im Programme.

Bald darauf finden wir den tatenlustigen jungen Meister auf einer Reise konzertierend in Prag, Nürnberg und Berlin. Schon bei Wegeler und Ries (S. 109) wird eine Reise über Prag, Dresden und Leipzig (diese zwei Orte sind wohl nicht berührt worden) kurz erwähnt. Sie brachte Beethoven reichliche Ehren. Doch fehlte es auch nicht an Angriffen, die freilich um Monate zu spät kamen. Vergleichen wir die bekannte oben zum Teil schon mitgeteilte Beethovenstelle aus Schönfelds „Jahrbuch der Tonkunst von Wien und Prag" (1796 erschienen) mit einem Urteil, das ein Gegner jenes Jahrbuches noch 1796, aber erst im Herbst, veröffentlicht hat. Im Schönfeldschen Jahrbuch heisst es: „Bethofen ein musikalisches Genie, welches seit zween Jahren seinen Aufenthalt in Wien gewählet hat. Er wird allgemein wegen seiner besonderen Geschwindigkeit und wegen den ausserordentlichen Schwierigkeiten bewundert, welche er mit so viel Leichtigkeit exequiert. Seit einiger Zeit scheint er mehr in das innere Heiligtum der Kunst gedrungen zu sein, welche sich durch Präzision, Empfindung und Geschmack auszeichnet, wodurch er dann seinen Ruhm um ein Ansehnliches erhöht hat. Ein redender Beweis seiner wirklichen Kunstliebe ist, dass er sich unserem unsterblichen Hayden (!) übergeben hat, um in die heiligen Geheimnisse des Tonsatzes eingeweiht zu werden. Dieser grosse Meister hat ihn nun während seiner Abwesenheit unserem grossen Albrechtsberger übergeben. Was ist da nicht alles zu erwarten, wenn ein so hohes Genie sich der Leitung solcher vortrefflicher Meister

---

[1]) Das Programm ist mitgeteilt von Ed. Hanslick in der „Geschichte des Konzertwesens in Wien" S. 105. Bei Thayer II. (S. 5) wird das Datum festgestellt.

überlässt. Man hat schon mehrere schöne Sonaten von ihm, worunter sich seine letzteren besonders auszeichnen."

Den Angriff auf Beethoven unternahm irgend ein Pfahlbürger, oder ein Konkurrent, perfiderweise ohne Nennung seines Namens. Im Herbst 1796 begann in Prag ein „Patriotisches Journal für die k. k. Staaten" zu erscheinen, das, wie es scheint, sehr bald im eigenen Gift erstickt ist.[1]) Dieses Schmierblättchen nörgelte an Schönfelds Jahrbuch da und dort und schimpfte unter anderem auch auf Beethoven los:

„Selbst zu der Zeit, als der Abgott eines gewissen Teiles des Publikums, der zu früh bewunderte van Beethoven in Prag mit seinem starken Klavierspiele Aufsehen erregte, gab es sehr viele Kenner und Dilettanten, welche sich durch keine Gunst, kein Vorurteil blenden liessen, und nicht nur die Vorzüge, sondern auch so grossen Fehler dieses angehenden Meisters erkannten. Sie lobten zwar seine ausserordentliche Fertigkeit, seine mühsamen Griffe und Sprünge nach Verdienst, aber dass er so ganz allen Gesang, alle Gleichheit im Spiele, alle Delikatesse und Verständlichkeit vernachlässige, dass er nur nach Originalität hasche, ohne sie zu haben und im Spiel und Komposition alles überlade und übertreibe — das konnten sie schlechterdings nicht loben, noch weniger bewundern. Er griff nur unsere Ohren, nicht unser Herz an, darum wird er uns nie Mozart seyn."

1796 am 21. Januar besuchte Beethoven eine Versammlung der Berliner Singakademie. Dort spielte er „eine Phantasie über das Fugenthema ‚Meine Zunge rühmt im Wettgesang Dein Lob' aus einem Psalm von Naumann" (D. Aug. Schmidt „Musikalische Reisemo-

---

[1]) E. Rychnowsky hat 1905 in der Zeitschrift „Deutsche Arbeit" zuerst diese Quelle ausgenützt. Danach ist die Mitteilung an mehrere Tagesblätter übergegangen.

mente auf einer Wanderung durch Norddeutschland". 1846, S. 76).[1])

1797 errang der Klavierspieler Beethoven einen neuen bedeutenden Erfolg bei der Aufführung seines Quintetts.

1798 konzertierte er noch zweimal in Prag (wo er auch in einem aristokratischen Kreise zu hören war), dann auch wieder in Wien (am 27. Oktober im Theater im Freihause auf der Wieden. Vergl. Thayer II, 22 und 32).

Allzu häufig hat sich indes der Virtuose Beethoven nicht öffentlich hören lassen. Ein gewohnheitsmässiges Auftreten in Konzerten, wie es etwa später bei Hummel, Moscheles zu beobachten war, oder wieder bei Liszt und Thalberg oder fast noch mehr bei einem Rubinstein, Bülow und den neueren D'Albert, Lamond und so vielen anderen, ist bezüglich Beethovens nicht zu verzeichnen. Auch in den Jahren, von denen wir eben sprechen, überwog der Tonsetzer den Pianisten. Nichtsdestoweniger galt er so ziemlich allgemein als unbesiegbar auf dem Klavier.

In C. Czernys Autobiographie werden u. a. auch die besten Klavierspieler genannt, die gegen Ende der 1790er Jahre in Wien bekannt waren. „W ö l f l, durch sein Bravourspiel ausgezeichnet, J e l i n e k, durch sein brillantes und elegantes Spiel sowie durch seine Variationen allgemein beliebt, L i p a v s k y, ein grosser Avistaspieler und durch den Vortrag Bachscher Fugen berühmt", dann kommt Czerny auf B e e t h o v e n zu sprechen, dessen Spiel er charakterisiert, indem er folgende Episode erzählt: Ich erinnere mich noch jetzt, als eines

---

[1]) Vgl. Thayer a. a. O. II. S. 5 ff. Thayer hat darauf hingewiesen, dass Beethoven in Leipzig damals wohl nicht konzertiert hat, wie Schindler behauptet. Zu Beethoven in Berlin vgl. auch „Nord und Süd" November 1886.

Tages Jelinek meinem Vater erzählte, er sei für den Abend in eine Gesellschaft geladen, wo er mit einem fremden Klavieristen eine Lanze brechen sollte. „Den wollen wir zusammenhauen", fügte Jelinek hinzu. Den folgenden Tag fragte mein Vater den Jelinek, wie der gestrige Kampf ausgefallen sei. — „O!" — sagte Jelinek ganz niedergeschlagen, „an den gestrigen Tag werde ich denken! In dem jungen Menschen steckt der Satan. Nie hab' ich so spielen gehört! Er fantasirte auf ein von mir gegebenes Thema, wie ich selbst Mozart nie habe phantasiren gehört. Dann spielte er eigene Compositionen, die im höchsten Grade wunderbar und grossartig sind, und er bringt auf dem Clavier Schwierigkeiten und Effecte hervor, von denen wir uns nie etwas haben träumen lassen." Der hier gemeinte „junge Mensch" war aber Beethoven. Jelinek (richtig Gelinek) hatte ihn offenbar, obwohl Beethoven schon seit 1795 öffentlich zu hören war, in selbstbewusster Weise lange ignoriert. Nun aber, da er ihn einmal gehört hat, erklärt er sich für besiegt. Czerny schrieb an Jahn über diesen Wettkampf, was er von Gelinek erfahren hatte. Czerny fragte: „Nun, wie war's?" Gelinek antwortete: „Ach, das ist kein Mensch, das ist ein Teufel; der spielt mich und uns alle tot. Und wie er phantasirt."

Tomaschek rühmt 1798 Beethovens „grossartiges Spiel", das er auch ein „kräftiges und glänzendes" nennt; er rühmt Beethovens freie Phantasie und bezeichnet den jungen Meister als den „Herrn des Clavierspiels",[1]) obwohl er über dessen Kompositionen abfällig urteilt.

Vor Jahren war ich bei Dr. Ludwig Mielichhofer in Salzburg, der noch Tomaschesche Erinnerungen an Beethoven bewahrt hatte. Danach hat Tomaschek ein-

---

[1]) Vgl. „Libussa" von 1845, Tomascheks Selbstbiographie.

mal zu Mielichhofer gesagt: „Wenn der Beethoven bei mir gelernt hätte, wäre was anderes aus ihm geworden".

Im Jahre 1798 kam J o s. W ö l f f l nach Wien und erregte da mit seiner blendenden Technik und seinen riesigen Händen, die Terzdecimen gespannt haben sollen, allgemeines Aufsehen. Ich kann vielleicht den bei Seyfried mitgeteilten Wettkampf[1]) zwischen Wölffl und Beethoven beim Baron Raimund von Wetzlar in Schönbrunn in den Hauptzügen als bekannt voraussetzen, doch seien einige Einzelheiten hervorgehoben. Beide Künstler gaben bei dem Wettkampf ihr bestes. „Jeder trug seine jüngsten Geistesproducte vor; bald liess der Eine oder Andere den momentanen Eingebungen seiner glühenden Phantasie freyen, ungezügelten Lauf; bald setzten sich beyde an zwey Pianoforte, improvisierten wechselweise über gegenseitig sich angegebene Themas und schufen also gar manches vierhändige Capriccio, welches, hätte es im Augenblick der Geburt zu Papier gebracht werden können, sicherlich der Vergänglichkeit getrotzt haben würde. — An mechanischer Geschicklichkeit dürfte es schwer, vielleicht unmöglich gewesen seyn, einem der Kämpfer vorzugsweise die Siegespalme zu verleihen; ja Wölfln hatte die Natur noch mütterlicher bedacht, indem sie ihn mit einer Riesenhand ausstattete, die ebenso leicht Decimen als andere Menschenkinder Octaven spannte, und es ihm möglich machte, fortlaufende doppelgriffige Passagen in den genannten Intervallen mit Blitzesschnelligkeit auszuführen. — Im P h a n t a s i e r e n verleugnete B e e t h o v e n schon damals nicht seinen mehr zum unheimlich Düstern sich hinneigenden Charakter; schwelgte er einmal im unermesslichen Tonreich, dann war er auch entrissen dem Irdischen ... Jetzt brauste sein Spiel dahin gleich einem wild schäu-

---

[1]) Mitgeteilt in den „Studien", Anhang S. 5 f.

menden Cataracte, und der Beschwörer zwang das Instrument mitunter zu einer Kraftäusserung, welcher kaum der stärkste Bau zu gehorchen im Stande war; nun sank er zurück, abgespannt, leise Klagen aushauchend, in Wehmuth zerfliessend — wieder erhob sich die Seele, triumphierend über vorübergehendes Erdenleiden, wendete sich nach oben in andachtsvollen Klängen..."

„... — Wölfl hingegen, in Mozarts Schule gebildet, blieb immerdar sich gleich, nie flach, aber stets klar, und eben desswegen der Mehrzahl zugänglicher; die Kunst diente ihm bloss als Mittel zum Zwecke, in keinem Falle als Prunk- und Schaustück trockenen Gelehrtthuens; stets wuste er Antheil zu erregen und diesen unwandelbar an den Reihengang seiner wohlgeordneten Ideen zu bannen. — Wer Hummeln gehört hat, wird auch verstehen, was damit gesagt sein will." Nach Seyfrieds weiterer Darstellung scheint es, dass beide wetteifernde Künstler: Beethoven und Wölfl auf gutem Fusse standen und blieben und dass sie „als ehrliche Deutsche von dem lobwürdigen Grundsatze ausgingen: dass die Kunststrasse für viele breit genug wäre, ohne sich wechelseitig, auf der Wandelbahn zum Ziele des Ruhmes neidisch zu beirren."

Es scheint, dass beide Grössen inkommensurabel waren, und insofern ist es gerechtfertigt zu sagen, dass sie beide Sieger blieben, jeder auf seinem Gebiete. Ein Bericht der „Allgemeinen musikalischen Zeitung"[1]) über das Spiel der beiden Virtuosen wird jedem gerecht und sagt von Beethovens Spiel unter anderem folgendes: „**Beethovens Spiel ist äusserst brillant, doch weniger delicat, und schlägt zuweilen in das Undeutliche über. Er zeigt**

---

[1]) Vom April 1799. Schon benützt bei Schindler a. a. O. I. S. 68. Vgl. auch Thayer II. S. 25. Wieder abgedruckt in der „Neuen Berliner Musik-Zeitung" vom 14. April 1881.

sich am allervortheilhaftesten in der freien Phantasie. Und hier ist es wirklich ausserordentlich, mit welcher Leichtigkeit und zugleich Fertigkeit in der Ideenfolge Beethoven auf der Stelle jedes ihm gegebene Thema nicht etwa mit den Fingern variirt (womit mancher Virtuos Glück — und Wind macht), sondern wirklich ausführt . . ."

Was uns an der Stelle am meisten interessiert und auffällt, ist der kleine Tadel bezüglich mangelnder Delikatesse und Deutlichkeit, der vielleicht nicht ganz unbegründet war. Das scheint aus dem Urteile J. F. v. Mosels[1]) hervorzugehen, der an Beethovens Spiel die „Rundung, Ruhe und Delicatesse von Mozart's Vortrag" vermisst, obwohl er die „erhöhte Kraft" und „das sprühende Feuer" des Spieles, sowie seine freie Phantasie zu würdigen weiss.

Cramers, des berühmten Pianisten, Urteil, das sich auf die Zeit von 1799 bezieht, ist uns besonders wertvoll. Thayer hat es nach einer Erzählung von M. Appleby bekannt gemacht. (Thayer II, 36.) Cramer hatte Beethoven beim Phantasieren belauscht und hat offenbar dabei genug zu staunen gehabt. Denn gegen Appleby äusserte er sich später, es dürfe niemand sagen, er habe aus dem Stegreife spielen gehört, der nicht Beethoven gehört habe . . . Niemals in seinem Leben hatte er so ungewöhnliche Wirkungen, so wunderbare Kombinationen gehört . . . Alles in allem genommen sei Beet-

---

[1]) Vgl. August Schmidts „Allgemeine Wiener Musik-Zeitung" vom 28. Oktober 1843 (S. 540). „Die Tonkunst in Wien während der letzten fünf Dezennien." Die Stelle gibt wohl das Durchschnittsurteil wieder, das in musikalischen Kreisen über Beethovens Spiel verbreitet gewesen sein mag; denn v. Mosel sagt nicht, wann und wo er Beethoven gehört hätte. Nur aus dem Zusammenhange geht hervor, dass er das Dezennium ungefähr nach Mozarts Tod meint.

hoven, wenn nicht der erste, doch einer der ersten und bewunderungswürdigsten Klavierspieler, die er je gehört, sowohl hinsichtlich des Ausdruckes als der Fertigkeit.

Das massgebende Urteil des feinfühligen Cramer lässt uns erkennen, dass Beethoven damals noch ganz auf der Höhe seiner Leistung als Klavierspieler gestanden hat. Wenn wir auch annehmen müssen, dass sich das Wesen seines Spieles seit seiner Bonner Zeit nicht verändert hat, so scheint doch die Virtuosität sich seither noch gesteigert zu haben. „In der Geschwindigkeit der Skalen, Doppeltriller, Sprünge usw. kam ihm keiner gleich — auch Hummel nicht", so berichtete Karl Czerny. (Thayer III, 347.)

Im Juli 1801 schreibt er an seinen Freund Amenda einen langen Brief, worin es heisst: „Auch mein Clavierspielen habe ich sehr vervollkommnet."

Dem entsprechend sehen wir Beethoven auch wiederholt öffentlich auftreten. Im Frühling 1799 hatte er mit dem berühmten Kontrabassisten Dragonetti konzertiert. (Vergl. Thayer II, S. 35.) Im April 1800 spielt er ein eigenes Klavierkonzert und phantasiert „meisterhaft", wie es in dem Berichte der „allgemeinen musikal. Zeitung" lautet. Mit dem Hornisten Punto, für den er die berühmte Hornsonate geschrieben hat, spielt er in demselben Jahre zweimal öffentlich. (Vergl. Thayer II, 98 ff., 121.) In dieselbe Zeit fällt die vielfach nacherzählte Episode mit dem etwas schwindelhaften Pianisten S t e i b e l t im Salon des Grafen F r i e s, die uns durch Wegeler-Ries (S. 81) überliefert ist.[1])

---

[1]) Schindler, wie gewöhnlich gegen Ries feindlich auftretend, nörgelt an dieser Erzählung. (Einleitung zur 1. Auflage der Beethovenbiographie S. 13 f.)

In dem oben berührten Briefe aber vertraut er dem Freunde unter dem Siegel der Verschwiegenheit auch die traurige Beobachtung an, dass sein G e h ö r leidend ist. „Bei meinem S p i e l und C o m p o s i t i o n macht mir mein Uebel noch am wenigsten, nur am meisten im Umgang." Noch ist er also Herr der Lage; noch bemüht man sich von allen Seiten, Klaviere nach seinem Geschmacke zu konstruieren, noch darf er sich in einer Gesellschaft, die sein Spiel nicht gehörig würdigt, zu sagen erlauben: „Für solche Schweine spiele ich nicht".[1]) Er denkt sogar wieder an eine Konzertreise. Aber nicht gar lange dauert es, und er kann seine zunehmende Schwerhörigkeit nicht mehr verheimlichen. Eine Rückwirkung auf sein Klavierspiel kann nicht ausbleiben.

Vom Standpunkte des Physiologen und des Pathologen aus kann man zwar ganz wohl annehmen, dass die Fähigkeit zu komponieren neben erworbener Taubheit ungestört fortbestehen kann; davon aber wird man sich überzeugt halten müssen, dass zunehmende Taubheit jeden musikalischen Verkehr und die Behandlung eines Musikinstrumentes empfindlich schädigt.

Die Stimmen, die Beethovens Spiel abfällig beurteilen, werden denn auch seither immer häufiger, so dass Schindler ziemlich vereinzelt dasteht, wenn er behauptet: „Das Instrument mit männlicher Kraft gut behandeln, blieb dem Meister bis an sein Lebensende eigen".[2]) Wir

---

[1]) Vgl. Wegeler-Ries S. 91 und die Studie „Unveröffentlichte Urkunden aus dem Jahre 1814" im vorliegenden Bande. — Thayer II. S. 197, 201, 341. — Reichardts „Vertraute Briefe" berichten von den Neuerungen der Streicherschen Flügel über Veranlassung Beethovens.

[2]) Schindler II. S. 231. Schindler hatte verhältnismässig geringe Kenntnisse vom Klavierspiele. Auch ist er noch nicht zu der klaren Erkenntnis durchgedrungen, dass Beethovens Spiel in seinen verschiedenen Lebensperioden sehr verschieden war. Erst Marx deutet eine solche Verschiedenheit an, indem er davon spricht,

werden übrigens sehen, dass Schindler in einem Privatbrief an W. L e n z , diesem seinem eigenen Urteil selbst widerspricht.

Schon 1803 wird im „Freimütigen" berichtet, dass der Künstler sein C-Moll-Konzert n i c h t z u v o l l e r Z u f r i e d e n h e i t d e s P u b l i c u m s v o r t r u g". (Thayer II, 217, 225.) Übrigens wird er noch ein „grosser Künstler auf dem Pianoforte" genannt. Neben ihm spricht man aber ohne weiteres auch von Hummel, Madame Auernhammer, Abbé Vogler.

Eine Vergleichung, die C. Czerny in seiner Autobiographie zwischen dem Spiele Beethovens und Hummels anstellt, macht uns das Wesen von Beethovens damaligem Spiel noch weiterhin klar, obwohl diese Vergleichung sich nicht unbedingt auf die eben behandelte Zeit bezieht, sondern mehr allgemein gehalten ist: „Wenn sich B e e t h o v e n ' s Spiel durch eine u n g e h e u r e K r a f t , C h a r a k t e r i s t i k , u n e r h ö r t e B r a v o u r u n d G e l ä u f i g k e i t auszeichnete, so war dagegen Hummels Vortrag das Muster der höchsten Reinheit und Deutlichkeit, der anmuthigsten Eleganz und Zartheit . . ." Hummel war eben aus der Mozartschen Schule hervorgegangen. Czerny erzählt weiter, dass Hummels Anhänger bei Beethoven den vielen Gebrauch des Pedals tadelten, womit er nur „confusen Lärm hervorbringe". Auch in seiner Klavierschule spricht Czerny von Beethovens Spiel, wobei auf den reichlichen Gebrauch des Pedals hingewiesen wird. (IV, S. 4.) Dann heisst es dort: „Beethoven's Manier: Charakteristische und leidenschaftliche Kraft, abwechselnd mit allen Reizen des gebundenen Cantabile ist hier vorherrschend. Die Mittel des Ausdrucks werden hier oft bis zum Extremen gesteigert, besonders in Rücksicht humoristischer Laune.

---

dass die Freiheit im Tempo bei Beethoven mit der Zeit zugenommen habe.

Die pikante, brillant hervorstechende Manier ist da nur selten anwendbar. Desto öfter sind da aber die Totaleffecte theils durch ein vollstimmiges Legato, theils durch geschickte Anwendung des Fortepedals u. s. w. anzuwenden. Grosse Geläufigkeit ohne brillante Prätension. Im Adagio schwärmerischer Ausdruck und gefühlvoller Gesang." (III. Teil, S. 72 ff.) Auch hebt Czerny hervor, dass Beethovens Vortrag „so wie seine Compositionen, ein Tongemälde höhrer Art war, nur für die G e s a m m t w i r k u n g berechnet." — „Beethoven... war in seiner Blüthezeit einer der grössten Pianisten und im Vortrage des gebundenen Spiels, im Adagio, in der Fuge und besonders in seinen Improvisationen unübertrefflich, so wie die durch ihn erfundenen Schwierigkeiten damals ebenso viel Staunen erregten, wie jetzt jene Liszt's, Thalberg's etc. Indessen hing er dabei von seinen stets wechselnden Launen ab, und wenn es auch möglich wäre, seine Spielweise ganz genau wiederzugeben, so könnte sie . . . uns nicht immer als Muster dienen." Diese Mitteilungen beziehen sich auf die Zeit bis ungefähr 1802.

Denn bis dahin etwa reicht die Blütezeit von Beethovens Klavierspiel. Dass er danach den Höhepunkt seiner Leistungen auf dem Piano schon zu verlassen anfängt, wurde schon angedeutet. Auch ein so geniales Kunststück, wie es Seyfried berichtet — Beethoven hatte ein Klavierkonzert aus fast leeren Blättern vorgetragen — ändert nichts an der erwähnten Beobachtung. Seyfrieds Erzählung bezieht sich aufs Jahr 1803.[1]) In raschen Sätzen zeigte sich wohl schon einige Vernachlässigung der Technik, da sich der Komponist-Virtuose im Laufe jener Jahre immer mehr in den reinen Komponisten umwandelte. Gesangvolle Stellen in langsamen Sätzen wurden begreiflicherweise erst spät von jener Ver-

---

[1]) Vgl. Seyfried, „Beethovens Studien im Generalbass". Anhang S. 19. Hierzu Thayer II. S. 224.

nachlässigung beeinflusst. Des Meisters Ausdruck blieb hier noch lange unübertrefflich, wie wir noch erfahren werden und wie das für das Jahr 1803 von dem englischen Violinspieler Bridgetower verbürgt ist.[1])

In der Zeit von ungefähr 1803 wurde der Hofsekretär Mähler durch Breuning bei Beethoven eingeführt. „Da sie wünschten, ihn spielen zu hören, setzte er sich und spielte das Finale-Thema, Variationen und Fuge, und als es zu Ende war, hörte er nicht auf, sondern spielte in freier Phantasie zwei Stunden lang. Während dieser ganzen Zeit, erzählte Mähler, selbst ein Komponist, nicht ein Takt, der fehlerhaft war oder nicht originell klang." Mähler erzählte dies im Mai 1860 dem Forscher A. W. Thayer. Besonders hob Mähler dann noch hervor, d a s s B e e t h o v e n „mit seinen Händen s o r u h i g s p i e l t e". „Wundervoll, wie die Ausführung war, gab es auch kein Aufwärts und Herumschlagen der Hände. Sie schienen links und rechts über die Tasten zu gleiten, nur den Fingern die Arbeit lassend". (Nach Krebihl „Music and Manners from Pergolese to Beethoven" mitgeteilt in der Neuen freien Presse vom 14. April 1899 und in O. Lessmanns Allgemeiner Musikzeitung vom Mai 1899 S. 314, siehe auch die Bemerkung in dieser Studie S. 215. Übrigens zog man damals Abbé Voglers gelehrte, in harmonischer und kontrapunktischer Beziehung unerreichte freie Phantasie dem ausgezeichneten erfindungsreichen Spiel Beethovens hier und da vor Thayer II, 236).

Hier und da kommt in seinem Spiel um jene Zeit eine gewisse Willkür zum Ausdruck. In einem Konzert gegen Ende des Jahres 1803 fängt er z. B. innerhalb des Quintetts zu phantasieren an und verweilt dabei so lange, dass er das Missvergnügen der Mitspielenden erregt. Das Publikum war entzückt.[2])

---

[1]) Thayer II. S. 230.
[2]) Wegeler-Ries S. 79f., hierzu Thayer II. S. 261.

Stets zielte Beethoven mehr auf den echt musikalischen Ausdruck als auf gefeiltes oder gar gelecktes Spiel. Ries erzählt manches, was dafür beweisend ist. „Wenn ich in einer Passage etwas verfehlte, oder Noten und Sprünge, die er öfters recht herausgehoben haben wollte, falsch anschlug, sagte er selten etwas; allein, wenn ich am Ausdrucke, an Crescendo's u. s. w. oder am Charakter des Stückes etwas mangeln liess, wurde er aufgebracht, weil, wie er sagte, das erstere Zufall, das andere Mangel an Kenntniss, an Gefühl, oder an Achtsamkeit sei. Ersteres geschah auch ihm gar häufig, sogar wenn er öffentlich spielte."

Hierher gehört dem Gedankenzusammenhange nach eine briefliche Äusserung Beethovens, die für den Klavierlehrer von Interesse ist. Im Jahre 1817 schreibt der Meister an Carl Czerny, der damals Beethovens Neffen im Klavier unterrichtete. Zunächst sei guter Fingersatz, Takt und richtiges Lesen zu erreichen. Dann sei auf den Vortrag zu achten. Er bittet Czerny, wenn sein Schüler einmal so weit ist „ihn wegen kleinen Fehlern nicht aufhören zu lassen, und selbe ihm erst beym Ende des Stückes zu bemerken. Obschon ich," fährt Beethoven fort, „wenig Unterricht gegeben, habe ich doch immer diese Methode befolgt, sie bildet bald M u - s i k e r, welches doch am Ende schon einer der ersten Zwecke der Kunst ist und ermüdet Meister und Schüler weniger." Hierauf schreibt er einige Passagen auf, die er mit mannigfachem Fingersatze geübt wünscht, „freilich klingen d. g. wie man sagt geperlt gespielt (mit weniger Fingern) oder wie eine Perle, allein man wünscht auch einmal ein anderes Geschmeide".[1])

---

[1]) Vgl. L. Nohl, „Briefe Beethovens" I. S. 169 f. Dem entspricht auch, dass Beethoven die Allegri di bravura nicht besonders liebte (Ries S. 157, Schindler II. S. 204), weil das Mechanische zu

Man sieht, ein gedrillter Virtuos, der sich durch geisttötendes Wiederholen die höchste Wahrscheinlichkeit sichert, dass er im Konzert richtig spielen werde, das war Beethoven nicht. Er besiegte auch die technischen Schwierigkeiten hauptsächlich kraft seiner ungemessenen musikalischen Begabung, die alles mit sich fortriss. Auf diese Weise musste er denn auch sehr von der Stimmung des Augenblickes abhängig sein, gewiss mehr als der durch jahrelange technische Schulung hindurch gegangene, rein ausübende Pianist, dessen Hauptvorzug gerade darin liegt, dass er sich so viel wie möglich von der Stimmung unabhängig machen kann. Freilich, die edelsten Blüten des Spiels bleiben dann meistens unterwegs, und von freier Phantasie ist bei solchen gar nicht die Rede, kaum von gutem Avista-Spiele.

Dass Beethoven seine Kompositionen „sehr launig" [launenhaft] zu spielen pflegte, weiss man wieder durch Ries („Biogr. Notizen" S. 106). Dadurch werden wir in der auch von Czerny geäusserten Meinung bestärkt, dass **Beethovens eigener Vortrag durchaus nicht immer als Muster dafür gelten konnte, wie andere seine Werke zu spielen hätten.** So soll Beethoven z. B. in dem oben erwähnten C-Moll-Konzert während des ganzen Themas im Largo ununterbrochen das Pedal beibehalten haben,[1]) ein Vorgehen, das auf unseren lang aushaltenden Kla-

---

sehr betont wird. — Beethoven gedachte, eine Klavierschule zu schreiben, wie Breuning mitteilt. Gewiss hängt es damit zusammen, wenn Beethoven sich einmal Tonleitern in Gegenbewegung notiert hat und dazu schreibt: „.. so auch hinauf und umgekehrt. Die rechte Hand ebenso hinauf und hinunter wie die linke". (Nottebohm, „Zweite Beethoveniana" S. 346.) Skizzenbuch aus den Jahren 1815 und 1816. Einige Beethovensche Notierungen für technische Übungen aus der Zeit ungefähr von 1782 bis 1793 sind durch Nottebohm mitgeteilt worden („Zweite Beethoveniana" S. 358 ff.).

[1]) Czerny, „Klavierschule" IV. Teil.

vieren unpassend wäre und das, wie es scheint auch schon bei B.s Lebzeiten nicht gebilligt wurde. **Nur hier und da, in Fragen der Charakteristik des Tempo, wird Beethovens eigenes Spiel auch für andere als massgebend gelten können.** So z. B. wird auf die Bemerkung von Ries zu achten sein, Beethoven hätte mitunter **beim Crescendo das Tempo zurückgehalten**. „Crescendo e rallentando" bis zum Forte ist mehrmals ausdrücklich vorgeschrieben im ersten Satz der göttlichen Gleichensteinsonate Op. 69 für Klavier und Violoncell. Diese oft sehr wirkungsvolle Vortragsweise des Zurückhaltens im Tempo während des Crescendo geht zum mindesten bis Mozart zurück. Man findet sie z. B. in seiner Klavierphantasie aus C-Moll kurz vor dem letzten Eintritt des Hauptgedankens deutlich genug vorgeschrieben. Beethoven kannte dieses Werk genau.[1]

Was über Beethovens Interpretation seiner eigenen Werke bei Ries zu lesen ist, erscheint mir zu wichtig, als dass ich es hier unterdrücken möchte. „Ich erinnere mich nur zweier Fälle," sagt der stets aufmerksame Schüler, „wo Beethoven mir einige Noten sagte, die ich seiner Composition zusetzen sollte, einmal im Rondo der Sonate pathétique (Op. 13) und dann im Thema des Rondo's seines ersten Concertes in C-dur, wo er mir mehrere Doppelgriffe angab, um es brillanter zu machen. Ueberhaupt trug er letzteres Rondo mit einem ganz eigenen Ausdruck vor. Im Allgemeinen spielte er selbst seine Compositionen sehr launig, blieb jedoch meistens fest im Takt und trieb nur zuweilen, jedoch selten das Tempo etwas." (S. 106.)

---

[1] Vgl. die Originalausgabe des Mozartschen Werkes, die 1787 erschienen ist. „Fantaise et sonate pour le Fortepiano, composées pour Madame Therese de Trattnern par le maître de chapelle W. A. Mozart oeuvre XI."

Späterhin (bis um 1814) scheint Beethoven nach und nach zu einem sehr freien Tempo rubato übergegangen zu sein, wenn wir Schindlers Aussage trauen wollen. (II, 230.)

Hier gedenken wir auch der „überaus merkwürdigen Accentuation", von welcher dieselbe Quelle zu berichten weiss. (II, 234.) Die grösste Mannigfaltigkeit im Ausdrucke hat dem Meister jedenfalls zur Verfügung gestanden. Diese wird auch an dem Vortrage gerühmt, wie ihn Beethovens Freundin Baronin Ertmann seinen Klavierkompositionen hat angedeihen lassen. Ihr Spiel geht sicher ganz unmittelbar auf Beethoven selbst zurück. Von ihrem gesangvollen Vortrag des Rondo in Beethovens E-Moll-Sonate (Op. 90), in welchem sie die oftmals wiederkehrende Hauptgruppe stets mit neuem Ausdrucke wiederzugeben verstand, sind wir längst unterrichtet. Die „Kraft, Seele und Vollkommenheit" ihres Vortrages der Cis-Moll-Sonate konnte Reichardt nicht genug rühmen.[1]) Das war noch zu Beethovens Lebzeiten. Wenige Jahre nach seinem Tode hört sie ein Vertreter der nächstjüngeren Generation von Klaviervirtuosen. Es ist der junge Mendelssohn, der von ihr im Jahre 1831 dieselbe Cis-Moll-Sonate und eine D-Moll-Sonate von Beethoven vortragen gehört hat. Der junge Pianist schreibt von ihrem Vortrage in einem Briefe aus Mailand (vom 14. Juli 1831): „Sie spielt die Beethovenschen Sachen sehr schön, obgleich sie seit langer Zeit nicht studirt hat; oft übertreibt sie es ein wenig mit dem Ausdruck und hält so sehr an und eilt dann wieder; doch spielt sie einige Stellen herrlich und ich denke ich habe etwas von ihr gelernt."

---

[1]) Vgl. Reichardt, „Vertraute Briefe", auch Schindler I. S. 240 ff. und Thayer III. S. 283 ff. Auf die Biographie der Baronin Ertmann geb. Graumann komme ich an anderer Stelle zu sprechen.

Wenn wir nun Beethovens eigenes Spiel wieder aufnehmen und weiter verfolgen, werden wir erkennen, dass es in technischer Beziehung ziemlich rasch zurückgeht. Schon im Verlaufe des zweiten Lustrums unseres Jahrhunderts wird die freie Phantasie mehr und mehr das einzige Mittel, womit Beethoven auf dem Klavier grosse Erfolge erzielen kann.

In Paris bei Pleyel ist vor Jahren ein Brief aufgefunden worden, der für unser Thema von Wichtigkeit ist. Er kennzeichnet Beethovens Spiel im Jahre 1805. I g n a z P l e y e l war aus Paris nach Wien gekommen, hatte da u. a. auch Beethoven spielen gehört und berichtete über den Eindruck in jenem Briefe: „Enfin j'ai entendu Beethoven, il a joué une sonate de sa composition et Lamare l'a accompagné. Il a infiniment d'exécution, mais il n'a pas d'école, et son exécution n'est pas fini, c'est à dire que son jeu n'est pas pur. Il a beaucoup de feu, mais il tape un peu trop; il fait des difficultées diaboliques, mais il ne les fait pas tout á fait nettes. Cependant il m'a fait grand plaisir en préludant. Il ne prélude pas froidement comme Woelfl. Il fait tout ce qui lui vient dans la tête et il ose tout. Il fait quelquefois des choses étonnantes. D'ailleurs il ne faut pas le regarder comme un pianiste parce qu'il s'est totalement livré à la composition, et qu'il est très-difficile d'être en même temps auteur et exécutant."[1])

Pleyel schildert also Beethovens damaliges Spiel als ein überaus kühnes, das vor keinen Schwierigkeiten zurückscheut. Doch würden diese Schwierigkeiten nicht sauber ausgeführt. Er dresche etwas zu arg darauf los. Seine freie Phantasie sei hochbedeutend. Im ganzen könne man ihn übrigens nicht für einen eigentlichen Pianisten gelten lassen, da er sich gänzlich der Komposition

---

[1]) Nach O. Commettant: „Un nid d'autographes". 2me édition Paris 1886. S. 92.

gewidmet habe. Es sei sehr schwer, in einem Komponist und ausübender Künstler zu sein.

Dass Pleyel von Beethovens **Improvisation** damals sehr ergriffen war, ist uns von anderer Seite her überliefert.[1]) Sehr zu betonen ist aber der Umstand, dass er Beethoven **gar nicht mehr als eigentlichen Klavierspieler gelten lässt**.

Cherubini hörte Beethoven in der Zeit von 1805 und 1806. Er charakterisiert sein Spiel einfach als „rauh".[2])

Clementi nennt es „nur wenig ausgebildet, nicht selten ungestüm, wie er selber, immer jedoch voll Geist."[3])

Die meisten Berichte aus jener Zeit heben hauptsächlich die **freie Phantasie** Beethovens als bewunderungswürdig hervor und den überaus **gesangvollen Vortrag langsamer Sätze**. Die **Kraft** des Spieles wird gerühmt, dagegen der **Mangel an technischer Eleganz** gerügt.

Thayer (II. 348 f.) teilt eine Erinnerung der **Frau Therese von Hauer**, geborenen Dürfeld mit. Diese

---

[1]) Von Czerny. Vgl. Thayer II. S. 277. Czernys Bericht klingt denn doch wärmer als das konventionelle „Cependant il m'a fait grand plaisir en préludant". Nach Czerny soll der alte Pleyel Beethoven nach dessen grossartiger Phantasie die Hände geküsst haben.

[2]) Vgl. Schindler a. a. O. II. S. 232. (Thayer III. S. 37 verbessert Schindlers Angaben in einigen Punkten.) In Wien hat Cherubini viel und freundlich mit Beethoven verkehrt. In Paris sprach er später gegen Beethovens Musik. Vgl. Schindler, „Beethoven in Paris" S. 5. Beethoven schätzte den Kunstgenossen Cherubini neidlos, wie das durch Grillparzers Erinnerungen, durch Seyfried, durch den Baron de Trémont und durch den oben mitgeteilten Brief an Gläser beglaubigt ist.

[3]) Wenn man Schindler (II. S. 232) glauben darf, so hat Clementi Beethovens Spiel noch bis ins Jahr 1817 aufmerksam verfolgt. Sein Urteil hat er Schindlern 1827 mitgeteilt.

Dame hatte in ihrer Kindheit eine Improvisation Beethovens gehört und schrieb darüber folgendes:

„In den Jahren 1804—8 wurden in Baden bei Wien von der dort anwesenden adeligen Gesellschaft jede Woche einmal songeannte ‚Unions' veranstaltet. Diese fanden im Hotel zur Stadt Wien auf dem Platze statt. Dort erschien S. K. H. Erzherzog Rudolph in Begleitung des berühmten Tonsetzers und zugleich seines Claviermeisters Ludwig van Beethoven. Als ein junges Mädchen wurde ich auch einmal in dieses Casino mitgenommen, da es verlautete, dass Beethoven sich auf dem Fortepiano sollte hören lassen. Er erschien, liess sich eine Weile bitten, endlich aber trat er an das Clavier, machte zwar ein saures Gesicht, spielte dann auf von einigen Damen gegebene Themas, improvisirte Fantasien mit hinreissendem Gefühl und bedeutender Fertigkeit, so dass alles entzückt von diesem Genuss sehr befriedigt den Saal verliess."

In dieselbe Zeitperiode fällt das Nichtspielenwollen in Grätz bei Troppau, über das ich in meinem „Beethoven" reichliche Mitteilungen veröffentlicht habe.

Noch spielt der Meister h i e u n d d a vor dem Publicum, so z. B. im December 1808 in jenem Benefiz-Concert, bei dessen Probe er im Feuer des Spieles die Leuchter vom Clavier schlug und bei welchem in der Aufführung während der Chorphantasie gänzlich umgeworfen wurde, wie das mehrere Berichte so ziemlich übereinstimmend erzählen, so: Seyfried, Ries, Dolezalek, Moscheles, Czerny, Reichardt und die „Allgemeine musikalische Zeitung". Man beachte den trefflichen Abschnitt in Thayers „Beethoven" III, 58 ff., wo die Berichte untereinander verglichen werden. Als wichtiges Wort tritt zu diesen Berichten das bei, was Beethoven selbst über jene Akademie in einem Briefe vom 7. Jänner 1809 an Breitkopf und Härtel schreibt. Vergl. La Mara, „Musikerbriefe aus fünf Jahrhunderten" II, S. 3 „... werden Scribler von hier nicht unterlassen, wieder elendes Zeug gegen mich in die Musikalische Zeitung zu schicken. Hauptsächlich waren die Musiker aufgebracht, dass indem aus Achtlosigkeit bey der einfachsten plansten Sache von der Welt gefehlt worden war, ich plötzlich stille liess halten, und laut schrie noch einmal. So was war ihnen noch nicht vorgekommen; das Publicum bezeugte hierbey sein Vergnügen. —"

Reichardt hörte ihn in jener Akademie auch „ein neues Pianoforteconcert von ungeheuerer Schwierigkeit" vortragen, „welches Beethoven zum Erstaunen brav, in den allerschnellsten Tempis ausführte. Das Adagio ... sang er wahrhaft".

In jenem Jahre wurde Beethovens Hand äusserlich dadurch geschädigt, das er ein Panaritium (gewöhnlich Fingerwurm genannt) zu überstehen hatte. Nähere Angaben fehlen über diesen Punkt.[1]) Von einschneidender Bedeutung ist diese kleine Erkrankung gewiss nicht gewesen, da man Beethoven bald wieder am Klavier findet. „Freilich stand er als Spieler manchem Andern in Eleganz und technischen Vorzügen nach; auch spielte er seines harten Gehörs wegen etwas stark ...", schrieb der Hornvirtuos J. F. Nisle, der ihn um jene Zeit hatte phantasieren gehört. „Aber diese Mängel gewahrte man nicht, enthüllte der Meister die tiefern Regionen seines Innern".[2])

Denselben Charakter tragen die Mitteilungen des Barons Trémont, der vom Ende Mai bis 11. Juli 1809

---

[1]) Vgl. die Nachträge zu den biographischen Notizen von Wegeler und Ries. S. 13 der Originalausgabe. Andere Literatur genannt in meinem „Beethoven", 2. Auflage S. 91. — Vgl. auch Thayer III. S. 32.

[2]) „Allgem. Musik-Zeitung" zitiert bei Thayer III. S. 62 f.

in Wien oftmals bei Beethoven war und den Meister wiederholt phantasieren hörte.[1])

Noch 1812 hörte man ihn öffentlich in Karlsbad. Im Sommer 1812 traf er mit G o e t h e in den böhmischen Bädern zusammen, vor dem er auch Klavier spielte. Am 19. Juli 1812 notierte Goethe im Tagebuch: „A b e n d s b e i B e e t h o v e n. E r s p i e l t e k ö s t l i c h". Ein anderes Mal urteilte Goethe dann wieder merklich kühler.[2])

F. H. S c h n y d e r v o n W a r t e n s e e, der um jene Zeit in Wien war, erzählt, wie ungern Beethoven vor anderen spielte, so dass man die Bevorzugung G o e t h e s wohl merkt. Schnyder wollte nach wiederholten Besuchen Beethoven auch spielen hören und bat darum. Der Meister hätte erwidert: „Ach, ich bin ja kein guter Clavierspieler" und machte dazu ein schalkhaftes Gesicht. Schnyder: Ich weis und es ist bekannt, dass Sie ausserordentlich schön spielen. Beethoven: Ach nein! voriges Jahr phantasierte ich auf dem Clavier vor einer kleinen Gesellschaft (Schnyder meint, er nannte Carlsbad); plötzlich sah ich, dass die Thoren weinten. Ich lief fort und spielte nie mehr vor ihnen. Vor Schnyder hat Beethoven auch nicht gespielt. Dies klagte der junge Musiker einem Herrn von Bonora aus Beethovens Kreisen. Dieser machte es ihm klar, dass Beethoven nie spiele, wenn er dringlich gebeten werde. Man müsse ihn durch List ans Klavier bringen. „Sie werden bemerkt haben," sagte Bonora, „dass Beethoven beim Gespräch gern im Zimmer hin und her wandelt. Sein Flügel ist stets geöffnet. Wenn Sie ihn auf diesem Zimmerspaziergang begleiten, so sprechen Sie mit ihm von allem,

---

[1]) Vgl. Kufferaths, „Guide musical" 1892 S. 102 und 111, neuerlich auch „Die Musik" 1902, S. 412 ff.

[2]) Die Studie Beethoven und Goethe soll über diese Angelegenheiten weitere Aufschlüsse bieten.

was Sie wollen, nur nicht über Musik. Kommen Sie an seinem Flügel vorbei, so schlagen Sie auf demselben wie zufällig einen Ton an und sagen, sich erstaunt stellend: Ei Herr van Beethoven, diese Taste ist ja lahm ... Beethoven wird an den Flügel treten, die Taste mehrmals prüfend anschlagen, dann die Quinte, nachher die Terz. Zu dem Accord greift er später den Bass. Nun schieben Sie ihm einen Stuhl herbei, er wird sich setzen und fortfahren, die lahm geglaubte Taste mit allerlei Accorden zu prüfen. So kommt er, ohne dass er es merkt, ins Phantasieren hinein, und Sie haben den seltensten Genuss. Dieses Kunststückchen verfehlt seine Wirkung nie; ich habe selbst dasselbe schon oft mit glänzendem Erfolge angewendet."[1])

Aus dem Jahre 1812 ist uns noch ein glaubwürdiger Bericht erhalten, der den Meister in seinem damaligen Klavierspiel vortrefflich zu charakterisieren[2]) scheint. Beethoven war auf seiner Rückreise von Töplitz (aus Gründen, die nicht hierher gehören) auch nach L i n z gekommen und hatte dort beim Grafen D ö n h o f f, während die grosse Gesellschaft beim Speisen sass, im Nebenzimmer etwa eine Stunde lang phantasiert. Dies geschah so kräftig dass dabei die Hälfte der Saiten gerissen sein soll. Beethoven hörte offenbar nicht mehr genau, dass das Instrument unter seinen Händen Schaden gelitten hatte. Die Kraft des Anschlages forzierte er, um überhaupt sein Spiel dem Ohr noch zum Bewusstsein bringen zu können.

Stimmen, die sich lobend über sein Spiel äussern,[3])

---

[1]) „Schweizerische Musikzeitung und Sängerblatt" XXIX No. 19. Über die Einführung bei Beethoven vgl. „Lebenserinnerungen von Xaver Schnyder von Wartensee" (herausgegeben von der Stiftung von Schnyder von Wartensee), Zürich 1888, S. 148 ff.

[2]) Thayer teilt den Bericht (Glöggls) mit III. S. 215 ff.

[3]) Starke 1812, 1816, 1821 und Schubert 1826. Vgl. Nohl,

werden nunmehr nur vereinzelt vernommen. Nur noch die freie Phantasie des Meisters ist von Wirkung. Deshalb scheint es auch recht glaubwürdig, wenn L. Spohr, der Beethoven kaum zwei Jahre später in einer Probe hatte spielen hören, sich über die Leistung äussert: „Ein Genuss war's nicht, denn erstlich stimmte das Pianoforte sehr schlecht, was Beethoven wenig bekümmerte, da er ohnehin nichts davon hörte und zweitens war von der früher so bewunderten Virtuosität des Künstlers in Folge seiner Taubheit fast gar nichts übrig geblieben. Im forte schlug der arme Taube so darauf, dass die Saiten klirrten und im piano spielte er wieder so zart, dass ganze Tongruppen ausblieben, so dass man das Verständnis verlor, wenn man nicht zugleich in die Clavierstimme blickte." Nach diesem Urteile zu schliessen, das allerdings von dem etwas reaktionären Geiger herstammt, der nicht eben für Beethoven begeistert war, hatte es also wohl auch seine Richtigkeit, wenn Moscheles im Jahre 1814 bei Beethoven nur mehr „Spuren eines grossen Spiels" gefunden hat.[1] Beethoven selbst schreibt in jenem Jahre an einen Bekannten, dass man Nachsicht haben müsse mit seinem Spiele, da er es auf Kosten der Komposition vernachlässigt habe.[2]

„Beethoven nach den Schilderungen seiner Zeitgenossen" S. 145 ff., 243.

[1] Es war am 11. April „In einer musikalischen Unterhaltung im Römischen Kaiser in der Mittagsstunde", dass Moscheles den Meister spielen gehört hat, und zwar das B-dur-Trio. Der junge Musiker notierte darüber: „Sein Spiel, den Geist abgerechnet, befriedigt mich weniger, weil es keine Reinheit und Präzision hat; doch bemerke ich viele Spuren eines grossen Spieles, welches ich in seinen Kompositionen schon längst erkannt hatte." („Aus Moscheles Leben" 1872 I. S. 15 f.)

[2] Vgl. Frimmel, „Neue Beethoveniana", Kapitel Briefe, wo das erwähnte Schreiben zum erstenmal gedruckt erscheint.

Schindler versucht es an verschiedenen Orten seiner Beethovenbiographie, den Anschein zu erwecken, als sei Beethovens Gehör noch für öffentliches Spiel tauglich gewesen. Aber auch er muss wenigstens die mangelhafte „Elasticität der Finger" schon 1814 zugestehen.[1]) Andere Stimmen äussern sich in dieser Beziehung ganz ähnlich. Die Technik war eben schon gänzlich vernachlässigt und die Taubheit sehr weit vorgeschritten.

Beethoven spielt denn auch seit 1814, beziehungsweise seit 1815 nicht mehr öffentlich[2]) und wird auch privatim nur mehr selten gehört. Man findet es nunmehr schon der Aufzeichnung wert, wenn er überhaupt ans Klavier zu bringen ist. So kommt es, dass für die Zeit seit 1814 zwar sehr viele Berichte über Beethovens Klavierspiel vorliegen, dass sie aber mit wenigen Ausnahmen weniger wertvoll sind, als die bisher benutzten. Als der Klavierspieler Bocklet 1817 in Wien bei Beethoven das D-Dur-Trio spielen durfte, hiess ihn der Meister während des ersten Satzes aufstehen und spielte es selbst.[3])

Die meisten Berichte nehmen keinen Anstand es auszusprechen, dass schon in jenen Jahren Beethoven erstaunlich falsch gegriffen habe. Das erzählt auch Fräulein F a n n y d e l R i o in ihrem Tagebuche, einer Quelle,

---

[1]) Nach Schindler sei Beethovens Leitung des Orchesters damals trotz der Taubheit nicht eben ganz schlecht gewesen (I. S. 200) „... auch bei dem zweimaligen Vortrage des B-dur-Trio (im April und Mai) zeigte sich Beethovens Gehör noch vollkommen dienstbar, minder die Elastizität der Finger."

[2]) Vgl. Schindler I. S. 197. Dass Beethoven noch 1815 bei einem Feste in der Burg die „Adelaide" begleitet hat, ist ganz richtig, doch kann dieses Begleiten nicht mehr wie ein Auftreten Beethovens als Pianist betrachtet werden. Thayer III. S. 327 f.

[3]) Nach Erinnerungen, die auf dem Wege über C. Holz und Frau Linzbauer an L. Nohl gelangt sind. Vgl. Nohl, „Beethoven, Liszt und Wagner" S. 110. Bezüglich Spohr und Moscheles vgl. Thayer III. S. 276 ff.

die Beethoven sonst vielfach sehr nachsichtig beurteilt.[1]) Gelegentlich gab er damals, es war um 1817, als der Neffe im Erziehungshause Del-Rio untergebracht war, auch kleine Scherze zum besten. Eine der Töchter erzählte: „Einmal kam er in übermütiger Stimmung zu Giannatasio und spielte den beiden Mädchen das eben komponierte „Flohlied" von Goethe vor. Mitten unter dem Spiele fuhr er mit dem Daumennagel über zwei, drei Tasten und rief: Jetzt wird er geknackst, jetzt wird er geknackst. Dabei lachte er laut und der Spass gefiel ihm so gut, dass er ihn etliche Male wiederholte.[2])

„Als der Musikalienhändler Schlesinger in Wien war" (so schreibt Castelli in seinen Memoiren), „gab er ein glänzendes Gastmahl, wozu auch Beethoven und ich geladen waren. Nach dem Speisen wurde Beethoven angegangen, auf dem Pianoforte zu improvisieren, allein er weigerte sich. Man drang immer mehr in ihn. Endlich sagte er: Ins drei Teufels Namen, ich will's thun, aber Castelli, der keine Idee vom Pianofortespiel hat, muss mir darauf ein Thema angeben. Ich trat zum Instrument, fuhr mit dem Zeigefinger vier Tasten nach einander hinab und die nämlichen wieder zurück. Er lachte und sagte: Schon gut, setzte sich zum Clavier und spielte und phantasierte immer unter Einmischung dieser vier Noten eine ganze Glockenstunde, daß alle Zuhörer in Entzücken geriethen."[3]) Entweder berichtet

---

[1]) Das erwähnte Tagebuch befindet sich gegenwärtig im Besitze von Frau Prof. Anna Pessiak-Schmerling, der Nichte von Frl. del Rio. Nohl hat Auszüge aus diesem Tagebuche veröffentlicht unter dem Titel „Eine stille Liebe zu Beethoven". Vgl. daselbst S. 159 f.

[2]) Vgl. „Wiener Illustrierte Zeitung" 1889 (No. 30 S. 621 ff.) und „Hamburger Signale" 1892 (No. 10 S. 125).

[3]) „Memoiren" III. Band (1861) S. 118. Die erzählte Begebenheit spielt im Jahre 1819, als Schlesinger in Wien war. Vgl. hierzu auch Marx (Behnkes), „Beethoven" letzte Auflage, II. S. 372. Auch

Castelli hier ungenau, oder Beethoven war bei jener Gelegenheit ausnahmsweise bei Gehör. Eine vorübergehende Hebung in der Stimmung und Aufnahmsfähigkeit ist nicht unwahrscheinlich. Man weiss ja, wie der Grad seiner Taubheit nicht immer derselbe war. Überdies mochte das erwähnte Gastmahl ihn heiter gestimmt haben.

Bei Carl Czerny fanden seit 1816 musikalische Abende statt. Czerny schreibt: „Um 1820—1821 war Beethoven selbst sehr oft zugegen und fantasierte zu verschiedenenmalen mit all' der Kunst, die nur ihm eigen war. Das waren wohl auch die letzten Fälle, wo dieser sich vor vielen Zuhörern dazu herbeiliess."[1])

Im April 1822 spielte Beethoven noch mit Lust vor dem französischen Geiger J. A. B o u c h e r. Davon spricht eine der früheren Studien. Boucher scheint höchlich gefesselt worden zu sein.

Bei anderen Gelegenheiten spielte Beethoven offenbar nicht ebenso entzückend wie damals. Zu Anfang der zwanziger Jahre hörte ihn F r a n z H a u s e r, der später berühmt gewordene Musiker und Sammler, der ihn in der Nähe von Wien auf dem Lande (wohl in Mödling oder Baden) aufgesucht hatte. Das Gespräch führte „auf den schönen englischen Flügel, den Beethoven von der philharmonischen Gesellschaft in London zum Geschenk erhalten hatte, und Hauser wünschte ihn einmal zu hören. Nach einigem Zögern geht Beethoven an's Instrument, nimmt alle fünf Finger der linken Hand zusammen und schlägt auf die Tasten im Bass, denn die

---

wurde für diese Begebenheit das Jahr 1825 genannt („Vossische Zeitung" 1887, 10., 17., 24. Juli). Vgl. überdies „Wiener Zeitung" 16. Dezember 1888.

[1]) Vgl. Czerny in F. Glöggls Zeitschrift „Neue Wiener Musikzeitung" von 1857 S. 140 und C. F. Pohl, „Jahresbericht des Wiener Konservatoriums" a. a. O. S. 9.

Saiten der oberen Töne waren bereits abgesprengt, er schlägt mit aller Gewalt und sagt dann zu dem Nebenstehenden: Hören Sie, wie schön."[1]) Hier ist gar nicht mehr von einem eigentlichen Klavierspiel die Rede. Beethoven will nicht mehr spielen. Die Erzählung erweckt den Anschein, dass hier jemand ans Klavier getreten ist, der längst nicht mehr regelmässig spielt und der von dem offenbar abscheulichen Klange, den er hervorgebracht hat, nichts mehr hört. Auch der Schalldeckel, den ihm Mälzel an dem Flügel angebracht hatte (und den auch Hauser erwähnt), half offenbar nicht mehr.

Um die Zeit, bis zu der wir nunmehr herangekommen sind, ist es also wohl schon gänzlich vorbei mit Beethovens grossem Klavierspiel.[2]) Sir John Russel berührte auf einer längeren Reise ungefähr im Jahre 1821 auch Wien, wo er Beethoven kennen lernte. 1825 veröffentlichte er seine „Reise durch Deutschland und einige südliche Provinzen Österreichs in den Jahren 1820, 1821 und 1822". In diesem Buche finden wir manche Mitteilung über Beethoven, die trotz der nicht immer ganz gewissenhaft angestellten Beobachtungen Russels für uns von Wert sind.[3]) Der Reisende erzählt, dass man durch List den tauben Meister ans Klavier gelockt hatte. Beethoven begann zu phantasieren. „Anfangs that er nur dann und wann einige kurze und abgebrochene Griffe, gleichsam als befürchtete er, bei einem Bubenstück ertappt zu werden; aber nach und nach vergass er alles Andere um sich her, und verlor sich ungefähr eine halbe Stunde lang in eine Phantasie, deren Styl äusserst ab-

---

[1]) Vgl. Nohl, „Geist der Tonkunst" S. 157.
[2]) Ca. 1821 soll er nach Starkes Erinnerungen noch einmal Orgel gespielt haben (nach Nohl).
[3]) II. Teil, S. 309 ff. Russels Urteile sind öfters ungerecht und dokumentieren selten einen weiten Blick. Er übertreibt und verallgemeinert zu oft.

wechselnd war und sich besonders durch plötzliche Uebergänge auszeichnete. Die Liebhaber waren hingerissen . . ." (S. 313). An einer anderen Stelle schreibt Russel über jenes Spiel Beethovens, dass dabei vieles gänzlich unhörbar blieb. „Wenn er . . . auf dem Pianoforte spielt, so bringt er oft auch nicht eine einzige Note heraus. Er hört sie nur mit den Ohren des Geistes. Während sein Auge die fast unmerkliche Bewegung seiner Finger andeutet, dass er den Satz in seiner Seele durch alle seine . . . Abstufungen verfolgt, ist das Instrument in der That fast eben so stumm, als der Spieler taub ist." (S. 312.)[1])

Wie schwierig es war, Beethoven in jenen Jahren ans Klavier zu bringen, erzählt auch F. X. Schnyder von Wartensee, wovon wir oben erfahren haben. Und doch spielte der Meister noch 1822 wieder in Gesellschaft bei Frau Baronin Puthon.[2])

In demselben Jahre 1822, oder wenig später, war es auch, dass Beethoven bei Streichers ans Klavier ging und spielte. Es war zur Zeit, als Franz Lachner nach Wien gekommen war. Lachner selbst erzählte den Hergang späterhin so: „Mir war es vergönnt, seine [Beethovens] Bekanntschaft im Streicherschen Hause zu machen. Dasselbe war damals der Sammelplatz aller, auf Musik einwirkenden Persönlichkeiten; so kam es, dass auch ich, wenn auch blos Organist und ausübender Clavierkünstler, Zutritt fand. Eines Tages war ich allein dort und sass am Flügel neben Nanette Streicher, welche eben das grosse B-dur-Trio von Beethoven Op. 97 studirte. Da trat plötzlich Beethoven, auf dessen Hauswesen Frau Streicher viel Einfluss hatte, in das Zimmer, eben als wir

---

[1]) Russel hörte, nebenbei bemerkt, Beethoven selbst sagen, „dass er keine besseren Pianofortes gefunden habe, als die in London verfertiget wären". (A. a. O. S. 314.)

[2]) Schindler II. S. 231, Nohl III. S. 282.

bis zum Anfang des letzten Satzes gekommen waren. Er hörte unter Anwendung des stets in seiner Hand befindlichen Hörrohres einige Augenblicke zu, zeigte sich aber alsbald mit dem zu zahmen Vortrage des Hauptmotivs des Finales nicht einverstanden, sondern beugte sich über die Clavierspielerin hinüber und spielte ihr dasselbe vor, worauf er sich alsbald wieder entfernte. Ich war von der Hoheit seiner Erscheinung, seinem energischen Auftreten und der unmittelbaren Nähe seiner imposanten Persönlichkeit in solchem Grade aufgeregt und erschüttert, dass ich geraume Zeit brauchte, bis ich wieder in ruhige Verfassung kam."[1])

1823 hört J. A. Stumpff den bedauernswerten Meister entweder selbst oder das allgemein verbreitete Urteil über sein Spiel, von dem er folgendes mitteilt: „Ich muss jedoch erwähnen, dass, wenn er Clavier spielt, er in der Regel so aufschlägt dass 20—30 Saiten es büssen müssen."[2])

Im Frühling 1824, so scheint es, hat Beethoven vorübergehend noch daran gedacht, in seiner Akademie öffentlich Klavier zu spielen.[3]) Eine Produktion erfolgte aber nicht.

Schindler berichtete als Ohrenzeuge über Beethovens Spiel zur Zeit der Proben für die Aufführung der neunten

---

[1]) Nach Lachners Mitteilungen in den „Münchener Neuesten Nachrichten" Juni 1882, die wiederholt wurden am 20. und 21. Januar 1890 und danach oftmals nachgedruckt worden sind. Vgl. „Centralblatt der deutschen Musikwissenschaft" von O. Wille und A. Meissner (I. S. 7).

[2]) Vgl. Schindler, „Beethoven in Paris" S. 167. Der englische Bericht, aus welchem ursprünglich die Stelle genommen ist, steht im „Harmonicon" von 1824.

[3]) Carl Czerny schrieb am 3. April 1824 an Adam Liszt: „Von Neuigkeiten kann ich Ihnen nicht viel schreiben, als dass Beethoven bald eine grosse Musik geben und darin seine neue Messe und Sinfonie aufführen, ja selber mitspielen will." („Die Musik" 1906.)

Symphonie (1824): „Beethoven setzte sich mit der Partitur an den englischen Flügel, verlor aber bald seine Ruhe, so dass ... schon gegen die Mitte des ersten Satzes ... von übermässiger Begeisterung eine chaotische Musik ertönte, die durch den ganz verstimmten Flügel noch entsetzlicher wurde."[1]) Ab und zu fing Beethoven bei solchen Informationen auch frei zu phantasieren an.

Die letzten Sonaten von Op. 106 aufwärts hat der Tonmeister selbst nicht mehr auszuführen vermocht. Dies wird ganz direkt in einem Briefe ausgesprochen, den Schindler im Jahre 1855 oder 1856 an Lenz gerichtet hat.[2]) Wir haben das Schreiben schon oben andeutungsweise erwähnt. Besonders die linke Hand soll damals (also zu Anfang der zwanziger Jahre) gänzlich untauglich zum Spielen geworden sein.

Wir können annehmen, dass im Verlaufe der letzten Lebensjahre des Meisters sein Klavierspiel noch weiter zurückgegangen ist. Weder lag einem Wiederaufnehmen technischer Studien die mindeste Veranlassung vor, noch ist das Mindeste von einem solchen Wiederaufnehmen bekannt geworden. 1825 spielte Beethoven einige Sekunden, sichtlich ohne Lust vor einer Lady, die ihn in Baden besucht hatte.[3]) Möglicher-, wenn auch nicht wahrscheinlicherweise fällt das Spielen vor Schlesinger und Castelli ins Jahr 1825. 1826 soll dann der kränkelnde Meister noch ausnahmsweise ein wenig gespielt haben,[4]) als er auf dem Gute

---

[1]) „Beethoven in Paris" S. 42 f.
[2]) Vgl. Lenz, „Beethoven eine Kunststudie" V. S. 102 f. Lenz gibt die Datierung Schindlers nicht genau an.
[3]) Vgl. Schindler, „Beethoven in Paris" S. 175 (nach dem „Harmonicon" vom Dezember 1825).
[4]) Der Sohn des Dieners Krenn hat diese Erinnerung fortgepflanzt. Vgl. „Deutsche Musikzeitung" von 1862 No. 10:

seines Bruders Johann in der Nähe von Krems verweilte. Dem kleinen Gerhard v. Breuning hat er nur einmal einen Lauf vorgespielt.

Während sich Beethoven schon jahrelang vom Gipfel seines Könnens im Klavierspiel entfernt hatte, ja so gut wie gar nicht mehr spielte, verbreitete sich ausserhalb Wiens noch der Ruf von der grossen Bedeutung des Klaviervirtuosen und von der Art seines Spieles. In den Vorträgen Nägelis, die 1826 erschienen sind und von denen eine der vorhergehenden Studien handelt, wird die f r e i e P h a n t a s i e auf dem Klavier auch b e i B e e t h o v e n bewundert. „Da er [Beethoven] auch K l a v i e r v i r t u o s e war, so gewann unter seiner Hand der Toccatenstil eine auffallend veränderte Gestalt. Das Laufwesen trat zurück; dagegen trat das Sprungwesen mehr hervor. Wo Passagen in seinen Werken vorkommen, erscheinen sie schon in den Tonfiguren originell oder auf eigentümliche Weise in das Ganze der Eurythmie verflochten. Als kühner Springer wirft er die Töne aller Oktaven des Tonreichs bunt, aber sinnvoll durcheinander. Die Rythmen liebt er häufig durch punktierte Noten und ähnliche Kunstmittel zu schärfen". Auch das Staccato sei stark angewendet. „Je spitziger es hervorsticht und so der Cantabilität gleichsam Trotz bietet, desto mehr entspricht der Vortrag dieser sprudelnden, blitzenden, funkensprühenden Kunst. Eine neue Art zu effektuiren! Sonst galt bey den Klaviervirtuosen das T o n h e r a u s z i e h e n als die Hauptsache ... das Klavier sollte durch die Vortragsart gewissermassen s i n g e n d gemacht werden. Hier [bei Beethoven] gerade das Gegentheil. Nicht ein Heraus z i e h e n, son-

---

„Beethoven in Gneixendorf" und die oben veröffentlichte Studie „Beethovens letzter Landaufenthalt". — Das Klavier, das er in Gneixendorf vorfand, dürfte der Erardsche Flügel gewesen sein, den er kurz vorher dem Bruder geschenkt hatte.

dern ein Herausstossen." Wie zu bemerken, übersieht Nägeli gänzlich die Cantilenen und Beethovens von vielen anderen gerühmtes Legatospiel. Nägeli hat ja den Meister nie spielen gehört. Seine Beurteilung des Beethovenschen Spiels ist einseitig.

Wir wollen deshalb Nägelis Beurteilung nicht als Abschluss der Erörterung benutzen, sondern es versuchen, aus den besseren Nachrichten überhaupt aus allem übrigen, was vorgebracht worden ist, die Summe zu ziehen.

Wie das Kind Beethoven unter Anleitung seines Vaters, dann des Tenoristen Pfeiffer und des Organisten van den Eden gespielt hat, lässt sich nur vermuten. Es mag ein gesundes, echt musikalisches leichtes Spiel auf dem Klavichord oder auf Kielflügeln und von kindlicher Auffassung gewesen sein. Als das Orgelspiel in den Unterricht eintrat, wird dieses die Technik wohl etwas schwerfällig gestaltet haben, wogegen es den Sinn für gebundene Spielweise ausserordentlich fördern musste. Bedeutende Leistungen hat zuverlässig erst van den Edens Nachfolger Chr. G. Neefe bei seinem Schüler erzielt. Durch ihn wird Beethovens Klavierspiel auf die C. Ph. Em. Bachsche Schule hingeleitet, so dass sich unser jugendlicher Meister im Laufe eines Jahrzehntes etwa zu einem potenzierten Carl Philipp Emanuel Bach ausbildet nicht nur in der freieren Behandlung des Instruments, sondern auch in glänzender, durch Gedankenreichtum und technische Kühnheit ausgezeichneter Improvisation.

Beethoven hat sein Spiel zwar wie andere bedeutenden Vorgängern zu verdanken, aber nicht unmittelbar. Er war nur auf kürzeste Zeit Schüler eines grossen berühmten Pianisten, Mozarts, gewesen. So entwickelt sich auf Grundlage von mehr musikalischer als technischer Natur eine ganz besondere Eigenart, die der Künstler im Laufe der Zeit bis etwa in sein zweiunddreissigstes Lebensjahr noch steigert, wie denn auch die physische Kraft des Spieles bis dahin stetig zugenommen haben dürfte. Zu jener Eigenart verhilft ihm vielfach auch ein Naturell, das sein Spiel einerseits kraftvoll und höchst charakteristisch, andererseits zuweilen etwas derb, willkürlich und unzuverlässig macht.

Wir können Beethoven in den Jahren ungefähr von 1792 bis 1802 als wirklichen Virtuosen auf seinem Instrumente betrachten, aber nicht als gedrillten Virtuosen, sondern als einen, dem der musikalische Gehalt seines Vortrages unbedingt die Hauptsache bleibt. Auch die Bravour ist ihm nur Mittel zum Zweck und geht bei ihm aus der momentanen musikalischen Eingebung hervor. Als der Meister in Wien rasch zu grosser Berühmtheit als Virtuose gelangt war, bedingt die Kraft seines Spieles einen Aufschwung des Klavierbaues, wodurch eine orchesterartige Wirkung des Klavierspiels möglich wird, die vielfach auch durch ausgedehnten Gebrauch des Pedals erzielt wurde. Diese grossartige, schallkräftige Wirkung tritt erst mit Beethoven in die Geschichte des Klavierspieles ein. Schon seit den ersten Jahren des Jahrhunderts aber steigert Beethoven wegen zunehmender Taubheit die Kraft des Anschlages ins Widerwärtige und Rohe. Seine Pianostellen werden dagegen meistens kaum mehr gehört. Von einem Spiele streng im Takt scheint er mittlerweile zu einer freieren Auffassung des Rhythmus vorgedrungen zu sein. Überdies widmet sich der Künstler in jener Periode seines Lebens fast ausschliesslich der Komposition. Er vernachlässigt sein Klavierspiel so sehr, dass ihm schon 1824 die Einsicht aufdämmern musste, ein erfolgreiches Auftreten als Klavierspieler vor dem Publikum sei nicht mehr möglich. Nur wie aus alter Gewohnheit spielt er noch ab und zu für sich oder er phantasiert in kleinem Kreise. Die freie Phantasie wurde am spätesten durch die Taubheit und die mangelnde Übung der Hände geschädigt.

Nehmen wir, wie es nur billig ist, hauptsächlich auf die Glanzperiode seines Spieles Rücksicht, so muss Beethoven als **eine ganz aussergewöhnliche Erscheinung** bezeichnet werden, die den ersten Platz unter den Mitstrebenden beanspruchen durfte. Zur Zeit seiner Blüte war also wohl der Klavierspieler Beethoven dem Komponisten ebenbürtig. Dass sein Spiel so bald vergessen wurde, wogegen seine Werke nach und nach immer mehr Berühmtheit erlangt haben, das liegt in der Natur der Sache.

Als allgemeine Literatur über den Gegenstand sind zu nennen ein kurzer nicht kritisch behandelter Aufsatz von L. Nohl, „Beethoven als Pianist" in „Cäcilia, algemeen muzikaalisch tijdschrift van Nederland" vom 15. Sept. 1880, ein feuilletonistisch gehaltenes kleines Kapitel von L. Nohl in „Mosaik" (1882 S. 266 bis 273), Frimmel, „Beethoven als Klavierspieler" in „Neue Beethoveniana" (1888 S. 1 bis 62), Wasielewski, „Beethoven als Klavierspieler und Dirigent" in „Ludwig van Beethoven" (1888 II. S. 1 bis 22), danach die Zeitschrift „Der Klavierlehrer" vom 15. August 1888. In mancher Beziehung gehört hierher auch das Kapitel „Vom musikalischen Vortrag" in dem Buch von Friedr. Kerst, „Beethoven im eigenen Wort" (1904). Die vorliegende Studie ist eine wesentliche Erweiterung und Umarbeitung des Kapitels in meinem Buch von 1888. Einige wenige Abschnitte sind auch meiner Arbeit „Von Beethovens Klavieren" entnommen.

BEETHOVENS FLÜGEL VON ERARD
(Linz a. d. Donau: Museum Francisco-Carolinum — zu S. 223 ff.)

BEETHOVENS ENGLISCHER FLÜGEL

EIN HÄMMERCHEN AUS BEET-
HOVENS ENGLISCHEM FLÜGEL
Zwei Aufnahmen in der Grösse des
Originals (Wien: im Besitz des Ver-
fassers — zu S. 227)

DER GRAFSCHE BEETHOVENFLÜGEL
(Bonn: Verein Beethovenhaus — zu S. 230 ff.)

Ebenfalls im SEVERUS Verlag erhältlich:

Theodor von Frimmel
Beethoven Studien I: Beethovens äußere Erscheinung
Mit einem Vorwort von Melina Duracak
SEVERUS 2010 / 184 S. / 29,50 Euro
ISBN 978-3-942382-80-9

Ludwig van Beethoven (1770-1827) hat sein Leben lang die Menschen mit seinem Wesen und seiner Musik aufgerührt. Mit seinem Widerstreben gegen die Form und seiner Konzentration auf die individuelle Vorstellung von Musik schlug er die Brücke von der Wiener Klassik zur Romantik.

Schon seit dem frühen 19. Jahrhundert entstanden zahlreiche künstlerische Darstellungen, die sich mit der Person Beethoven beschäftigen. Die Bilder und Fotografien vermitteln am anschaulichsten eine Vorstellung vom Leben und den Lebensumständen des Komponisten. Bis in die Gegenwart hinein dient die Person Ludwig van Beethoven als Inspiration für neue künstlerische Umsetzungen. Dieser Aspekt wird zunehmend in der musikwissenschaftlichen und kunsthistorischen Forschung von Bedeutung.

Theodor von Frimmel, einer der bedeutendsten Beethoven-Forscher, zeigt in dem vorliegenden Band Bildnisse des Komponisten, die zu seinen Lebzeiten und nach seinem Tod entstanden sind, und hinterfragt sie kritisch. Mißlungene Portraits werden aufgedeckt, gelungene hervorgehoben. Am Ende steht ein authentisches Bild Beethovens.

www.severus-verlag.de

Bisher im SEVERUS Verlag erschienen:

Achelis. Th. Die Entwicklung der Ehe * **Andreas-Salomé, Lou** Rainer Maria Rilke * **Arenz, Karl** Die Entdeckungsreisen in Nord- und Mittelafrika von Richardson, Overweg, Barth und Vogel * **Aretz, Gertrude (Hrsg)** Napoleon I - Briefe an Frauen * **Ashburn, P.M** The ranks of death. A Medical History of the Conquest of America * **Avenarius, Richard** Kritik der reinen Erfahrung * **Bernstorff, Graf Johann Heinrich** Erinnerungen und Briefe * **Binder, Julius** Grundlegung zur Rechtsphilosophie. Mit einem Extratext zur Rechtsphilosophie Hegels * **Bliedner, Arno** Schiller. Eine pädagogische Studie * **Braun, Lily** Lebenssucher * **Braun, Ferdinand** Drahtlose Telegraphie durch Wasser und Luft * **Burkamp, Wilhelm** Wirklichkeit und Sinn. Die objektive Gewordenheit des Sinns in der sinnfreien Wirklichkeit * **Caemmerer, Rudolf Karl Fritz** Die Entwicklung der strategischen Wissenschaft im 19. Jahrhundert * **Cronau, Rudolf** Drei Jahrhunderte deutschen Lebens in Amerika. Eine Geschichte der Deutschen in den Vereinigten Staaten * **Cushing, Harvey** The life of Sir William Osler, Volume 1 * The life of Sir William Osler, Volume 2 * **Eckstein, Friedrich** Alte, unnennbare Tage. Erinnerungen aus siebzig Lehr- und Wanderjahren * **Eiselsberg, Anton Freiherr von** Lebensweg eines Chirurgen. * **Elsenhans, Theodor** Fries und Kant. Ein Beitrag zur Geschichte und zur systematischen Grundlegung der Erkenntnistheorie. * **Ferenczi, Sandor** Hysterie und Pathoneurosen * **Fourier, Jean Baptiste Joseph Baron** Die Auflösung der bestimmten Gleichungen * **Frimmel, Theodor von** Beethoven Studien I. Beethovens äußere Erscheinung * Beethoven Studien II. Bausteine zu einer Lebensgeschichte des Meisters * **Fülleborn, Friedrich** Über eine medizinische Studienreise nach Panama, Westindien und den Vereinigten Staaten * **Goldstein, Eugen** Canalstrahlen * **Heller, August** Geschichte der Physik von Aristoteles bis auf die neueste Zeit. Bd. 1: Von Aristoteles bis Galilei * **Helmholtz, Hermann von** Reden und Vorträge, Bd. 1 * Reden und Vorträge, Bd. 2 * **Kalkoff, Paul** Ulrich von Hutten und die Reformation. Eine kritische Geschichte seiner wichtigsten Lebenszeit und der Entscheidungsjahre der Reformation (1517 - 1523), Reihe ReligioSus Band I * **Kerschensteiner, Georg** Theorie der Bildung * **Külz, Ludwig** Tropenarzt im afrikanischen Busch * **Leimbach, Karl Alexander** Untersuchungen über die verschiedenen Moralsysteme * **Liliencron, Rochus von/Müllenhoff, Karl** Zur Runenlehre. Zwei Abhandlungen * **Mach, Ernst** Die Principien der Wärmelehre * **Mausbach, Joseph** Die Ethik des heiligen Augustinus. Erster Band: Die sittliche Ordnung und ihre Grundlagen * **Müller, Conrad** Alexander von Humboldt und das Preußische Königshaus. Briefe aus den Jahren 1835-1857 * **Oettingen, Arthur von** Die Schule der Physik * **Peters, Carl** Die deutsche Emin-Pascha-Expedition * **Poetter, Friedrich Christoph** Logik * **Popken, Minna** Im Kampf um die Welt des Lichts. Lebenserinnerungen und Bekenntnisse einer Ärztin * **Rank, Otto** Psychoanalytische Beiträge zur Mythenforschung. Gesammelte Studien aus den Jahren 1912 bis 1914. * **Rubinstein, Susanna** Ein individualistischer Pessimist: Beitrag zur Würdigung Philipp Mainländers * Eine Trias von Willensmetaphysikern: Populär-philosophische Essays * **Scheidemann, Philipp** Memoiren eines Sozialdemokraten, Erster Band * Memoiren eines Sozialdemokraten, Zweiter Band * **Schweitzer, Christoph** Reise nach Java und Ceylon (1675-1682). Reisebeschreibungen von deutschen Beamten und Kriegsleuten im Dienst der niederländischen West- und Ostindischen Kompagnien 1602 - 1797. * **Stein, Heinrich von** Giordano Bruno. Gedanken über seine Lehre und sein Leben * **Thiersch, Hermann** Ludwig I von Bayern und die Georgia Augusta * **Tyndall, John** Die Wärme betrachtet als eine Art der Bewegung, Bd. 1 * Die Wärme betrachtet als eine Art der Bewegung, Bd. 2 * **Virchow, Rudolf** Vier Reden über Leben und Kranksein * **Wernher, Adolf** Die Bestattung der Toten in Bezug auf Hygiene, geschichtliche Entwicklung und gesetzliche Bestimmungen * **Weygandt, Wilhelm** Abnorme Charaktere in der dramatischen Literatur. Shakespeare - Goethe - Ibsen - Gerhart Hauptmann * **Wlassak, Moriz** Zum römischen Provinzialprozeß

www.severus-verlag.de

www.ingramcontent.com/pod-product-compliance
Lightning Source LLC
Chambersburg PA
CBHW051211300426
44116CB00006B/528